Update

Prof. Dr. Michael Steinbrecher ist ein vielfach ausgezeichneter Fernsehjournalist (u. a. Grimme-Preis). Seit 2009 arbeitet er als Professor für Fernseh- und crossmedialen Journalismus am Institut für Journalistik der TU Dortmund. Zu seinen Forschungsschwerpunkten gehört »Big Data«.

Rolf Schumann verkörpert Technologie mit Entrepreneurship und gilt als renommierter Experte für Innovationsthemen. Er baute das Cleantech Startup »Better Place« mit auf und verantwortet nun bei dem Softwarehersteller SAP den Bereich »Platform Solutions Group« für Zentral- und Osteuropa mit Schwerpunkt Datenbanken und Innovationstechnologien.

Michael Steinbrecher, Rolf Schumann

Update

Warum die Datenrevolution
uns alle betrifft

Campus Verlag
Frankfurt/New York

ISBN 978-3-593-50332-5

Dieses Buch ist auch als E-Book erschienen.
www.campus.de

Inhalt

Interviews

Interviews, die in den Text eingeflossen sind:

Michael Kleinemeier (President, SAP Middle & Eastern Europe),
Prof. James Kelly (Experte des Fachbereichs Transportation Design
der Hochschule Pforzheim) und Martin Peuker (Stellvertretender
CIO, Charité – Universitätsmedizin Berlin).

Danksagung

Michael Steinbrecher:
Ein persönlicher Dank für die Mitarbeit und Unterstützung an: Matthis Dierkes, David Friedrich, Nicolas Jungkind, Fabian Karl, Julia Lönnendonker, Judith Pulg, Günther Rager, Marie Luise Rager, Kathrin Reinl, Christoph Schickhardt, Dennis Westenberger, Anna Carina Zappe und Hanna Zimmermann.

Rolf Schumann:
Vielen Dank für die Unterstützung und die Mitarbeit an: Katja Mehl, Anja Schneider, Susanna Bauer und Michael Pacevicius. Ein ganz besonderer Dank geht an Johannes Tulusan für die kontinuierliche Unterstützung des Projekts.

Kapitel I
Die Datenrevolution! Oder:
Wie wollen wir leben?

»Datenrevolution? Big Data? Hat das wirklich etwas mit mir zu tun? Sollen sie doch meine Daten sammeln. Ich habe doch nichts zu verbergen! Außerdem: Wer interessiert sich schon dafür, was ich mache und denke?«

Kommt Ihnen diese Einstellung bekannt vor? Ein Update vorab: Ja, die Datenrevolution hat etwas mit Ihnen zu tun. Mit Ihnen ganz persönlich. Sie betrifft uns alle. Big Data steht nicht nur für Edward Snowden, die NSA und mögliche Einreiseverbote in die USA. Es geht nicht in erster Linie um die Frage, ob ein Geheimdienst möglicherweise morgen vor Ihrer Tür steht. Es geht um Ihren Alltag, Ihre Sicht auf die Welt, um Ihr ganz privates Leben und die Frage, wie Sie es zukünftig gestalten wollen.

Big Data kann Leben retten und dafür sorgen, dass wir alle viel, viel älter werden. Big Data kann unsere Umwelt schonen und den Raubbau an den Ressourcen endlich zügeln. Big Data kann unser Leben erleichtern, es bequemer machen. Nie mehr im Stau stehen, sich nie mehr unterwegs fragen: Habe ich die Herdplatte ausgeschaltet? Auch der Wirtschaft und Wissenschaft öffnen sich völlig neue Horizonte. Viele Experten sind euphorisch und fasziniert von Big Data. Für Unternehmen sind Daten das Öl des 21. Jahrhunderts – und wir befinden uns bereits in einem Wettlauf, neue Datenquellen aufzutun und das neue Öl zutage zu fördern.

Aber Big Data in den falschen Händen führt ins Unglück, schafft einen Überwachungsstaat mit Instrumenten, wie sie die Welt noch nicht erlebt hat. Selbst in demokratischen Gesellschaften kann Big Data von uns allen lückenlose Profile erstellen, die uns einstufen, einsortieren und damit unsere Zukunft bestimmen. Big Data kann dazu führen, dass uns unsere Vergangenheit nie loslässt. Ihr Profil vergisst nichts. Alles bleibt gespeichert. Big Data kann Menschen in der Arbeitswelt in weiten Teilen überflüssig machen. Sind wir darauf vorbereitet? Big Data kann uns unfrei machen und dazu führen, dass in 50 Jahren nur die ganz Alten noch eine Vorstellung von einer Privatsphäre haben.

Aber andererseits: Ist das Menschenrecht auf »Privatsphäre« allen Generationen noch gleichermaßen wichtig? Steht die Privatsphäre vielleicht sogar zur Disposition, wenn unser Leben ohne sie komfortabler und sicherer wird? Wo sprechen wir noch von Privatsphäre und wo beginnen wir die Würde des Menschen zu berühren? Big Data wirft Fragen auf. Wichtige Fragen, denen wir uns stellen müssen. Die Beantwortung dieser Fragen sollten wir nicht delegieren, wenn wir keine bösen Überraschungen erleben wollen. Es geht um Existenzielles.

Big Data ist keine Zukunftsvision, sondern schon da. Wir werden die Welt, wie sie vorher war, nicht mehr zurückholen können. Der Wandel ist unwiderruflich. Big Data verändert unsere Welt immer weiter. Big Data ist mehr als eine technologische Entwicklung. Mehr als die Erfindung der Glühbirne oder des Fernsehens. Big Data schafft eine neue Form des Denkens und Handelns oder, wie Prof. Dr. Viktor Mayer-Schönberger es nennt, »einen neuen Zugang zur Wirklichkeit«[1]. Wir erleben einen Zeitenwandel, den auch Mayer-Schönberger im vollen Bewusstsein der Terminologie als »Revolution« bezeichnet. Im Interview mit uns macht er deutlich, dass Big Data für ihn ein epochales Ereignis darstellt, vergleichbar mit der Aufklärung: »Es ist ein Ereignis, das in Perspektiven von Jahrhunderten zu messen ist.«[2] Big Data wird verändern, wie wir denken, wie wir handeln, wie wir leben – wie sich unsere Gesellschaft entwickeln wird.

Gravierende Veränderungen bahnen sich an, aber sie etablieren sich beinahe lautlos. Dabei ist die Vision in vielen Bereichen klar erkennbar. Mit durchschlagenden Folgen für unser Leben. Können Sie sich vorstellen, dass bereits mehrere Milliarden Dinge mit Sensoren ausgestattet und mit dem Internet verbunden sind? Ja, Sie haben richtig gelesen: nicht Menschen, sondern Dinge. Wie klingt es für Sie, wenn wir behaupten, dass ein Fenster mit einer Heizung redet? Oder die Straße mit dem Autoreifen? Exakt dies passiert schon längst. Und es wird weitergehen. Führende Analysten und Industriekonzerne rechnen damit, dass im Jahr 2020 50 Milliarden Dinge mit Sensoren ausgestattet sind und miteinander kommunizieren.[3] Schauen Sie sich in dem Moment, in dem Sie diese Zeilen lesen, um. Wo befinden Sie sich gerade? In einer Wohnung oder einem Haus? Alles, was Sie sehen, wird zum Internet der Dinge gehören. Der Fußboden, die Türklinke, das Fenster, die Lampe. Einfach alles. Sind Sie in der Fußgängerzone unterwegs? Dann sehen Sie Laternen, Bänke, Geschäfte, Schaufensterscheiben. Auch sie werden miteinander reden. Spazieren Sie im Wald? Selbst hier werden in Zukunft Sensoren an den Bäumen befestigt sein. Reben liefern bereits Erkenntnisse für den Winzer.[4] Genauso werden es Bäume in Zukunft für die Förster tun. Aber mit welcher Absicht kommunizieren all diese Dinge? Sie stimmen sich aufeinander ab, tauschen Informationen aus und optimieren so ihr »Verhalten«. So kann Ihre Wohnung Ihr persönliches Wohlfühlprogramm starten, Sie mit der passenden Musik begrüßen und just in dem Moment Ihr Essen servieren, in dem Sie Appetit verspüren. Keine Zauberei, sondern möglich durch Big Data. Aber nichts in Ihrer Wohnung wird mehr unbeobachtet bleiben. Wer soll, wer darf Ihre Daten kennen und nutzen?

Droht von Big Data Gefahr?

Noch erleben wir die Pionierphase, in der man Veränderungen gestalten kann. Zum Glück, denn die dunkle Seite von Big Data wirft wie eine Drohkulisse ihre Schatten voraus. Doch eins vorweg: Wir sagen nicht: Big Data ist schlecht, und auch nicht: Big Data ist großartig. Unsere Position ist: Es kann beides sein. Sie sollten die gute, verheißungsvolle Seite, aber genauso auch die dunkle Seite von Big Data kennen und dann ganz bewusst entscheiden, wie Sie mit diesem epochalen Wandel umgehen. Sie sollten ein Gefühl entwickeln, was Sie als Person beeinflussen können und welche Entwicklungen mehr oder weniger stattfinden. Wir möchten, dass Sie Big Data in seiner Gänze bewusst wahrnehmen.

Wenn wir über Big Data diskutiert haben – in Deutschland, in der Öffentlichkeit – dann meist im Zusammenhang mit Edward

Snowden. In seinem ersten Interview, das er dem Guardian im Juni 2013 gegeben hat, sagte Snowden: »Ich möchte nicht in einer Welt leben, in der alles, was ich tue und sage, aufgezeichnet wird.«[5]

Die Diskussionen, die seine Enthüllungen ausgelöst haben, waren für viele von uns ein Augenöffner. Die Dimension dessen, was bereits von der NSA praktiziert wird, hat die Öffentlichkeit und sogar manche Experten überrascht. Es gibt viele Leitartikel zu dem Thema, unzählige Fernsehbeiträge. Viele Fragen, viel Empörung.

Aber die Konzentration auf das Thema Datensicherheit und Geheimdienste hat uns den Blick darauf verstellt, dass Big Data schon längst alle Lebensbereiche erfasst hat. Im Windschatten dieser Diskussion ist eine Dynamik entstanden, die die Öffentlichkeit noch nicht wahrgenommen hat. Dieses Buch will einen Beitrag dazu leisten, dies zu ändern.

Was dieses Buch leisten kann

Sie sollen die Möglichkeit erhalten, sich ein Bild von der Veränderung zu machen. Ganz konkret und unvoreingenommen. Wir möchten Ihnen die Verheißungen genauso vermitteln wie die dunkle Seite. Und das bezogen auf die Lebensbereiche, die Sie tagtäglich betreffen. Was bedeutet Big Data für Ihre Gesundheit? Was spricht dafür, dass Sie durch Big Data geheilt werden oder länger leben? Und welchen Preis müssen Sie dafür möglicherweise zahlen? Wie wollen Sie in Zukunft mobil sein, wohnen, einkaufen, arbeiten? Wie verändert Big Data unsere Wertvorstellungen, unser Denken und Handeln?

Im Interview mit uns macht Prof. Dr. Dr. Dirk Helbing klar, um was es geht: »Es könnte leicht einen Super-GAU auf dem Weg ins digitale Zeitalter geben, falls wir nicht schnellstens lernen, mit diesem Zauberstab umzugehen.«[6]

Jeder Einzelne von Ihnen sollte bewusst entscheiden können, welche Position er bezieht. Wo stehen Sie? Ist Ihnen das, was Big Data möglich macht, wichtiger als das, was Sie durch Big Data verlieren? Wir brauchen einen ideologiefreien Zugang zu diesem Thema. Deshalb werden wir Ihnen die Chancen und Risiken von

Big Data getrennt voneinander vorstellen und vermitteln. Sie sollen selbst entscheiden, welche Zukunft Sie wollen. Diese Gegenüberstellung in Kapitel 4 macht den Kern dieses Buches aus. Aber wir wollen die Zukunftsszenarien auch in einen Zusammenhang stellen. Dazu werden wir Ihnen vermitteln, was Big Data ist. Und wir garantieren Ihnen: Jeder wird, auch ohne technologische Vorbildung, verstehen, um was es geht. Damit Sie eine vielfältige Perspektive auf Big Data erhalten, haben wir Dutzende von Interviews geführt. Mit Medizinern, Journalisten, Vorständen großer Unternehmen, Datenschützern, Mobilitätsforschern, Politikern und Visionären. Die Interviews mit diesen Experten, die ein großes Themen- und Meinungsspektrum abbilden, sollen Ihnen ungefilterte Einblicke in unterschiedliche Lebensbereiche eröffnen. Ob Sie mit den Interviews einsteigen oder das Buch linear lesen, bleibt Ihnen überlassen. Wichtig ist, dass Sie sich in das Thema vertiefen, denn es verdient deutlich mehr Öffentlichkeit. Ein Jahrhundertereignis dieser Tragweite sollte von uns geprägt werden.

Denn noch einmal: Big Data ist nicht gut oder schlecht. Es kann beides sein. Big Data ist das, was wir daraus machen.

Kapitel 2
Was ist Big Data?

Warum reden wir von einer Datenrevolution? Was verbirgt sich eigentlich hinter »Big Data«?

Alles, was wir in unserem Alltag, dem sogenannten Internetzeitalter, tun, erzeugt Daten und hinterlässt digitale Spuren. Es gibt 3,3 Milliarden Menschen mit Zugang zum Internet (2,5 Personen kommen pro Sekunde neu dazu), Google verarbeitet pro Tag 3,5 Milliarden Suchanfragen[7], 500 Millionen Tweets werden über Twitter am Tag bereitgestellt[8], 800 Millionen Youtube-Benutzer laden pro Minute 100 Stunden Videomaterial auf die Plattform[9], und 10 Millionen Fotos werden auf Facebook jede Stunde gepostet. Dreht sich schon Ihr Kopf vor lauter Zahlen? Sie sind wichtig, um die Dimension der Veränderung zu begreifen.

In den letzten 20 Jahren ist die Menge an Daten um das 100-Fache angestiegen – einen ähnlich rasanten Anstieg hat es in der Geschichte bereits einmal gegeben, und zwar zwischen 1450 bis 1500. In diesem Zeitraum verdoppelte sich dank der Gutenberg-Presse die Datenmenge in der Welt, was damals eine Revolution in der Gesellschaft bedeutete. Heute geschieht dies alle 18 Monate. Was in diesem Zusammenhang jedoch häufig nicht berücksichtigt wird, ist folgende Beobachtung. Während im Jahr 2000 knapp drei Viertel der Daten noch in analoger Form, wie zum Beispiel Papier, vorlagen, sind es knapp 15 Jahre später weniger als 1 Prozent – aus einer analogen ist eine digitale Welt geworden, die alles verändern wird.

Stehen wir mitten in einer Revolution, die unser Leben, Denken und Arbeiten verändert, wie Viktor Mayer-Schönberger und Kenneth Cukier in ihrem Buch »Big Data« behaupten? Ist die Datenrevolution die größte Bedrohung unserer Freiheit und Demokratie?

Oder der Weg zu mehr Transparenz, zu größerer Freiheit und zu einem längeren Leben?

Obwohl Daten immer wichtiger für unser Leben werden, ist es noch nicht gelungen, ein breites Verständnis für die Veränderung zu wecken. Sollten Sie noch keine Vorstellung davon haben, was sich hinter Begriffen wie »Big Data« oder dem »Internet der Dinge« verbirgt, befinden Sie sich in guter Gesellschaft. Laut dem Bundesverband Bitkom wissen nur 14 Prozent der Bundesbürger, was mit »Big Data« gemeint ist.[10]

Drei optische Assoziationen können Ihnen helfen, sich dem Thema Big Data zu nähern:

Denken wir zunächst an »Gold waschen«. Sie stehen am Rande eines Flussbetts und versuchen, mit einer Pfanne das zu extrahieren, was wertvoll ist. Die riesige Menge an Sandkörnern steht für die ständig wachsende Menge an Daten, die uns zur Verfügung stehen. Big Data löst bei vielen so etwas wie einen Goldrausch aus. Wer will schon den Moment verpassen, ganz vorne mitzuspielen, wenn die Claims verteilt werden? Dieses Bild steht für die Verheißungen von Big Data. Etwas Neues, Wertvolles entsteht, das unser Leben bereichern kann.

Das zweite Bild ist ein Panopticon, ein mehrstöckiges, rundes Gebäude mit einer ganz besonderen Architektur. Erfunden wurde dieses architektonische Prinzip am Ende des 18. Jahrhunderts vom britischen Philosophen Jeremy Bentham.[11] Es wurde für Fabriken und vor allem für Gefängnisse entworfen. Im Panopticon gibt es in der Mitte einen Wachturm mit einem Rundumblick. Stellen Sie sich vor, Sie halten sich in einer der kleinen Zellen auf, die vom Wachturm aus beobachtet werden können. Es reicht *eine* Wachperson, um bei Ihnen und bei Hunderten von Mitinsassen das Gefühl auszulösen: Ich werde überwacht. Schließlich könnte der Wachmann just in diesem Moment genau Sie anvisieren.

Übertragen auf Big Data könnte das bedeuten: Nicht eine Person, aber eine Organisation, sei es Google, die NSA oder auch ein Staat, schaut uns ständig über die Schulter. Wir wissen, dass wir unter permanenter Beobachtung stehen, und richten unser Verhalten danach aus. Auch um zu vermeiden, dass wir unangenehm auffallen und Sanktionen erhalten. Befinden wir uns im Zeitalter von Big Data alle in einem Panopticon? Das ist für viele von Ihnen sicher eine düstere

Vision. Werden wir uns ständig selbst beobachten und unsere Datenspuren kontrollieren, um ein möglichst positives Bild von uns zu entwerfen? In dem Bewusstsein, rund um die Uhr überwacht zu werden? Eine Vorstellung, die uns durch das Buch begleiten wird. Das dritte Bild ist für viele eine Kindheitserinnerung. Hatten Sie jemals ein Kaleidoskop? Es erinnert optisch an ein Fernrohr. Wenn Sie daran drehen und hindurchschauen, entdecken Sie faszinierende bunte Muster. Was hat das mit Big Data zu tun? Im Kaleidoskop befindet sich eine scheinbar ungeordnete Ansammlung von bunten Steinen. Wenn Sie am Kaleidoskop drehen, verändert sich durch eine kleine Bewegung ihre Struktur. Sie stellen eine andere Verknüpfung her und erkennen immer neue Muster, die aus der Kombination dieser bunten Steine entstehen. Big Data ist nicht die Größe allein, sondern auch die Möglichkeit, nach immer neuen Verknüpfungen und erkennbaren Mustern zu suchen.

Drei Bilder, die unterschiedliche Perspektiven auf Big Data vermitteln. »Gold waschen« will sagen: Es entsteht etwas Wertvolles. Etwas, mit dem wir uns viele Wünsche erfüllen können und das unser Leben angenehmer und bequemer machen kann. Und etwas, das Unternehmen sehr wertvoll finden, da sie es sich zunutze machen können. Besonders an Big Data sind wie beim Kaleidoskop die Möglichkeiten, immer wieder neue Muster zu erkennen. Aber wir zahlen einen Preis. Das Gefühl, wie im Panopticon beobachtet zu werden. Oder werden wir uns an den Wachmann gewöhnen? Ihn vielleicht irgendwann gar nicht mehr wahrnehmen?

Noch einmal zurück zu den Wirkungen von Big Data. Wie kann es sein, dass plötzlich alles anders sein soll? Wieso ist es plötzlich denkbar, dass sich fahrerlose Autos eigenständig durch Städte navigieren? Warum hoffen Mediziner auf große Innovationen in der Medizin, bis hin zu einem Durchbruch im Kampf gegen Krebs? Auf der anderen Seite sehen Kritiker Gefahren in einer Dimension, die wir bisher kaum ermessen können. Sie befürchten den Verlust unserer Freiheit und Selbstbestimmung. Hat es Daten nicht schon immer gegeben? Was ist das wirklich Neue an Big Data?

Beschäftigen wir uns zunächst einmal damit, wie Daten entstehen. Und warum es plötzlich so viele davon gibt. Wenn Sie sich nur mit den Folgen von Big Data, aber nicht mit den Ursprüngen beschäftigen wollen, können Sie dieses Kapitel gerne überspringen. Aber als Nicht-Insider verpassen Sie die Chance, einen ersten Eindruck von den technischen Ursachen dieser rasanten Entwicklung zu bekommen.

Vom Informationswachstum zu Big Data

Haben Sie sich schon einmal gefragt, welche Daten Sie täglich produzieren und in welcher Maßeinheit sie gemessen werden? Bereits vor unserer Geburt entstehen zahlreiche Daten über uns, z. B. bei der Ultraschalluntersuchung durch einen Arzt – Daten, die gespeichert und entsprechend weiterverarbeitet werden. Als Erwachsene bezahlen Sie vielleicht mit der Kreditkarte, sind mit dem Smartphone unterwegs, messen beim Laufen Ihren Puls und bezahlen mit Bonuskarten. Jeden Tag kommen neue Daten hinzu. Zurzeit täglich 2,5 Exabyte weltweit. Was können wir uns unter dieser Maßeinheit vorstellen?

Die großen Daten-Zahlen	
Name (Symbol)	**Bedeutung**
Kilobyte (KB)	10^3 Byte = 1 000 Byte
Megabyte (MB)	10^6 Byte = 1 000 000 Byte
Gigabyte (GB)	10^9 Byte = 1 000 000 000 Byte
Terabyte (TB)	10^{12} Byte = 1 000 000 000 000 Byte
Petabyte (PB)	10^{15} Byte = 1 000 000 000 000 000 Byte
Exabyte (EB)	10^{18} Byte = 1 000 000 000 000 000 000 Byte
Zettabyte (ZB)	10^{21} Byte = 1 000 000 000 000 000 000 000 Byte
Yottabyte (YB)	10^{24} Byte = 1 000 000 000 000 000 000 000 000 Byte

Abbildung 1: Namen und Zahlen für die Bezeichnung von Datenmengen

2,5 Exabyte entspricht der 12,5-fachen Menge an Daten aller gedruckter Bücher.[12] Stellen Sie sich eine Bibliothek oder eine große

Buchhandlung in Ihrer Stadt vor. Denken Sie an Hunderte von Büchern in Dutzenden von Regalen, die Sie in einem Leben niemals lesen können. Und nun stapeln Sie in Ihrer Vorstellung alle Bücher dieser Welt aufeinander, auf allen Kontinenten. Wir produzieren Tag für Tag ein Vielfaches der Daten, die notwendig wären, um alle Bücher dieser Welt zu speichern. Ist das nicht unglaublich? Die Datenkapazität Ihres Smartphones entspricht in etwa dem Datenvolumen, das in den 1960er-Jahren nötig war, um zum ersten Mal zum Mond zu fliegen. Sie sehen, hier gab es eine extreme Entwicklung.

Noch einmal zur Maßeinheit: Wofür stehen die Begriffe Exa- und Terabyte, und was sind eigentlich Byte? Lassen Sie uns dazu einen Blick auf die Grundvoraussetzungen von Computern werfen. Sie müssen sich die nächsten beiden Absätze nicht einprägen, um Big Data zu verstehen, aber auf mittlere und lange Sicht sollten Sie die Scheu vor diesen Angaben verlieren, denn sie bestimmen einen Teil unserer Zukunft.

Ein Computer ist eine digitale Maschine, die nur zwischen zwei Zuständen unterscheiden kann: 0 oder 1, Strom fließt oder Strom fließt nicht. Dieses Element ist die kleinste Einheit aller Daten und wird als ein Bit bezeichnet. Ein Byte entspricht 8 Bit und stellt somit die nächste Größeneinheit dar. Angaben zu Speicherkapazitäten werden in Byte gemacht. So umfasst Ihr Familienfoto vielleicht 2,5 Megabyte, also 2,5 Millionen Byte. Wenn Sie sich Ihren Rechner zu Hause oder bei der Arbeit ansehen, werden Sie auf Angaben in Bit und in Byte stoßen. Ihre Dateien oder Speicher werden in Byte gemessen (Kilo-, Mega- oder Gigabyte). Ein modernes Smartphone hat einen Hauptspeicher von 64 Gigabyte, um Fotos, Musik und weitere Daten zu speichern.

Bei der Angabe der Verarbeitungskapazität des Prozessors finden Sie hingegen eine Angabe in Bit. Ein 8-Bit-Prozessor ist in der Lage, Rechenoperationen mit maximal 8 Bit durchzuführen. Ihr Computer wird heute wahrscheinlich ein 64-Bit-Rechner sein.

Auf viele Leser werden diese Erläuterungen trivial wirken. Aber bei möglicherweise ebenso vielen stellt sich das bekannte Gefühl der Überforderung ein. Bit, Byte, Prozessor? Was war noch mal ein Prozessor? Moment, ich schaue bei Wikipedia nach. Was steht da?

»Ein Prozessor ist eine Maschine oder eine elektronische Schaltung, die gemäß übergebenen Befehlen andere Maschinen oder elektrische Schaltungen steuert und dabei einen Prozess oder Algorithmus vorantreibt, was meist Datenverarbeitung beinhaltet.«[13]

Aha. Was ist denn nun eine elektrische Schaltung, was ein Algorithmus? Und wie verarbeitet man Daten? Unsere Gesellschaft zerfällt in einen Teil, für den der Umgang mit diesen Begriffen und Maßeinheiten so selbstverständlich ist wie das Alphabet. Für andere ist und bleibt es eine komplette Fremdsprache. Wie werden wir in Zukunft darauf reagieren? Muss das Ziel sein, allen einen Grundbegriff der »Datenlogik« zu vermitteln? Ein Thema der nächsten Jahre wird sein, was mit denen passiert, die sich dem Daten-Sog entziehen wollen. Werden sie abgehängt? Oder wird Technik irgendwann so intuitiv bedienbar sein, dass sich nur sehr wenige mit technischen Details beschäftigen müssen?

Dieses Buch ist kein Datengrundkurs. Es kann nur darum gehen, auch all denen, die sich in technischen Fragen nicht zu Hause fühlen, die Dimension von Big Data zu verdeutlichen. In der folgenden Darstellung sind die Größenverhältnisse deshalb bildlich dargestellt. So bekommen Sie ein Gefühl für die Datenexpansion.

Lassen Sie uns eine kleine Zeitreise machen, um zu verstehen, wie die Daten, über die wir reden, eigentlich entstehen. Gehen wir zurück in die 1970er-Jahre. Zu dieser Zeit wurden Großrechner mit sogenannten »Lochkarten« gefüttert. Diese Lochkarten wiesen gestanzte Löcher auf. Die Zustände 0 und 1 wurden dadurch repräsentiert, ob an der betreffenden Stelle auf der Karte ein Loch gestanzt war oder nicht. So ließen sich Programme mit diesen Karten speichern. »Lochkarten« – wer hat heute noch eine Vorstellung davon? Im Jahr 1976 wurde die Diskette erfunden. Es dauerte zehn Jahre, ehe auf dem Technologienachfolger, der CD-ROM, bis zu 650 Megabyte gespeichert werden konnten.

Diese Entwicklung zeigt bereits, dass das Phänomen der stark wachsenden Datenmengen schon seit den ersten Tagen der digitalen Informationstechnologie vorhanden war. Allerdings wurden diese Mengen zunächst nur auf lokalen Datenträgern gespeichert, die entsprechend angepasst werden mussten. Erst mit dem Aufkommen des Internets im Jahr 1983 kann man von einem globalen Datennetz und einem entsprechenden Datenwachstum reden. 1986, nur drei Jahre später, betrug die weltweite Speicherkapazität bereits drei Exabyte. Und das, wir erinnern uns, entspricht immerhin der

15-fachen Menge aller auf der Welt existierenden gedruckten Bücher. Das Internet wuchs schnell und beständig und wies im Jahr 1993 bereits eine Größe von 16 Exabyte auf. Diese Speichermenge entspricht einer Abspieldauer von Musikdateien von 19,8 Millionen Jahren. Sie sehen, die Datenmengen begannen sich bereits in den 1990er-Jahren ins Unvorstellbare zu steigern. Und noch ein Bild, das Ihnen die Dimension der Entwicklung verdeutlicht: Experten der Berkeley-Universität in Kalifornien schätzen, dass alle jemals von Menschen gesprochenen Worte in fünf Exabyte gespeichert werden könnten.[14]

1996 erschien der Nachfolger der CD-ROM, die DVD, die bis zu 8,5 Gigabyte fassen konnte. Und obwohl im Jahr 1997 lediglich zwei Prozent der weltweiten Bevölkerung Zugang zum Internet hatten, wuchs die Datenflut kontinuierlich an und erreichte im Jahr 2000 die Menge von 55 Exabyte. Um eine Vorstellung von dieser Menge zu bekommen, stellen Sie sich einen Film vor, der 55 Exabyte umfasst. Ihn anzusehen würde 1,1 Millionen Jahre dauern.

Auch der Anteil der Weltbevölkerung, der einen Zugang zum Internet hatte, stieg kontinuierlich an. Betrug er 1997 zwei Prozent (120 758 310 Menschen), waren es 2012 schon 36 Prozent (2 511 615 523). Apple brachte 2001 den iPod auf den Markt, der mit seinem Fünf-Gigabyte-Speicher bis zu 1 000 Lieder speichern konnte. Facebook nutzten zur gleichen Zeit vier Prozent der Internetbenutzer. Die Gesamtmenge an gespeicherten Daten betrug mittlerweile 295 Exabyte. Um diese Datenmenge auf DVD zu speichern, müsste man das Chrysler-Gebäude in New York komplett mit DVDs füllen. Nur um die Dimension zu verdeutlichen: Dieses architektonische Meisterwerk hat 77 Stockwerke und ist 319 Meter hoch.[15]

2010 waren bereits sechs Prozent aller Internetnutzer beim Kurznachrichtendienst Twitter registriert. Facebook konnte 24 Prozent der Internetnutzer als Mitglieder verbuchen, während die Gesamtzahl der Menschen mit Internetzugang auf 30 Prozent der Weltbevölkerung anstieg, etwa 2 Milliarden Menschen. 2015 betrug die Datenmenge im globalen Netz 1.352 Exabyte. Auf DVD würde diese Menge einen Stapel von der Erde bis zum Mond ergeben. Bereits 45 Prozent der Weltbevölkerung oder 3,3 Milliarden Menschen nutzen das Internet. Und wenn Sie diese Zeilen lesen, dürften auch diese Zahlen bereits wieder deutlich übertroffen sein.

BIG DATA Zeitstrahl

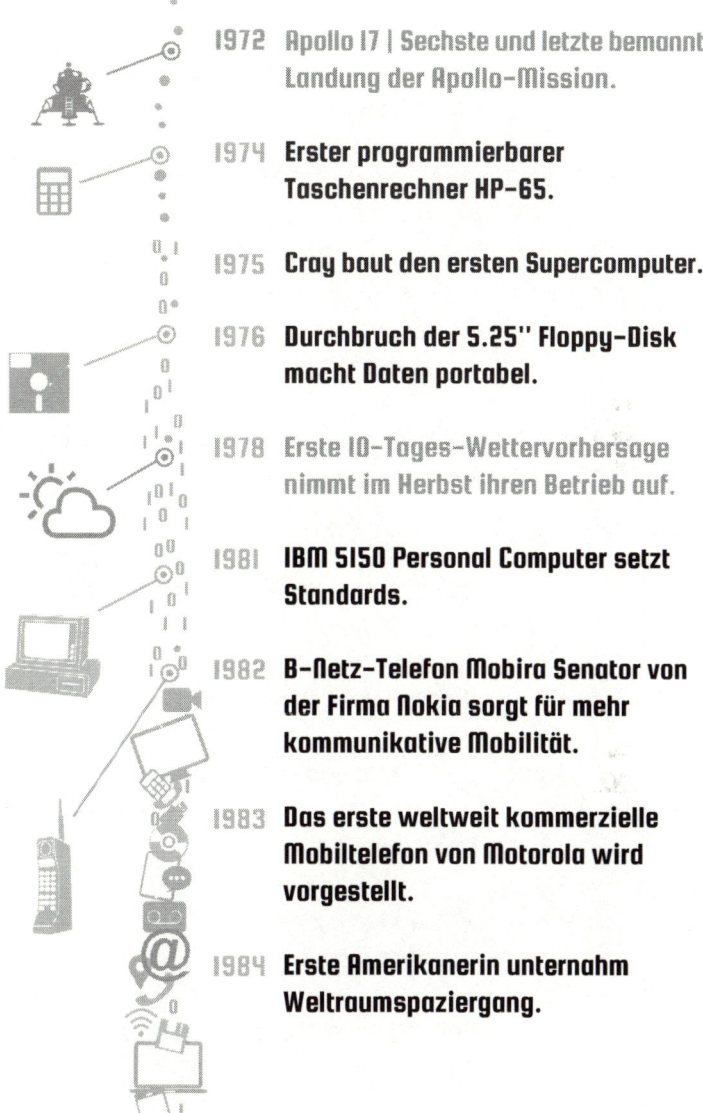

1972   Apollo 17 | Sechste und letzte bemannte Landung der Apollo-Mission.

1974   **Erster programmierbarer Taschenrechner HP-65.**

1975   **Cray baut den ersten Supercomputer.**

1976   **Durchbruch der 5.25" Floppy-Disk macht Daten portabel.**

1978   Erste 10-Tages-Wettervorhersage nimmt im Herbst ihren Betrieb auf.

1981   **IBM 5150 Personal Computer setzt Standards.**

1982   **B-Netz-Telefon Mobira Senator von der Firma Nokia sorgt für mehr kommunikative Mobilität.**

1983   **Das erste weltweit kommerzielle Mobiltelefon von Motorola wird vorgestellt.**

1984   **Erste Amerikanerin unternahm Weltraumspaziergang.**

Abbildung 2: Die IT-Entwicklung von 1972 bis 1984

1986 **CD-ROM, die Speicherrevolution.**

3 Exabytes

Ein heutiges Data Center würde die damalige weltweite Speicherkapazität abdecken.

1989 **Nintendo macht Videospiele mobil.**

1990 Geburtsstunde des World Wide Web.

1991 **Nokia baut die erste Produktions-straße für digitale Handys.**

1993 **Mosaic-Browser | Das Word Wide Web wird benutzerfreundlicher.**

16 Exabytes Musik ergeben eine Spiel-dauer von 19,8 Millionen Jahren.

1994 **Das elektronische Buchgeschäft Amazon wird gegründet.**

1996 **DVD macht das Filmgeschäft digital.**

120,758,310 Benutzer

1997 **Landung auf dem Mars.**

2%

2% der Weltbevölkerung haben einen Internetanschluss.

2000 **USB-Sticks speichern 8MB, so viel wie 5 Disketten.**

Abbildung 3: Die IT-Entwicklung von 1985 bis 2000

55 Exabytes

Um 55 Exabytes Filme zu schauen, benötigt man 1,1 Millionen Jahre.

2001 **Der erste iPod kommt auf den Markt.**

Crowdsourcing | Wikipedia geht online.

662,663,600 Benutzer

2002 **Einführung des Euro.**

11% 11% der Weltbevölkerung haben einen Internetanschluss.

2003 **Apple iTunes Store: Kunden können einzelne Songs im Internet kaufen.**

1,157,500,065 Benutzer

2004 **Facebook wird gegründet.**

2005 **User generated content | Es gibt bereits über 15 Millionen Blogs.**

4% 4% aller Internetnutzer sind bei Facebook.

18% 2006 18% der Weltbevölkerung haben einen Internetanschluss.

295 Exabytes

DVDs mit 295 Exabytes Daten würden das Chrysler Building in New York komplett füllen.

2007 **Mobile Revolution: das Smartphone erobert die Welt.**

Abbildung 4: Die IT-Entwicklung von 2001 bis 2007

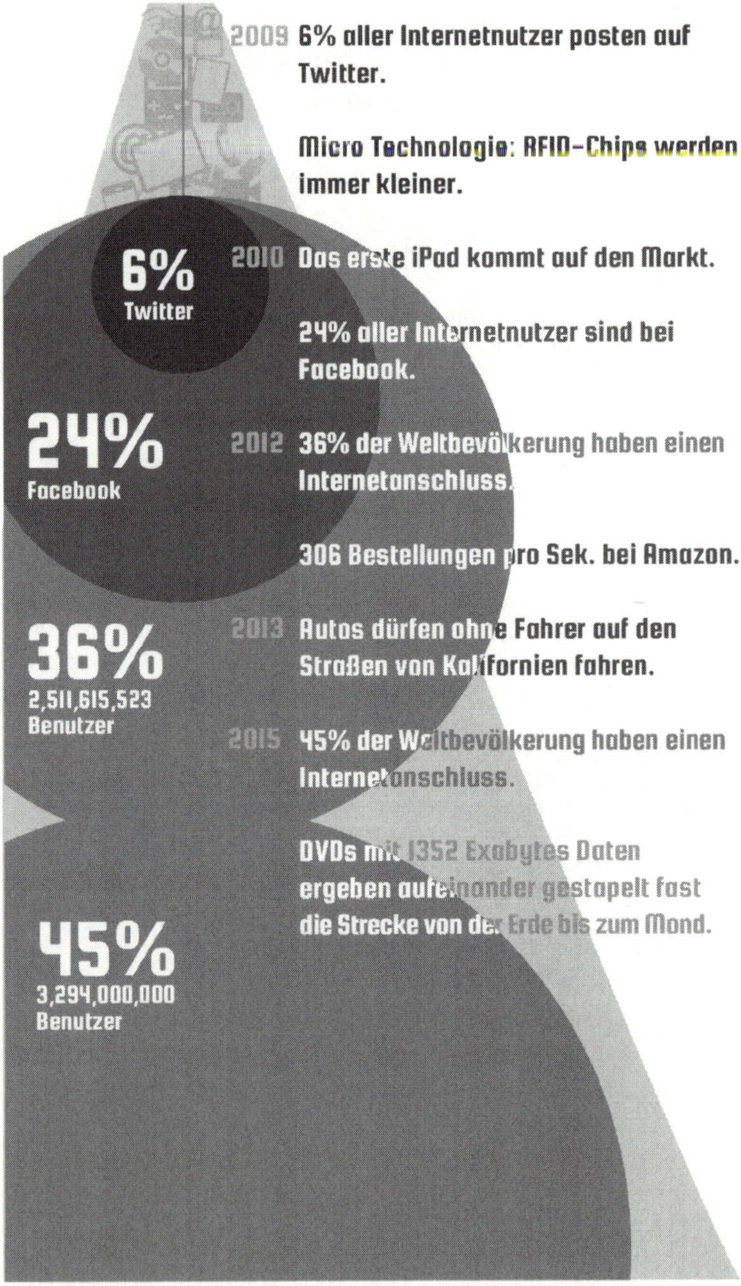

2009 6% aller Internetnutzer posten auf Twitter.

Micro Technologie: RFID-Chips werden immer kleiner.

6%
Twitter

2010 Das erste iPad kommt auf den Markt.

24% aller Internetnutzer sind bei Facebook.

24%
Facebook

2012 36% der Weltbevölkerung haben einen Internetanschluss.

306 Bestellungen pro Sek. bei Amazon.

36%
2,511,615,523
Benutzer

2013 Autos dürfen ohne Fahrer auf den Straßen von Kalifornien fahren.

2015 45% der Weltbevölkerung haben einen Internetanschluss.

DVDs mit 1352 Exabytes Daten ergeben aufeinander gestapelt fast die Strecke von der Erde bis zum Mond.

45%
3,294,000,000
Benutzer

Abbildung 5: Die IT-Entwicklung von 2008 bis 2015

Das Interessante an der gesamten Entwicklung ist die rasante Zunahme an Daten seit 2011. Über 90 Prozent aller digital erfassten Daten stammen nämlich aus diesem Zeitraum. Dazu haben mehrere Faktoren beigetragen, unter anderem die intensive Nutzung und Verbreitung sozialer Netzwerke (Social Media) wie Twitter, Facebook, Google plus oder Instagram. Diese werden auch deshalb so stark frequentiert, weil zunehmend mobile Endgeräte, Smartphones und Tablets dies ermöglichen. Bei den mobilen Endgeräten – heute sieben Milliarden – wird im Jahr 2015 ein Absatz von 1,445 Milliarden Smartphones erwartet. Diese liegen damit klar an der Spitze. PCs und Tablets liegen bei knapp 0,545 Milliarden.[16]

Haben Sie heute schon Ihr Smartphone genutzt? Dann überlegen Sie einmal, was Sie damit allein heute schon alles gemacht haben. Ein Foto aufgenommen und an Ihren Arbeitskollegen verschickt? Die E-Mails gelesen? Eine neue App heruntergeladen und installiert? Musik gespeichert? Waren Sie in der U-Bahn vielleicht schon auf Facebook? Oder dient Ihr Smartphone gar als Sportcomputer, der Ihnen bereits heute früh die Höhenmeter Ihrer Laufrunde angezeigt hat?

Zur Datenflut haben Sie heute vielleicht schon kräftig beigetragen – allein mit dem kleinen Gerät in Ihrer Tasche! Und Sie sind nicht allein. In den nächsten drei Jahren erwartet die Branche einen Anstieg auf knapp zehn Milliarden mobiler Endgeräte, wovon 5,5 Milliarden Smartphones sein werden. Die mit den Smartphones übertragenen Datenmengen betragen heute knapp drei Exabyte pro Monat und werden in den nächsten drei Jahren die Zehn-Exabyte-Grenze durchbrechen. Dabei ist der asiatische Markt mit fast der Hälfte des Datenverkehrs global gesehen Spitzenreiter. Weltweit werden pro Minute 100 Stunden Videomaterial auf YouTube geladen, 4 112 500 Google-Suchanfragen abgesetzt, 3 300 000 Facebook-Einträge geteilt, 347 000 Tweets auf Twitter verschickt, 48 000 Apps aus Apples AppStore geladen und 38 200 Fotos auf Instagram eingestellt. Wie gesagt: alles pro Minute.[17]

Das alles sind neue Dimensionen. Dass die Datenflut sehr schnell immer größer wird und in den letzten Jahren stark angestiegen ist, ist mittlerweile deutlich geworden. Aber das allein macht Big Data noch nicht zu einem so einschneidenden Ereignis. Es wird noch futuristischer. Auch die Dinge um uns herum vernetzen sich. Immer mehr Geräte erhalten Sensoren, die Daten aufnehmen und weiterleiten. So entsteht ein Internet der Dinge: der sogenannten »smarten« Geräte. Das fängt wie eben beschrieben beim Smartphone an, geht aber nahtlos ins Zuhause über, von der Waschmaschine, der Haussteuerung bis zur Zahnbürste. Sensoren sind auch im Auto aktiv und ermöglichen es, das Fahrzeug vollständig zu vernetzen und zu warten. Im Rahmen der »Smarter Cities« erfolgt die gesamte Infrastruktursteuerung von Städten über Sensoren. In Kapitel 4 werden wir diese Bereiche genauer kennenlernen und diskutieren. Es gibt fast keinen Bereich mehr, in dem keine smarten Geräte vorkommen. Experten erwarten hier bis zum Jahr 2030 über 50 Milliarden vernetzter Geräte weltweit.

Der Daten-Cocktail

Was macht die neue Qualität von Big Data aus? Die eine, von allen akzeptierte Definition von Big Data gibt es nicht. Aber es gibt einen Ansatz, der in der Publizistik und in der Wissenschaft am häufigsten zitiert wird, wenn wir über das Thema reden, und der Ihnen auf jeden Fall weiterhilft.

Lernen Sie die vier »V«s kennen: Volume (Größe), Velocity (Geschwindigkeit), Variety (Vielfalt) und Veracity (Unbestimmtheit). Dass Big Data groß ist, ahnten wir schon. Darauf deutet ja schon der Name hin. Aber Big Data ist darüber hinaus auch schnell, vielfältig und kann in Teilen sogar ungenaue Daten enthalten. Und das soll nun eine Revolution auslösen, die unser Leben auf den Kopf stellt? Genau so ist es.

Gerade die Geschwindigkeit versetzt die Wirtschaft in Aufbruchsstimmung. Unternehmen können in »real time«, in Echtzeit, beobachten, welche Ampel bald ein Problem haben könnte, welches Paket wo unterwegs ist, welche Rohre ausgewechselt werden müssen, und sofort darauf reagieren. Aber nicht nur für die Wirtschaft entstehen neue Möglichkeiten, auch Ihr tägliches Leben wird sich dadurch verändern. In einem vernetzten Zuhause können Sie aus dem Urlaub beobachten, wie hoch daheim die Zimmertemperatur ist oder in welchem Raum gerade gesprochen wird. Vieles

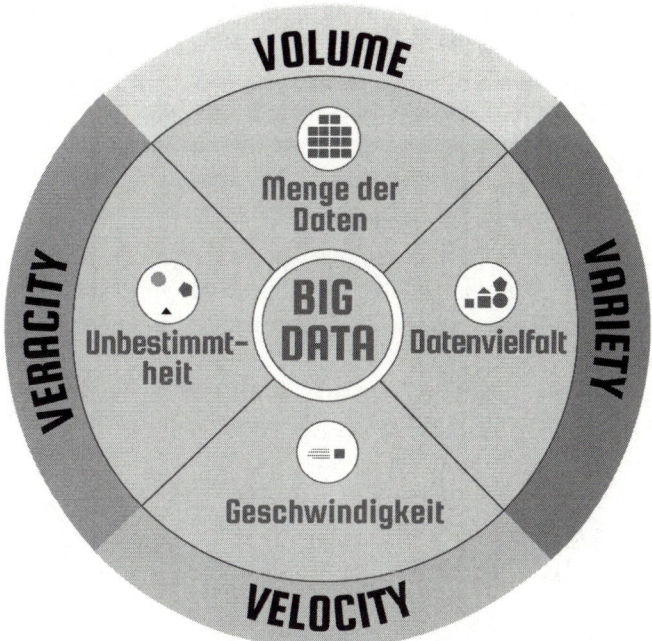

Abbildung 6: Die vier »V«s von Big Data

wird möglich. Die Frage, die Sie sich immer wieder stellen werden, ist: Wie will ich leben?

Was ist das Besondere am dritten »V«, der Vielfalt? Früher haben wir Daten gesammelt zu EINEM ganz bestimmten Zweck. Wenn wir mit den Daten herausgefunden haben, was wir wollten, haben wir sie bestenfalls irgendwo gespeichert, aber prinzipiell wurden sie wertlos. In der Welt von Big Data sind sie weiter wertvoll. Denn es ist gerade die Verknüpfung scheinbar nicht zusammenhängender Daten, die Big Data so spannend macht.

Fehlt noch das vierte »V«, die Unbestimmtheit. Auch ungenauere, unbestimmte Daten können im Zeitalter der Datenrevolution nützlich sein. Das klingt unspektakulär, hat aber in Kombination mit den drei anderen »V«s weitreichende Konsequenzen.

Vieles, was Big Data ausmacht, war als Einzelelement schon vorher da. Es gab schon immer Daten, schon lange Computer. Aber noch mal: Es ist nicht, wie man beim Begriff »BIG Data« vermuten könnte, die DatenMENGE allein, die die Welt verändert. Es sind alle vier Elemente zusammen, mit all ihren Wechselwirkungen: Volume, Velocity, Variety und Veracity, also »Größe«, »Schnelligkeit«, »Vielfalt« und »Unbestimmtheit«. Es ist der Cocktail aus diesen vier Elementen, der so viele in einen Rausch versetzt. Der Cocktail, der Energie und Fantasie freisetzt.

Da manche nicht genug bekommen, ergänzen sie weitere »V«s, zum Beispiel »Value«, also den Wert der Daten. Aber wir wollen die Definition nicht noch weiter komplizieren und belassen es deshalb bei den vier Ursprungs-»V«s.[18]

Was bedeutet das konkret? Was ändert sich durch diesen neuen Daten-Cocktail? Nun, manche sagen: Alles.

Das Ende der Theorie?

Beginnen wir mit der Wissenschaft. Die Sozialwissenschaften sind es seit Jahrzehnten gewohnt, an der Präzision der Verfahren zu arbeiten. Also, eine Stichprobe so exakt wie möglich zu erheben, um daraus Rückschlüsse für das Gesamte zu ziehen. Ein konkretes Beispiel, mit dem Viktor Mayer-Schönberger und Kenneth Cukier die Veränderungen in der Wissenschaft illustrieren. Nehmen Sie an, Sie wollen messen, wie sich die Temperatur auf einem bestimmten Weinberg über die Monate verändert. Wie geht die Wissenschaft bisher vor? Sie entwickelt eine geringe Stückzahl exakter Messinstrumente und platziert sie an unterschiedlichen Positionen des Weinbergs, um aus den Ergebnissen Rückschlüsse für die Temperaturentwicklung zu ziehen. Big Data bedeutet: Wir haben an jeder Rebe, ja an jeder einzelnen Traube einen Sensor. Das bedeutet: »n ist gleich alle«. Wir haben damit Tausende von Messstationen, bei denen wir davon ausgehen, dass die meisten korrekt arbeiten. Im Zeitalter von Big Data müssen wir uns immer seltener Gedanken über eine repräsentative Auswahl machen. Außerdem ist es plötzlich unerheblich, wenn 20 Messinstrumente ausfallen oder einige nicht so exakt eingestellt sind. Das Ergebnis wird immer noch präziser sein als das, was ich vorher erstellt habe. Und ich kann es sofort, in Echtzeit, abrufen. Das heißt, auch ungenaue Daten, »messy data«, können im Big-Data-Zeitalter wertvoll sein. Über das dritte »V«, also die Vielfalt der Daten, haben wir in diesem Beispiel noch nicht einmal gesprochen.

Chris Anderson hat all das zum ersten Mal zum Thema gemacht. In einem kleinen Aufsatz verkündete er im Jahr 2008 das »Ende der Theorie«.[19] Vereinfacht gesagt vertrat er damals die Position: Warum noch mit Hypothesen arbeiten, die wir anschließend mühsam überprüfen? Warum noch mit Stichproben arbeiten? Big Data macht Stichproben in vielen Fällen überflüssig und erzählt uns bereits in Echtzeit, was wir wissen müssen.

Auch wenn es in der Wissenschaft natürlich entschiedene Kritiker dieser Haltung gibt: Wir werden uns in Zukunft fragen müssen, ob die alten Instrumente noch die richtigen sind.

Vorhersagen

Warum sind Konzerne, Staaten und Geheimdienste an der Sammlung so vieler Daten interessiert? Jede heute noch so belanglos erscheinende Information kann in Zukunft in Kombination mit anderen Daten wertvoll sein. Dies erklärt das große Interesse der Datensammler, möglichst viele Daten aus noch so unterschiedlichen Bereichen zu speichern. Es ist die Vielfalt der Daten, die scheinbar nicht zusammenhängenden Einzelinformationen, die aber später in einem neuen Kontext ein Profil eines Menschen schärfen oder Aussagen zu völlig anderen Themenbereichen ermöglichen.

Hier sind wir beim Kern von Big Data. Viele, sehr unterschiedliche Daten werden in Echtzeit durch einen Algorithmus, vereinfacht gesagt durch eine spezielle Programmierung, miteinander kombiniert. Zu wissen, welche Bücher Sie bisher gekauft haben, über welche Themen Sie sich informieren, wo Sie leben und wie Sie leben, kann einem digitalen Buchhändler helfen, Ihnen die Bücher vorzuschlagen, die Sie als Nächstes lesen wollen.

Google will noch mehr. Eric Schmidt, der Google-Chef, hat es im Interview mit dem amerikanischen Journalisten James Bennet deutlich formuliert: »Wir wissen, wo du bist. Wir wissen, wo du warst. Wir können mehr oder weniger wissen, was du gerade denkst.«[20] Was halten Sie von dieser Vorstellung? Dass ein Konzern schon vor Ihnen weiß, was Sie als Nächstes lesen, essen oder unternehmen wollen? Die Frage, wie wir mit den durch Big Data möglichen Prognosen umgehen, ist ein zentrales Thema dieses Buchs. Wenn sich die Präzision der Vorhersagen immer weiter verbessert und auch das Verhalten des Menschen prognostiziert werden kann: Warum dann nicht genau vorhersagen, wo in Kürze Verbrechen stattfinden? Und warum nicht diejenigen, die mit hoher Wahrscheinlichkeit ein solches Verbrechen begehen werden, inhaftieren, bevor sie die Tat verüben können? Dies wird tatsächlich intensiv diskutiert, mit allen Chancen und dunklen Seiten. Dem Thema »Predictive Policing« widmen wir uns in Kapitel 4.6.

Wir, die Datenspender

Wird Ihr Bild von Big Data langsam kompletter? Im Big-Data-Zeitalter stehen uns unvorstellbar große Datenmengen zur Verfügung. Über jeden Einzelnen von Ihnen, aber auch über die Dinge dieser Welt. Wir stellen Verknüpfungen her und treffen damit Vorhersagen. Alle Daten sind wertvoll. Alle können wichtig werden.

Das haben Geheimdienste schon immer so gesehen. Allerdings mussten sie früher einen großen Aufwand betreiben, um Informationen über Sie zusammenzutragen. Sie mussten Ihnen nachstellen, Wanzen in den Wohnungen anbringen, Sie beschatten und ein Netz aus Informanten knüpfen. Sie haben Ihre Freunde unter Druck gesetzt, damit Sie private Details über Sie preisgeben. Sie haben Sie überwacht, sind Ihnen nachgefahren, um zu erfahren, wo Sie sich aufhalten.

Heute müsste sich beispielsweise die Stasi nicht mehr so viel Arbeit machen. Denn wir werden freiwillig zu Datenspendern. Über Facebook legen Sie all das offen, was sich Geheimdienste früher mühsam erarbeiten mussten. Für welche Themen Sie sich interessieren, wer Ihre Freunde sind. Sie liefern auch noch gleich Fotos von ihnen, die direkt in den Datenbanken der Geheimdienste gespeichert werden können. Ihr Smartphone dokumentiert Ihr Bewegungsprofil. Man muss Ihnen nicht mehr mit dem Auto hinterherfahren, um zu wissen, wo Sie sich wann aufhalten. Auf der anderen Seite schaffen die sozialen Netzwerke für uns eine großartige Kommunikationsplattform, mit all den Errungenschaften, die wir sehr zu schätzen wissen. Diese Abwägung wird in diesem Buch immer wieder Thema sein. Wichtig ist an dieser Stelle nur die Erkenntnis, dass sich hier etwas Entscheidendes verändert hat.

Big Data wird häufig in den Zusammenhang der düsteren Prophezeiungen gestellt, die George Orwell in seinem Roman »1984« entworfen hat. Das Filmzitat »Big Brother is watching you« wurde zum Synonym für staatliche Überwachung. Allerdings ging Orwell in seinem Ende der 1940er-Jahre verfassten Meisterwerk noch davon aus, dass der Staat durch Omnipräsenz, das Schüren von gemeinsamen Feindbildern und die Kontrolle der öffentlichen Meinung die ständige Überwachung der in Klassen eingeteilten Bürger organisiert.

Heute werden keine Drohkulissen aufgebaut, um Sie zu überwachen. Einen Großteil der Informationen über sich liefern Sie selbst, vielleicht ohne dass Sie es sich bewusst machen. Sie spüren noch keine Konsequenzen, Ihr Leben läuft ja scheinbar weiter wie bisher. Und doch verändert sich etwas. Wenn Sie sich die einzelnen Lebensbereiche in Kapitel 4 vergegenwärtigen, können Sie selbst abwägen, was Ihnen die Verheißungen von Big Data wert sind. Manche von Ihnen spüren bereits die Präsenz der Daten und fragen sich, ob wir uns vor dem Datenzugriff Dritter überhaupt schützen können, wenn wir am modernen Leben teilnehmen wollen. Eine spannende Frage. Machen wir uns zunächst klar, was sich aus Sicht von Unternehmen ändert.

Die technische und ökonomische Sicht auf Big Data

Durch den neuen Datencocktail ist strukturell eine neue Situation entstanden. Wir alle wissen, dass die Datenübertragungsmöglichkeiten unser Leben beschleunigt haben. Die Zeit der Postkutsche, die unsere handgeschriebenen Briefe transportiert, kommt nicht zurück. Wir müssen nicht mehr tagelang auf eine Antwort warten. Mit der E-Mail wurde ein Austausch in Sekundenschnelle möglich – eine gravierende Veränderung, die in unserer Gesellschaft aber längst zur Selbstverständlichkeit geworden ist.

Aus der Perspektive der Unternehmen war es aber noch bis vor Kurzem alles andere als normal, große Projekte und komplexe Datenmengen schnell bearbeiten zu können. Jüngste Technologieentwicklungen ermöglichen die Verarbeitung von Daten in bis zu 3000-facher Geschwindigkeit bei vergleichbaren Kosten. Welche Auswirkung hat dieser Technologiesprung für uns? Lassen Sie sich zum besseren Verständnis dieses Zusammenhangs auf ein Gedankenexperiment ein. Stellen Sie sich einen Flug von San Francisco nach Frankfurt vor. Die übliche Flugdauer beträgt heute zwischen neun und elf Stunden. Wenn man nun den letzten Technologiesprung, wie er in der Informationstechnologie stattgefunden hat, auf die Flugzeugindustrie gedanklich übertragen würde, wäre es möglich, diesen Flug in nur noch 20 Sekunden durchzuführen.

20 Sekunden! Das erinnert an die Vision des »Beamens«, die nicht nur allen Star-Trek-Fans seit Jahrzehnten utopisch und faszinierend zugleich erscheint. Wäre das noch eine »richtige« Flugreise für Sie? Das wäre nicht mehr dasselbe? Genau darum geht es. Die Vorstellung, etwas sei technisch nicht möglich und deshalb lohne es sich nicht, diese Perspektive weiterzudenken, ist auf vielen Ebenen durchbrochen worden.

Für unser Thema heißt das: Der Fortschritt wird die Art und Weise, wie wir zukünftig mit Daten und Informationen umgehen und leben, in erheblichem Maße verändern. Neueste Technologien erlauben es nämlich, diese riesigen Datenmengen, die aus ganz unterschiedlichen Informationen bestehen, effizient und in ihrer Gänze zu verarbeiten.

Diese Veränderungen eröffnen uns bisher ungeahnte Möglichkeiten. Die Interaktionen an verschiedenen Schnittstellen verändern sich – einerseits zwischen Menschen, andererseits aber auch zwischen Menschen und Dingen, sprich Geräten, Maschinen oder Automaten. Noch erleben Sie sich oft in der Rolle des Steuernden. Sie müssen sich Bedienungsanleitungen durchlesen und wissen, wie Sie das Gerät dazu bringen, das zu tun, was Sie von ihm erwarten. Hier entstehen neue Formen, wie der Benutzer die Handhabung eines Gerätes erlebt – man spricht von User Experience. Ist heute noch das Smartphone angesagt, werden wir morgen Geräte in der Hand haben oder am Körper tragen, die durch Sensoren viele Aufgaben der Datenerfassung, aber auch der Steuerung selbstständig übernehmen. Wir sehen diese Form der Digitalisierung bereits heute in vielen unserer alltäglichen Gegenstände, vom Auto bis zu unserem Zuhause. Diese benutzer- und gerätebezogene Form der Interaktion wird unser Verhalten massiv verändern. Manuelle Eingaben werden voll automatisiert und können viel schneller und mit einem Vielfachen an Genauigkeit erfolgen. Dadurch werden aber nicht nur Daten durch einen Benutzer generiert, sondern es tritt auch der umgekehrte Fall ein: Der Sensor selbst wird zum Akteur, wodurch Vorgänge automatisiert werden, die heute noch eine Entscheidung oder ein unmittelbares Eingreifen erfordern. Sensoren und Maschinen sind nicht mehr nur »Befehlsempfänger«, sondern entwickeln ein immer größeres »Eigenleben«. Die Dinge kommunizieren also miteinander und treffen Entscheidungen für uns. Dadurch, dass sie fast alles über uns wissen, geht man davon aus, dass sie »in unserem Sinne« entscheiden. Natürlich stellen sich hier viele Fragen: Werden wir, ohne dass wir es bemerken, manipuliert? Werden wir es verlernen, selbstbestimmt durchs Leben zu gehen?

Aber bleiben wir zunächst bei den Potenzialen: Neben diesen veränderten Bedingungen bei der Benutzung von Geräten ist es vor allem die Effizienz, die mit zunehmender Datenmenge immer wichtiger wird. Aber was heißt eigentlich Effizienz? Effizienz bedeutet aus Technologiesicht unter anderem eine Verarbeitung in Quasi-Echtzeit. Alles, selbst die kompliziertesten Abstimmungs- und Koordinationsprozesse werden sofort überblickt und in Gang gesetzt werden. Dadurch gibt es de facto keine technischen Limitierungen bei der Speicherung und Verarbeitung von Daten mehr. Kapazitäten und Verarbeitungsmöglichkeiten in Echtzeit sind anscheinend grenzenlos – ein Umstand, der das Systemverhalten und somit die Art und Weise, wie wir mit Informationstechnologie umgehen, verändert.

Durch die neue Art der User Experience und der Interaktion wie auch durch die Verarbeitung der Daten in Echtzeit wird das Machbare nicht mehr durch die Technik, sondern mehr oder weniger durch unsere eigene Vorstellungskraft limitiert. Wir erhalten eine Flexibilität in unserem Handeln, die uns in dieser Form bisher unbekannt war. Um die Potenziale freizusetzen, ist es aber auch notwendig, unser Verhalten zu andern, das wir über Jahrzehnte – bedingt durch die technischen Grenzen – optimiert und an die jeweiligen Voraussetzungen angepasst haben.

Wahrscheinlichkeiten werden wichtiger als die Suche nach dem Grund

Was sind nun die Folgen, wenn Big Data und die neuen technischen Möglichkeiten Normalität werden? Welche Verhaltensänderungen werden dadurch hervorgerufen oder uns abverlangt, und welche neuen Optionen ergeben sich für unser Handeln?

Der erste Bereich, der uns vollkommen verändern wird, ist die Art und Weise, Erkenntnisse zu erlangen und Entscheidungen zu treffen. Für die Erkenntnisgewinnung galt bisher immer das Prinzip der Kausalität, mit dem eindeutige Zusammenhänge hergestellt und wissenschaftlich erhobene Informationen in eindeutiger Weise – unter Zulassung bestimmter Ausnahmen – in Beziehung zueinander gebracht wurden. Die Grundlage für einen Erkenntnisgewinn war also eine Kausalkette, aufgrund derer eine Entscheidung getroffen werden konnte. Dies gehört der Vergangenheit an: Wir haben so riesige Datenmengen für eine Fragestellung, dass die korrelierte Erkenntnis dem exakten Beweis hinsichtlich der Präzision der Kausalität zwar nicht überlegen ist, definitiv aber bezüglich ihrer Geschwindigkeit weit vorauseilt und bereits heute zu einer »Korrelation reicht«-Mentalität führt. Die Fähigkeit, die Güte der Daten und ihre Anwendbarkeit auf die Problemstellung zu übertragen, wird die klassischen Modelle massiv infrage stellen, ergänzen oder gar ersetzen. Bei aller Euphorie darf man aber nicht vergessen, dass wir hier eine über Generationen entwickelte Verhaltensweise verändern und dies die Menschen stark beschäftigen wird.

Wir haben immer versucht, einem Thema auf den Grund zu gehen, Ursachen und Wirkung zu ergründen. Zum Beispiel – nehmen wir die Medizin – den Körper und seine Wirkmechanismen immer genauer zu verstehen, um so ein Mittel gegen Krebs zu entwickeln. »Klar, wie auch sonst?« – fragen Sie sich vielleicht. Wir können Ihnen die andere Variante nennen: Google sammelt Milliarden von Daten, über jeden Einzelnen von Ihnen. Eine bisher unvorstellbare Datenquelle. Aber Google sammelt nicht nur, sondern verknüpft diese Daten durch Algorithmen und stellt Korrelationen her. Viktor Mayer-Schönberger und Kenneth Cukier illustrieren das Potenzial der Korrelationen mit einem fiktiven Beispiel: Nehmen wir an, Google stellt fest: Diejenigen, die an einer bestimmten Krebsform erkrankt sind und – sagen wir – täglich Aspirin und Orangensaft trinken, leben im Schnitt drei Jahre länger als diejenigen, die das nicht tun. Also wird Google empfehlen: Trinkt Orangensaft und nehmt dazu Aspirin! Niemand dort muss Ahnung von den medizinischen Details haben. Niemand hat verstanden, warum Aspirin und Orangensaft so etwas bewirken. Nicht mehr das »WARUM« ist wichtig, es reicht, das »WAS« zu kennen.[21]

Ebenfalls höchst interessant ist das Verlassen vorhandener Industrie- und Expertisen-Domains. Während wir in der heutigen Zeit oftmals nur Informationen aus den uns vertrauten Gebieten als relevant empfinden und für unsere Arbeit zulassen, eröffnen gerade die Nutzung fremder Daten und das Herstellen neuer Zusammenhänge ungeahnte Möglichkeiten. Gerade im Verlassen der Kausalketten bei der Entscheidungsfindung ergeben sich plötzlich aus Daten fremder oder angrenzender Bereiche ungeahnte Erkenntnisse und Ideen.

Das hört sich harmlos an. Aber die Wucht dieser neuen Strategie ist beträchtlich. Bisher sind Universitäten in Fakultäten organisiert. Jeder Fachbereich steht für sich. Die Zukunft könnte mehr und mehr darin liegen, diese Grenzen aufzubrechen. Wir werden fachübergreifend denken, entwickeln und planen. Die Zeit des Kästchendenkens ist vorbei.

Aber es geht noch weiter. Dadurch, dass auch Maschinen sehr viele, sehr unterschiedliche Daten sofort in Zusammenhang miteinander setzen können und nach entsprechender Programmierung selbstständig Schlussfolgerungen ziehen, entsteht eine neue Form von Intelligenz – eine Art kognitives Verhalten. Wir können damit

Systemen das geben, was wir als Erfahrung bezeichnen und was uns bisher von technischen Systemen unterscheidet.

Dieser Ansatz geht weit über die ursprünglichen Grundideen der künstlichen Intelligenz hinaus und führt zu einem faktenbasierten Entscheidungsmuster aufgrund einer großen Menge an Erfahrungswerten. Nehmen wir als Beispiel das autonome Fahren eines Autos. Bisher galt es als unmöglich, die Intuition und die Erkenntnis eines menschlichen Fahrers auf die Maschine zu übertragen. Auch glaubte man lange Zeit, dass ein Rechner nicht in der Lage ist, im Schach einen Menschen zu schlagen. Und in der Tat ist es richtig: Die Maschine kann das nicht auf unsere menschliche Art und Weise. Aber beim Verarbeiten von anderen Daten über Sensoren oder aus anderen Quellen schaffen wir die Möglichkeit, in Echtzeit eine Entscheidung zu treffen, die mindestens genauso gut, wenn nicht sogar besser sein könnte als eine Entscheidung aufgrund der Erfahrung des Menschen. Setzt man nun die Möglichkeiten der Echtzeitverarbeitung in den Kontext der sogenannten »prädikativen Analysis«, sprich der Anwendung hochkomplexer Formelwerke zur Simulation und Prognose von Zukunftsszenarien, erkennt man sehr schnell die neue Qualität von Big Data. Big Data in Echtzeit bedeutet zwar definitiv nicht das Ende aller Zufälle, aber man kommt schon beachtlich weit dabei, Zufälle per se auszuschließen.

Aber auch hier können wir die Frage stellen: Wollen wir das? Wollen wir Zufälle ausschließen und unser Leben berechenbarer machen? Welche Entscheidungen werden uns Maschinen in Zukunft abnehmen? Von den Auswirkungen der Automatisierung auf den Arbeitsmarkt ganz zu schweigen. Worin genau liegen die Chancen dieser Entwicklung? Und wie gehen wir mit der dunklen Seite dieser Entwicklung um?

Bezogen auf die Wirtschaft gilt: Man muss bereit sein, neue Informationen zuzulassen, um eine neue Form des Erkenntnisgewinns zu ermöglichen. Andererseits besteht gesellschaftlich die Gefahr, dass wir den Daten mit der Zeit »blind« vertrauen und vergessen, dass es sich um Wahrscheinlichkeiten, nicht um Fakten handelt. Verheißung und Risiko liegen auch hier dicht beieinander.

RE-THINK: Frankfurt – San Francisco in 20 Sekunden

Die Veränderungsgeschwindigkeit unserer globalen Welt hat Dimensionen erreicht, in der die Anzahl der Veränderungen in der Komplexität der Vernetzung von Unternehmen, Märkten und Menschen Ausmaße annimmt, die unsere bisherigen Vorstellungen um ein Vielfaches übersteigen. Mithilfe aktueller Technologien ist es möglich, auf jede Information in Echtzeit und mit kognitiver Intelligenz einzugehen. Viele große Konzerne haben die Entwicklung erkannt oder sogar selbst vorangetrieben. Für sie ergeben sich große Möglichkeiten, für die Gesellschaft werden aber auch neue Fragen aufgeworfen.

Übertragen wir diese neuen, technologischen Errungenschaften und Erkenntnisse auf das Flugzeugbeispiel, ahnen Sie schon, was dies für mögliche Auswirkungen haben kann. Derartige Technologien verändern vorhandene Geschäftsprozesse und deren Geschäftsmodelle von Grund auf und ermöglichen grundlegend neue Geschäftsideen, die vorher unvorstellbar waren. Ein Flug von Frankfurt nach San Francisco in 20 Sekunden? Überlegen Sie nur, was das bedeuten würde! Als Luftfahrtgesellschaft würden Sie natürlich nicht lediglich »schnellere« Flüge anbieten – das wäre reines Tuning. Sie müssten sich überlegen, was sich am Gesamtablauf ändert! Sie würden sich ganz banale Fragen stellen wie zum Beispiel, ob sich für 20 Sekunden überhaupt ein Cateringservice im klassischen Sinne rentiert oder wie viele unterschiedliche Buchungsklassen von Economy, Economy Plus, Business und First man generell benötigt. Wenn ein Flug nur noch 20 Sekunden dauerte, müssten Sie sich die Frage stellen, was eigentlich das Produkt in Zukunft wirklich ist, wenn die Reisenden 30 Minuten damit verbringen, auf ihr Gepäck zu warten oder durch die Sicherheitskontrolle zu gehen. All diese Fragen kommen einem sofort in den Sinn, wenn man plötzlich in der Lage ist, Unternehmensprozesse in Echtzeit mit riesigen Datenmengen zu verarbeiten. Mit anderen Worten: Wir müssen vorhandene Abläufe infrage stellen und auf Echtzeitmöglichkeiten prüfen und darüber hinaus ganz neue innovative Ideen generieren.

Aus Unternehmensperspektive entstehen neue Geschäftsmodelle, die Aufbruchsstimmung und Euphorie verbreiten. Aber bleiben wir bei diesem Beispiel: Wer braucht für einen Flug, der 20 Sekunden dauert, noch Flugbegleiter? Sind Piloten noch notwendig? Was wird mit den Catering-Unternehmen, die bisher die Fluggesellschaften beliefert haben? Oder auf Sie persönlich bezogen: Gefällt Ihnen die weitere Beschleunigung unseres Lebens überhaupt? War solch ein Langstreckenflug nicht auch eine Möglichkeit, den Arbeitsfluss zu unterbrechen und die Filme zu sehen, die man in den letzten Wochen verpasst hat? Und selbst wenn der Sitzpartner von nebenan sich mehr breitmacht, als wir das möchten, haben wir während des Flugs nicht auch schon spannende Gespräche geführt?

Viele Publikationen widmen sich im Detail den Chancen durch Big Data für Unternehmen. Neue Geschäftsmodelle werden entworfen, neue Wege für Innovationen aufgezeigt. Die Logik und die neue Philosophie der Unternehmen und Industrie zu begreifen ist durchaus wichtig. Wir widmen uns dem Thema noch einmal in Kapitel 4.8. Aber unser Fokus ist ein anderer. Wir wollen herausstellen, dass Big Data bereits heute in jedem Lebensbereich spürbar ist. Offenbar lautlos hat sich vieles in unserem Leben verändert. Der große Umwälzungsprozess, die neue Epoche, die Viktor Mayer-Schönberger im Interview mit uns benennt, steht uns jedoch noch bevor. Sie sollten die Gelegenheit haben, sich auf Big Data einzustellen. Sich Lebensbereich für Lebensbereich vor Augen zu halten, um sich anschließend zu entscheiden. Ein erster Schritt ist zu erkennen, welche Daten Sie bereits heute im Tagesablauf freiwillig oder unfreiwillig zur Verfügung stellen. Und Sie sollten wissen, wer warum Interesse an diesen Daten hat.

Interview mit Prof. Dr. Viktor Mayer-Schönberger

»Wenn Big Data ein Mensch wäre, dann wäre das für mich ein faszinierender Mensch. Mit all seinen Licht- und Schattenseiten«

Prof. Dr. Viktor Mayer-Schönberger (geboren 1966) lehrt am Oxford Internet Institute im Bereich Internet Governance and Regulations. Big Data und die Auswirkungen des Zeitalters der Algorithmen auf die Gesellschaft sind eines seiner Spezialgebiete, über das er mehrere Bücher geschrieben hat.

Herr Mayer-Schönberger, beginnen wir mal mit Fantasie. Wir stellen uns für einen Moment vor, Big Data wäre ein Mensch. Was wäre das für ein Mensch?

Wenn Big Data ein Mensch wäre, dann wäre das für mich ein faszinierender Mensch. Mit all seinen Licht- und Schattenseiten. Ein Mensch, der mich fesseln würde. Faszinierend, weil ich mit ihm und durch ihn eine mächtige neue Sicht auf die Wirklichkeit bekomme. Und insofern wäre es mir wichtig, diesen Mensch zu kennen und mich mit ihm auseinanderzusetzen.

Es gab ja schon öfter technologische Erfindungen, die unser Leben verändert haben. Welche Dimension hat die Veränderung durch Big Data?

Es wäre falsch, Big Data als neue Technologie zu sehen. Ich sehe es als neuen Zugang zur Wirklichkeit. Und so gesehen hat Big Data für mich die gleiche Bedeutung wie vielleicht die Aufklärung, wie vielleicht die Rationalität und das Aufkommen der wissenschaftlichen Methode zu Beginn des 19. Jahrhunderts, vor allem in Frankreich. Es ist also eher ein Geistesprojekt als ein Technologieprojekt. Aber es ist ein Ereignis, das in Perspektiven von Jahrhunderten zu messen ist.

Beginnen wir mit der positiven Kraft dieses Ereignisses. Was kann Big Data Positives in Gang setzen?

Big Data erlaubt uns, bessere Entscheidungen treffen zu können, weil die Daten, die wir haben, eine bessere faktische Grundlage liefern und wir bessere Vorhersagen für die Zukunft treffen können. Das erlaubt uns festzustellen, wie wir besser lernen können, wie unsere Kinder in den Schulen eine bessere Bildung erhalten oder wie wir im Bereich der Medizin eine bessere Diagnose und eine effektivere Behandlung erfahren. Das erlaubt uns, Autos zu haben, die selber fahren, und es erlaubt uns letztlich auch, als Gesellschaft besser zu verstehen, in welche Richtung wir uns entwickeln, sodass wir auch Vorkehrungen treffen können, sei es im öffentlichen Verkehr und Transport, sei es im Bereich anderer Infrastrukturen, nicht zuletzt der Bildung, sei es aber auch im Bereich der Sozialsysteme. Es geht also um bessere Steuerung durch besseres Wissen.

Sie haben zum Beispiel die besseren Diagnosen angesprochen. Kann Big Data Leben retten?

Big Data rettet heute schon Leben. Weil wir durch Big-Data-Analysen wissen, welche Medikamente Wechselwirkungen mit anderen Medikamenten haben, die wir vorher nicht kannten. Weil wir wissen, wie sich die Grippe ausbreitet, und entsprechend genauer und besser impfen können. Weil wir wissen, wie Infektionen bei Frühgeborenen rascher diagnostiziert werden können, und sie danach behandelt werden können. Das rettet dort Leben.

Wir wissen, dass der Umweltschutz eine Zukunftsfrage ist, ohne Zweifel. Wie hilft Big Data in diesem Segment?

In vielerlei Hinsicht, denn eine der zentralen Herausforderungen besteht darin, Entscheidungen zu treffen, um unsere Umwelt zu schützen. Hier gibt es auch viel ideologischen Streit. Brauchen wir mehr oder weniger Kernkraft, mehr oder weniger Kohle? Brauchen wir mehr Windenergie oder brauchen wir mehr Solarenergie? Sollen wir Windenergie, steuerlich bevorzugen oder nicht? Das alles sind Entscheidungen, die von einer besseren Datenbasis und Empirie, also von einer besseren Entscheidungsgrundlage profitieren könnten. Und hier hilft uns Big Data. In den Niederlanden wird Big

Data beispielsweise eingesetzt, um zu verstehen, wie Menschen öffentliche Verkehrsmittel tatsächlich verwenden, obwohl sie Jahreskarten haben und die Nutzung einzelner Linien deswegen schwierig zu messen ist. Im Bereich der Wetter- und Klimavorhersage wird Big Data verwendet. Die Lufthansa sammelt mit ihren Flugzeugen beispielsweise Wetterinformationen und leitet sie an den Deutschen Wetterdienst weiter. Alleine das hat die Wettervorhersagen in Deutschland um 7 Prozent verbessert.

Was ist für Sie die dunkle Seite von Big Data?

Die wohl dunkelste Seite ist, dass wir Big Data missverstehen. Dass wir Big Data nicht verstehen als ein Werkzeug, um zum Beispiel den Prozess des Lernens zu verbessern, sondern dass wir Big Data missbrauchen als ein Werkzeug der Kategorisierung, der Selektion, der Filtrierung, um zu entscheiden, wer guter Schüler, wer schlechter Schüler ist, wer Medizin studieren darf und wer LKW-Fahrer wird. Dann würden wir Big Data missbrauchen. Weil wir mithilfe von Big Data Vorhersagen machen über die zukünftigen Berufschancen und Berufsmöglichkeiten von Menschen und ihnen damit auch die Fähigkeit nehmen, selbst über ihre Zukunft zu entscheiden.

Was passiert, wenn Big Data in die falschen Hände gerät?

Big Data ist ein unglaublich mächtiges Werkzeug, das ganz unterschiedlich eingesetzt werden kann. Wie jedes Werkzeug hat es ganz bestimmte Qualitäten und Eigenschaften. Eine der Eigenschaften von Big Data ist, dass es geradezu herausfordert, Vorhersagen zu machen. Eine andere Problematik von Big Data ist, dass es uns oftmals nur etwas über das »Was« sagen kann, also über Korrelationen. Wir Menschen tendieren aber dazu, was immer uns gesagt wird, in Kausalitäten, in Ursachen umzumünzen. Das bedeutet als Konsequenz, dass Big Data stets Gefahr läuft, für Ursachenforschung missbraucht zu werden. Die größte Gefahr besteht also nicht darin, dass Diktaturen Big Data verwenden könnten, sondern darin, dass demokratische Gesellschaften Big Data missbrauchen, indem sie Big Data mehr Bedeutung zumessen, als den Ergebnissen der Analyse zukommen kann. Das ist die größte Gefahr, die ist in uns Menschen verwurzelt, ob Demokratie oder Diktatur, und deswegen sind alle Gesellschaften davon potenziell betroffen.

Aber würden Sie bestreiten, dass mit Big Data einer Diktatur ein Überwachungsinstrument zur Verfügung steht, das die Geschichte so noch nicht erlebt hat?

Ich denke, Diktaturen haben hier ein außergewöhnlich mächtiges Überwachungsinstrument. Ein Kollege von mir hat ganz trefflich gesagt:»Ich denke, die Stasi-Offiziere, die ärgern sich jetzt zu Tode, weil sie einfach 20 Jahre zu früh gekommen sind.«

Wen sehen Sie in der Verantwortung, die negativen Szenarien zu verhindern?

WIR sind für das große Ganze verantwortlich. Da gibt es nicht eine Institution, da gibt es nicht eine Gruppe, an die wir diese Verantwortlichkeit outsourcen können. Wenn etwas so fundamental unsere Sicht auf die Welt verändert wie Big Data, dann können wir doch nicht die Aufgabe, damit umzugehen, an den Erstbesten outsourcen. Diese Verantwortung trifft uns. Die Verantwortung, wer darüber entscheidet, wo die nächste Fußball-Weltmeisterschaft stattfindet, die können wir outsourcen. Die Entscheidung darüber, wie die nächste Generation leben wird, die müssen wir treffen. Und deswegen erwarte ich mir eine Diskussion wie in den 80er-Jahren über den Umweltschutz. So müssen wir nun auch diese Verantwortung für die Big-Data-Gesellschaft annehmen.

Was können die ersten Schritte auf dem Weg sein, Verantwortung zu übernehmen?

Es bedarf einer Sensibilisierung der Menschen in unserer Gesellschaft über die Bedeutsamkeit von Big Data. Denn nur wenn wir verstehen, wie mächtig und wie bedeutsam Big Data als Methode, als Verfahren zum Verstehen der Wirklichkeit ist, können wir uns auch entsprechend gesellschaftlich dagegen rüsten und verhindern, dass Big Data uns in eine Diktatur der Daten führt.

Vielen Dank für das Gespräch.

(Das Interview führte Michael Steinbrecher. Es wurde durch die Verfasser gekürzt und redaktionell bearbeitet.)

Kapitel 3
Datenspuren im Alltag

Wie fühlt sich diese neue Welt eigentlich an? Wird unser Leben einfacher, schöner oder eintöniger und unfreier? Was bedeutet die Digitalisierung für jeden Einzelnen? Wir müssen gar nicht so weit in die Zukunft blicken, denn bereits heute begegnen uns an vielen Stellen Elemente dieser neuen Datenwelt. Teilweise versteckt – teilweise ganz offensichtlich. Big Data revolutioniert unseren Alltag und unseren Lebensrhythmus insgesamt. Big Data macht sich bei kleinen und bei großen Abläufen, Annahmen und Ausrichtungen bemerkbar. Und das beginnt schon beim Aufstehen. Und noch einmal: Der Tagesablauf, den wir nun beschreiben, wird so heute schon in großen Teilen von technikaffinen Menschen gelebt. Selbst wenn er manchen von Ihnen wie Science-Fiction vorkommen mag. Ohne Datenpreisgabe geht allerdings nichts.

Während man in der heutigen Zeit zu einem festen Zeitpunkt, mit welcher Methode auch immer geweckt wird, wird dies zukünftig auf das individuelle Schlafverhalten angepasst sein. Heute gibt es unterschiedliche Arten, dem Schlaf ein Ende zu setzen. Hat in jüngster Vergangenheit noch ein Wecker mit ohrenbetäubendem Lärm gerappelt, so wird dies heute meist von einem individualisierten Jingle eines Smartphones übernommen, oder es schießt eine kleine Modellrakete nach einem Countdown aus der Startrampe des Raketenweckers durch das Zimmer von Teenagern. All dies wird zukünftig durch Sensoren gesteuert, die am Körper oder im Bett unser Schlafverhalten erfassen. Wie lange und vor allem auch wie tief man schläft, sind dabei entscheidende Erkenntnisse – aber auch, in welcher Schlafphase man sich aktuell befindet. Durch das Festlegen eines Aufweckzeitpunktes im Rahmen eines zeitlichen

»Korridors« der Aufwachphase wird man spezifisch und individuell ganz sanft und personalisiert aus dem Schlaf aufwachen. Das System wählt den optimalen Aufwachzeitpunkt aus den festgelegten Zeitpunkten und den Erfahrungswerten des Schlafrhythmus und kann mit vielen unterschiedlichen Instrumenten das Aufwachritual steuern. So kann ein leichtes Vibrieren am Arm mit der richtigen Beleuchtung bezogen auf die Schlaferfahrung (kurz – lang – tief) den Start in den Tag versüßen. Auch der richtige Ton in der richtigen Lautstärke lässt das Aufstehen zu einer komplett neuen Erfahrung werden. Je mehr Schlaf- und Aufwachvorgänge man durchführt, desto besser werden die Daten, um daraus das individuelle Schlafverhalten zu ermitteln und permanent zu optimieren. Das richtige Licht mit der perfekten Musik – und alles zum richtigen, persönlichen Aufwachzeitpunkt. Doch damit nicht genug. Im Schlafzimmer lässt sich noch viel mehr erfassen. Mittels der Messung der Luftqualität oder der Zimmerlautstärke gibt es zahlreiche neue Möglichkeiten, um Schlüsse über den Schlaf zu ziehen und mögliche Maßnahmen zu ergreifen, um diesen noch komfortabler und angenehmer zu gestalten.

Wir erkennen schon das, was Big Data für viele so attraktiv macht. Das Leben wird bequemer, komfortabler. Es wird perfekt auf Sie eingestellt. Was ist der Preis? Nicht mehr Sie bestimmen Ihre exakte Weckzeit, sondern die Sie komplett vermessenden Sensoren. Und gleich taucht auch die Frage auf: Wer hat noch Zugriff auf Ihre Schlafdaten? Ihr Arbeitgeber, Ihre Versicherung, Ihr Lebenspartner? Möchten Sie, dass Ihre Partnerin oder Ihr Partner Ihre exakte Schlafdauer nachvollziehen kann? Brauchen wir einen Rest Intimsphäre, oder sind wir komplett transparent? Mit all den Vorteilen, die es hat. Denken Sie an das sanfte Hineingleiten in den Tag. Es ist Ihre Entscheidung.

Wurden Sie sanft geweckt, geht es selbstverständlich zum Frühstück – natürlich nicht irgendeinem Frühstück. Zweifellos wurde vorab und vollkommen automatisiert das richtige Heißgetränk zubereitet und wartet auf Sie. Dazu darf der Konsum von speziell auf Sie zugeschnittenem Müsli nicht fehlen. Aus 80 Zutaten lassen sich über 500 Billiarden individuelle Müsliarten zusammenmischen – genau auf Ihre Belange definiert. Wir sprechen von personalisierter Massenproduktion. Fruchtig, schokoladig, energiereich, reich an

Ballaststoffen, mit besonderen Beeren, was auch immer Sie sich zu Ihrem Start wünschen – alles kein Problem. Online gemixt und direkt nach Hause geliefert. Natürlich kann man seinen Geschmack mit Freunden und Bekannten in sozialen Netzen »teilen« und sich auch deren Anregungen für das eigene Frühstück holen – Individualität neu gestaltet. Das ist das neue Credo in der Massenherstellung der Lebensmittelindustrie. Durch die Vernetzung ist der Müslihersteller immer über Ihren Bedarf und Ihre Wünsche informiert und kann sein Angebot entsprechend anpassen.

Natürlich ist ein Frühstück nichts ohne die richtige Zeitungslektüre, aber welche Tageszeitung passt am besten zu Ihnen? Natürlich Ihre Zeitung, die nichts anderes ist als die Zusammenstellung Ihrer individuellen Bedürfnisse, die für Sie aus sozialen Netzen, Nachrichtenagenturen, Ankündigungen, Blog-Beiträgen, angereichert mit Multimedia-Inhalten und zahlreichen Informationen unterschiedlichster Inhaltslieferanten, in Echtzeit zusammengestellt wird. Gelesen wird einerseits über ein handliches Tablet, auf dem sich durch Wischbewegungen platzsparend umblättern lässt, oder auf einem großen Display im Frühstücksraum.

Schöne neue Welt? Es stellen sich viele Fragen. Führt Ihr personalisiertes Medienangebot dazu, dass Sie politischen Themen nie mehr begegnen, wenn Sie die zu spröde finden? Auch werden Sie dann nicht mehr zufällig auf interessante Themen stoßen. Und was bedeutet das für unsere Demokratie? Wer Ihr Medienmenü zusammenstellt, hat viel Einfluss auf Sie. Wer schützt Sie vor Manipulationen (mehr dazu in Kapitel 4.7)? Und sind Sie der Typ, der einen immer wiederkehrenden Tagesablauf will? Sie werden nie mehr einen leeren Kühlschrank erleben. Das klingt verlockend. Aber nicht mehr Sie bestellen Ihre Waren, sondern ein Algorithmus übernimmt das für Sie. Verabschieden Sie sich Stück für Stück von Ihrer Selbstständigkeit? Nur Sie können entscheiden, was Ihnen wichtig ist. Oder gibt es vielleicht Wege, die Vorteile zu erhalten und die dunkle Seite abzuwenden?

Nach dem Frühstück geht es ins Badezimmer, in dem natürlich schon die vernetzte Zahnbürste wartet, um Sie mit dem von Ihrem Zahnarzt abgestimmten Putzprogramm durch Ihre tägliche Zahn- und Mundpflege zu führen. Auch die Waage wiegt nicht nur Ihr Gewicht, sondern gleich die unterschiedlichsten weiteren Faktoren

wie Körperfettanteil oder Wasseranteil. Auch Ihre tägliche Ruhepulsmessung beim Aufstehen erfolgte bereits, sodass auch die
Kernmesswerte der Vitalfunktionen erfasst wurden und zur Auswertung und Handlungsempfehlung bereitstehen. Wenn Sie Ihre
Daten komplett Ärzten zur Verfügung stellen, könnten sie schwerwiegende Krankheiten bereits in der Entstehung entdecken und
früh bekämpfen. Lassen sich durch Big Data Leben retten? Und
wieder: Was ist der Preis, den Sie zahlen? Werden Sie in Risikostufen eingeteilt? Bestimmt Ihre körperliche Prognose über Ihre Zukunft (mehr dazu in Kapitel 4.1)?

Gut ausgeschlafen und frisch geduscht geht es aus dem Haus.
Während Sie unter der Dusche standen, wurden das Schlafzimmer
wie auch das Badezimmer automatisch gelüftet, da die Luft darin
nach so einer langen Nacht und der Morgenwäsche nicht mehr die
beste war. Auch das Lüftungsverhalten ist an die Nutzung im
Haushalt angepasst. Beim Verlassen des Hauses wurden natürlich
alle Fenster geschlossen und das Licht ausgeschaltet. Über die Positionsbestimmung der Smartphones der ganzen Familie wird auch
die Heizung automatisch heruntergefahren, da sich keiner im Haus
befindet, man über die Wettersensoren und die Thermostate die exakten Außentemperaturen und Prognosen kennt und so in der Lage
ist, das Haus energieeffizient zu beheizen.

Durch Big Data eröffnen sich völlig neue Perspektiven für den
Umweltschutz. Ressourcen können sehr effektiv eingesetzt werden.
Dazu kann auch Ihr »Smart Home« beitragen (mehr dazu in Kapitel
4.3). Aber gleichzeitig entstehen Potenziale für Überwachung, die
die Menschheit so noch nicht erlebt hat (mehr dazu in Kapitel 4.6).
Wie wollen Sie in Zukunft leben?

Bereits vor dem Fertigmachen konnten Sie die voraussichtliche
Abfahrtszeit dem Elektroauto mitteilen, sodass dieses entsprechend
vorklimatisiert und vollständig geladen ist. Aus Ihrem Kalender
schlägt Ihnen das Auto automatisch die Adresse des nächsten Termins vor und trägt diese direkt als Ziel im Navigationssystem ein.
Auf dem Weg dorthin wird das Auto natürlich durch die Meldungen über die aktuelle Verkehrssituation so geführt, dass die Fahrt
möglichst zügig und ohne lange Staus ans Ziel führt. Leider ist dies
an diesem Morgen nicht möglich, da das hohe Verkehrsaufkommen
und zu viele Unfälle eine zügige Fahrt quasi unmöglich machen.

Daher leitet Sie das System zu einem Park&Ride-Parkplatz und schlägt Ihnen vor, Ihre Fahrt mit öffentlichen Verkehrsmitteln fortzusetzen, damit Sie es pünktlich zu Ihrem ersten Termin in die Firma schaffen. Das Ticket kommt natürlich elektronisch auf Ihr Smartphone, sodass Sie sich keine Sorgen über eine Schwarzfahrt machen müssen. Das Schöne an dem Park&Ride-Parkplatz sind die Bereiche mit vorinstallierten Ladesäulen, sodass sich das Elektroauto während des Parkens aufladen kann. In absehbarer Zeit werden Sie allerdings überhaupt nicht mehr am Steuer sitzen müssen. Durch automatisierte, fahrerlose Autos werden Sie von jedem Verkehrsstress befreit. Wir werden wahrscheinlich kaum noch Verkehrsunfälle erleben. In der Tat eine große Errungenschaft der Datenrevolution. Das Autofahren wird aber nicht mehr für Freiheit und Selbstbestimmung stehen. Sie drohen zum Passagier Ihres eigenen Lebens zu werden. Wie wollen Sie in Zukunft mobil sein (mehr dazu in Kapitel 4.2)?

Zur Mittagspause möchten Sie etwas Leichtes essen. Aufgrund Ihrer bisherigen Bewegung und Aktivität des Tages sowie Ihrer bisher konsumierten Speisen erhalten Sie Vorschläge mit möglichen Gerichten. Sofort können Sie zwischen Restaurants in unmittelbarer Umgebung und geeigneten Lieferdiensten wählen. Selbstverständlich sind alle Angebote auf das Zeitfenster Ihrer Mittagspause abgestimmt. Sie bestellen sich eine Kleinigkeit bei einem Restaurant um die Ecke und machen sich gleich auf den Weg, um dort in Ruhe zu essen. Dabei buchen Sie auch einen Tisch, damit Sie keine Zeit verlieren. All dies ist heute schon möglich. Nutzen Sie diese Angebote? Falls nein, was hält Sie davon ab? Können Sie sich vorstellen, auch die Entscheidung über das Restaurant einem Algorithmus zu überlassen? Er kennt Sie doch gut. Würden Sie ihm auch diese Aufgabe anvertrauen?

Während Sie auf das Essen warten, kümmern Sie sich noch um ein paar Besorgungen, die Sie alle online bestellen. Dazu informieren Sie sich noch zu einigen Produkten im Internet und schauen sich ein paar Laufschuhe von einem neuen Modell Ihrer Lieblingsmarke an, bevor das Essen serviert wird. Während des Essens erhalten Sie eine Mitteilung von Ihrem Arzt, dass er gerne mit Ihnen ein Gespräch führen will und heute am Nachmittag einen Termin anbieten könnte, den Sie gerne direkt bestätigen. Wenn Sie mit dem

Essen fertig sind, erfolgt die Bezahlung bargeldlos mit dem Smartphone, indem Sie die Zahlung einfach durch die Nutzung des Fingerabdrucks akzeptieren. Am frühen Nachmittag erinnert Sie Ihr Smartphone an den Arzttermin und schlägt Ihnen eine Reiseroute vor, die Ihr Auto wieder integriert, da Sie auf dem Nachhauseweg noch die Kinder von der Schule abholen wollten. Allerdings fahren Sie das erste Stück zum Arzt mit einem Carsharing-Auto, welches gerade um die Ecke parkt und das Sie per Smartphone-App für sich reservieren. Das Besondere an dieser neuen Art des Carsharing als Mobilitätskonzept ist die dynamische Buchung der Fahrzeuge, wie auch das unmittelbare Abstellen am Zielort im entsprechenden Carsharing-Gebiet. Aber war das Auto nicht lange ein Statussymbol? Etwas, für das man ganze Jahresgehälter investierte? Wird die Gesellschaft der Zukunft mehr teilen und weniger besitzen wollen?

Beim Arzt angekommen werden Sie direkt in die Sprechstunde gebeten. Der Arzt lobt Ihre Gesamtkonstitution, Ihren Schlafrhythmus, der sich deutlich verbessert hat, seitdem Sie das digitale Schlafprogramm nutzen. Allerdings hat Ihre Nahrungsumstellung noch nicht zu den gewünschten Ergebnissen geführt. Er ist sehr gut vorbereitet, kennt Ihre digitale Patientenakte und kann sich daher die Zeit nehmen, intensiv mit Ihnen zu sprechen. Nach weiteren Untersuchungen und Gesprächen empfiehlt er Ihnen eine Umstellung der Ernährung nach einem auf Sie abgestimmten Plan, der Ihnen direkt auf Ihrem Smartphone zur Verfügung gestellt wird.

Natürlich könnten auch Krankenkassen Interesse an Ihren Daten haben. Wenn Sie sich gesundheitsbewusst verhalten, könnten Sie einen günstigeren Tarif erhalten. Bisher sind Krankenversicherungen nach dem Solidaritätsprinzip organisiert. Die Gesunden, die wenig Arztkosten in Anspruch nehmen, finanzieren die Kranken mit. Was passiert, wenn Ihr Versicherungsbeitrag sinkt, wenn Sie mit Ihren Daten nachweisen, sich an die Gesundheitsvorgaben der Versicherung gehalten zu haben? Stellt dies den Grundsatz unseres Solidaritätsprinzips infrage? Führt dies zu einer Entsolidarisierung der Gesellschaft (mehr dazu in Kapitel 4.1)?

Das Gespräch und die präventiven Maßnahmen haben Sie aber zunächst einmal so motiviert, wieder mehr Sport zu treiben, dass Sie sich spontan entscheiden, ein paar neue Laufschuhe zu kaufen. Da Sie noch genug Zeit haben, bis die Kinder aus der Schule kommen, gehen Sie direkt in das Einkaufszentrum in der Stadtmitte in Laufnähe zum Arzt und zur Schule. Sie informieren noch schnell die Kinder über Ihre Pläne, damit sie nicht an der Schule auf Sie warten, sondern Sie in der Stadt im Einkaufszentrum treffen. Als Sie das Einkaufszentrum erreicht haben, erhalten Sie beim Betreten die Meldung, dass es heute im Sportbereich Sonderrabatte bei Laufschuhen gibt. Es ist kein Zufall, dass Ihnen ausgerechnet heute dieses Angebot unterbreitet wird. Ihr Sportgeschäft weiß natürlich, nach welchen Schuhen Sie beim Mittagessen online gesucht haben. In der Sportabteilung angekommen, werden Sie von einem freundlichen Verkäufer empfangen, der Ihnen direkt das gesuchte Paar Laufschuhe zeigt und ausführlich erläutert. Sie probieren es an, fühlen sich aber noch nicht sehr wohl, sodass Ihnen der Verkäufer andere Modelle zeigt und Sie die unterschiedlichen Schuhe ausprobieren. Sie merken, dass Sie sich verspäten, und schicken den Kindern Ihre genaue Position, nachdem Sie gesehen haben, dass sie schon von der Schule losgelaufen sind. Während Sie weiter nach dem richtigen Paar Schuhe suchen und mit dem freundlichen Verkäufer auch erfolgreich sind, kommen die Kinder zu Ihnen und finden Sie mittels einer Routenplanungs-App, die Sie in der Familie nutzen.

Im Zeitalter von Big Data werden Sie Ihre Kinder übrigens nie mehr aus den Augen lassen müssen. Sie können Sie jederzeit orten. Da Ihr »Smart Home« beispielsweise komplett mit Sensoren ausgestattet ist, können Sie selbst im Urlaub sehen, in welchem Zimmer sich Ihr Sohn und Ihre Tochter zu Hause aufhalten. Ihre Kinder sind an ihrem individuellen digitalen Fußabdruck zu identifizieren. Das beruhigt Ihre Nerven. Ein kurzer Blick nach Hause? Gut, alles in Ordnung. Aber es ermöglicht Ihnen auch die Komplettüberwachung Ihrer Kinder. Wie entscheiden Sie sich? Wie gestalten Sie Ihr zukünftiges Familienleben?

Als Sie gerade aufbrechen wollen, erhalten Sie eine Nachricht, dass diverse Artikel in Ihrer individuellen Paketstation zu Hause ausgeliefert wurden. Kurz bevor Sie und Ihre Kinder sich Ihrem Zuhause nähern, setzt die Heizung wieder ein und beendet die am Morgen erfolgte Absenkung, damit Sie sich wohlfühlen. Zu Hause angekommen, nehmen Sie zuerst die Pakete für diverse Bestellungen aus Ihrer Paketbox entgegen. Eine Paketbox ist im Prinzip nichts anderes als ein großer Briefkasten, für den Sie selbst wie auch der Postbote einen elektronischen Schlüssel haben. Dadurch ist es möglich, große Pakete einzulagern und entgegenzunehmen. Beim Beladen wird man automatisch informiert, damit man weiß, dass eine neue Lieferung angekommen ist. Es war die Lieferung vom Biomarkt mit Gemüse und einem Rezept, aus dem Sie heute noch eine tolle Mahlzeit zum Abendbrot zaubern wollten. Die Lieferung von frischen Nahrungsmitteln erfolgt bei Ihnen alle zwei Tage in Ihrer speziell gewählten Zusammenstellung. Sie haben zudem noch ein Abo im Supermarkt für Artikel des täglichen Gebrauchs, die regelmäßig bestellt und zugestellt werden.

In Zukunft werden vielleicht sogar Drohnen Ihre Lebensmittel liefern. Sehr viele Funktionen, die heute noch Menschen übernehmen, werden in Zukunft automatisiert. Die vierte industrielle Revolution, auch Industrie 4.0 genannt, schafft ein großes Innovationspotenzial für Unternehmen. Wer werden die ökonomischen Marktführer der Zukunft sein? Konzerne wie Google sammeln Daten aus all unseren Lebensbereichen. Sie wissen, was wir im Internet suchen, bauen am Auto und an der Wohnung der Zukunft. Welche Auswirkungen hat es, wenn große Konzerne fast alles über uns wissen? Welche Macht verleiht Ihnen dieses Wissen? Wozu könnte sie missbraucht werden? Aber auch: Wie könnte man dieses Potenzial für gute Zwecke nutzen? Die vierte industrielle Revolution sorgt einerseits für Wachstumspotenzial, andererseits könnte sie aber auch verheerende Folgen haben. Kritiker fürchten eine Massenarbeitslosigkeit mit erheblichem sozialen Sprengstoff (mehr dazu in Kapitel 4.8). Wohin entwickelt sich diese Revolution?

Die neue Datenwelt wird auch unser soziales und zwischenmenschliches Umfeld verändern. Dadurch, dass Sie in sozialen Netzwerken mit Freunden und Bekannten Ihre Daten wie Kalender, aber auch Aufenthaltsorte teilen, werden Sie benachrichtigt, dass ein alter Studienkollege zufällig in der Stadt ist. Über einen kurzen Kontakt per Chat verabreden Sie sich noch auf einen Kaffee, um über alte Zeiten zu plaudern. Diese Art der unkomplizierten Kontaktaufnahme findet darüber hinaus auch immer mehr Anklang, um neue Freundschaften zu schließen und Menschen kennenzulernen, indem man einfach Interessen und Gemeinsamkeiten abgleicht und über die Systemvorschläge einen Kontakt herstellt.

Aber es gibt auch eine dunkle Seite. Big Data kann Sie früh kategorisieren. Wenn wir es in der Schule einsetzen, um durch individuelles Lernen Ihre Leistungen zu verbessern, können die Daten auch dazu missbraucht werden, Ihr zukünftiges Leben vorherzusagen. Sie könnten schon als Kind nur noch die Menschen zugeordnet bekommen, die Ihnen ähnlich sind. Lern-Ghettos könnten entstehen. Und ein Datenarchiv, das keine Jugendsünde vergisst. Chancen und Risiken – wie gestalten wir, wie gestalten Sie die Welt der Zukunft (mehr dazu in Kapitel 4.5)?

Nach einem ausgefüllten Tag kommen Sie wieder zu Hause an und wundern sich, warum die Mülltonne geleert wurde – aber klar, sie war voll, hat deswegen die Versorgungsbetriebe informiert und wurde im Rahmen der optimierten Route eingesammelt und geleert.

So kann heute bereits ein Tag aussehen – das ist keine Zukunftsmusik und nur der Beginn von vielen neuen Möglichkeiten, unser Leben zu gestalten. Es gibt noch nicht viele, die alle beschriebenen Elemente nutzen, aber möglich ist dies bereits heute. Alle über den Tag gesammelten Daten dienen auch der permanenten Weiterentwicklung und Optimierung von Dienstleistungen. Daten und Apps können zu Ihrem Lebenscoach werden. Der kann Ihnen vorschlagen, heute mal früher zu Bett zu gehen, mehr Wasser zu trinken beziehungsweise auch mal wieder Ihr Sportprogramm zu intensivieren. Aber kann er Ihnen auch vorschlagen, doch mal diesen interessanten Artikel über einen jungen Kandidaten in Ihrem Wahlkreis zu lesen? Wie groß ist die Gefahr der Manipulation? Sie können angenehm durchs Leben geführt werden. Aber noch einmal: Wollen Sie das? Welchen Preis zahlen Sie? Die Datenrevolution eröffnet in Kombination mit anderen Daten eine Welt mit zahlreichen neuen Produkten und Dienstleistungen, um aus Verbrauchersicht tolle neue Angebote für ein angenehmeres Leben zu entwickeln. Sie verspricht neue Fortschritte in der Wissenschaft und möglicherweise auch ein längeres Leben. Aber bezahlen Sie all das mit Unfreiheit und einem Leben, das vorgezeichnet ist? Steuern wir auf eine entsolidarisierte, undemokratische Gesellschaft zu? Wird Ihr Leben durch die Datenrevolution sicherer oder unsicherer?

Fest steht, dass alles, was wir in diesem Tagesablauf durchgespielt haben, nur der Anfang ist. Aber Sie ahnen schon, dass alle

Lebensbereiche von der Datenrevolution betroffen sind. Sie sollten sich ein Bild von den Veränderungen machen. Lebensbereich für Lebensbereich. Sie sollten auch eine Ahnung von dem bekommen, wohin es sich entwickeln kann. Experten aus vielen Fachbereichen geben Ihnen in den von uns geführten Interviews dazu Auskunft. Erkennen Sie die Interessen, die mit der Datenrevolution verbunden sind. Erkennen Sie Chancen und Risiken. Und ziehen Sie Ihre ganz persönlichen Schlüsse.

Interview mit Sabine Leutheusser-Schnarrenberger

»Ja, Sie haben ganz viel zu verbergen«

Sabine Leutheusser-Schnarrenberger (geboren 1951) ist eine der profiliertesten Politikerinnen Deutschlands (FDP) und Gegnerin der Vorratsdatenspeicherung. Von 1992 bis 1996 sowie von 2009 bis 2013 war sie Bundesjustizministerin.

Eric Schmidt, einer der Männer hinter Google, hat einmal gesagt: »Wir wissen, wo du bist. Wir wissen, wo du warst. Wir wissen mehr oder weniger, worüber du nachdenkst.« Was sagen Sie zu dieser Aussage, Frau Leutheusser-Schnarrenberger?

Es zeigt, welchen Anspruch Google als globaler Gigant erhebt. Und dieser Anspruch geht ja noch weiter: Sie wollen künftig auch voraussagen können, was man vielleicht gerne möchte. Ein sehr großer Anspruch, der jeden Einzelnen betrifft – und den ich in dieser Form überhaupt nicht teile. Ich halte das für gefährlich.

Warum?

Mein Kritikpunkt ist, dass selbstverständlich davon ausgegangen wird, dass von möglichst jedem Bürger alles erfasst wird, diese Daten verarbeitet und dann für eigene Dienstleistungsangebote nutzbar gemacht werden – die natürlich alle kommerziell sind. Es sind nämlich Werbeplätze, die damit lukrativ an Kunden angeboten werden. Dabei wird nicht mehr gefragt: Ist der Einzelne wirklich damit einverstanden oder nicht?

Für die einen ist Google diese riesige Datenkrake. Andere sagen, dass Google für sie das Leben einfacher gemacht hat. Egal mit wem man spricht, es gibt eigentlich immer nur schwarz oder weiß, gut oder böse. Wie sehen Sie das Unternehmen?

Ich glaube, ganz schwarz und ganz weiß passt fast nie als Kategorie. Auf der einen Seite – und das ist für mich die dunklere Seite – ist es wirklich ein Konzern, der alle Daten, die irgendwie technisch mit Algorithmen gefunden, verfügbar gemacht, verarbeitet und verwertet werden konnen, sammelt. Und das birgt ganz große Risiken und Gefährdungen. Das ist für mich die eher dunkle Seite. Dann ist da natürlich das, was der Einzelne erlebt, das, was auch positiv gesehen wird: dass man sehr viele Informationen ganz schnell, kostenlos zur Verfügung hat. Wenn ich in einer fremden Stadt bin, wenn ich viele vernetzte Informationen zusammengefügt bekomme, zielorientiert suchen, bestellen, Dinge nutzen kann, dann wird das im Moment als positiv angesehen. Ich glaube, was wir brauchen in dieser digitalen Welt, in diesem digitalen Zeitalter, ist ein Bewusstsein der Bürger, was hier im Großen und Ganzen stattfindet. Und dass ohne die Daten des Bürgers – und das sind ja die Rohstoffe, die die Konzerne brauchen – diese Konzerne alle nichts mehr hätten. Die stünden blank da. Dieses Bewusstsein muss man schaffen.

Wie kann man das schaffen?

Einmal natürlich durch einen breiten öffentlichen Diskurs. Aber im Zweifel auch durch gesetzliche Rahmenbedingungen, die dann die Politik schaffen muss – natürlich angesichts dieser globalen Ausrichtung mindestens auf europäischer Ebene. National ist man da sofort an seinen Grenzen angelangt. Und deshalb bin ich auch eine große Anhängerin einer europäischen Datenschutzgesetzgebung, die auch den technischen Datenschutz verpflichtend globalen Konzernen vorgibt, die nicht ihren Hauptsitz und nicht ihren Haupthost in Europa haben.

Noch haben wir keine neue, starke, gemeinsame europäische Datenschutzgesetzgebung, die dem Datenzeitalter entspricht. Vielmehr muss jeder Einzelne seine Daten selbst schützen. Auf welche »smarten«, digitalen Anwendungen verzichten Sie?

Ich verzichte auf so gut wie alle smarten Anwendungen, denn ich sehe in vielen für mich persönlich keinen Mehrwert. Ich weiß aber eben auch nicht, was für Datenspuren ich bei der Benutzung dieser Angebote tatsächlich hinterlasse. Das kann ich auch nirgendwo nachlesen, denn die Algorithmen sind nicht öffentlich, die dann versuchen, all diese Informationen – auf welche Seiten ich gehe, was ich anklicke, zu was ich mich äußere, was ich benutze – zuzugreifen. Es ist nicht nachlesbar für mich, es ist nicht veröffentlicht für mich, und von daher kann ich nicht beurteilen, was von mir persönlich auch tatsächlich an Informationen hinterlassen wird, die dann eben für so eine allgemeine Verarbeitung zur Verfügung stehen. Und deshalb bin ich da ganz, ganz restriktiv und auch der Meinung, dass es Verpflichtungen zu technischem Datenschutz in einer Gesetzgebung in Europa geben muss, an die sich alle Konzerne zu halten haben.

Was entgegnen Sie Menschen, die Ihnen mit der Position begegnen:»Was interessiert mich, wer meine Daten sammelt. Ich habe ja schließlich nichts zu verbergen?«

Auf diese Grundhaltung, die mir ja in unterschiedlicher Form auch während meiner ganzen politischen Tätigkeit immer wieder begegnet ist, antworte ich: Ja, Sie haben beziehungsweise du hast ganz viel zu verbergen. Denn das, was dein privates Interesse ist – was man isst und wo man sich hinbewegt – das geht keinen etwas an. Auch wenn man ein Mensch ist, der weder terroristische noch kriminelle Neigungen hat oder selbst schon mal kriminell geworden ist. Nein, das geht keinen Menschen etwas an. Und wenn ich das von mir veröffentliche, selbst von mir was preisgebe, dann kann ich selbst nie mehr steuern, wer alles dann darauf Zugriff hat und damit etwas macht.

Und wenn ich vielleicht mal nicht mehr einreisen darf in die Vereinigten Staaten von Amerika und gar kein Visum in Deutschland bekomme, dann werde ich mich fragen: Warum denn nicht? Obwohl ich weder kriminell noch Terrorist bin. Und dann werde ich anfangen nachzudenken, dass das vielleicht Informationen von mir waren, die man jetzt als gefährlich bewertet – und dann habe ich mit einem Mal eine Auswirkung, die ich mir nie habe vorstellen können.

Eric Schmidt würde dazu sagen:»Wenn es etwas gibt, von dem Sie nicht wollen, dass es irgendjemand erfährt, sollten Sie es vielleicht ohnehin nicht tun.«

Genau das ist ja ein Anspruch, den ich überhaupt nicht teile. Wenn ich als Privatperson etwas sagen will und es nicht in die große Öffentlichkeit hinausposaune, sondern einem begrenzten Personenkreis zugänglich mache, habe ich damit zum Ausdruck gebracht: Das soll nicht öffentlich für jeden zugänglich und erfahrbar sein. Dass ich nur noch meine Gedanken denken, aber nicht mehr formulieren darf, ohne dann gleich vereinnahmt zu werden, ist für mich keine Errungenschaft des 21. Jahrhunderts. Wenn ich etwas in einem begrenzten Personenkreis sage, dann sage ich damit ganz klar: Das ist nicht öffentlich. Und das will ich mir nicht nehmen lassen. Sonst wird meine Möglichkeit der sozialen Kommunikation so eingeschränkt, dass ich mir nur noch in meinem eigenen Kämmerlein meine Gedanken machen darf, aber nicht mehr in einem bestimmten Kreis auch kommunizieren darf. Und das ist ja eine verheerende Vorstellung.

Vielen Dank für das Gespräch.

(Das Interview führte Michael Steinbrecher. Es wurde durch die Verfasser gekürzt und redaktionell bearbeitet.)

Kapitel 4
Chancen und Risiken der Datenrevolution

Machen Sie gerne Kompromisse? Politiker wie Helmut Schmidt haben wiederholt vertreten, die Demokratie lebe vom Kompromiss. Und wer keine Kompromisse machen könne, sei »für die Demokratie nicht zu gebrauchen«.[22] Möglicherweise gehören Sie aber zu denen, die gerne klare Positionen beziehen. Die für eine Haltung kämpfen, weil sie von ihr überzeugt sind.

Wissen Sie schon, was Sie von der Datenrevolution halten? Wir wollen Ihnen in diesem Kapitel keine Kompromisshaltungen servieren. Zunächst einmal ist es wichtig, Chancen und Risiken ohne vorauseilende Kompromissformel kennenzulernen. Sie sollen die Möglichkeit erhalten, sich an den Argumenten der Big-Data-Befürworter und -Gegner zu reiben. Sich überzeugen zu lassen, zu zweifeln oder zu protestieren. Denn die Auseinandersetzung mit den Argumenten beider Seiten ist die Voraussetzung sowohl für eine überzeugende, klare Position als auch für einen konstruktiven Kompromiss.

Wir beginnen mit sehr persönlichen Themen: Wenn die Datenrevolution Ihnen ein längeres Leben ermöglichen könnte, was wären Sie bereit, dafür preiszugeben? Welche Bedeutung hat für Sie noch das »Statussymbol Auto«? Wie wollen Sie in Zukunft mobil sein? Und ist Ihnen bewusst, welche Rolle die Datenrevolution hier spielt? Was bleibt von dem, was wir »Privatsphäre« nennen? Genauso spannend sind anschließend die Fragen, wie Sie in Zukunft wohnen, konsumieren und lernen wollen. Sie werden erkennen, dass die Datenrevolution unser ganzes Leben verändert. Aber noch haben Sie die Möglichkeit, es mitzugestalten.

Nachdem Sie die Chancen und Risiken für die Lebensbereiche kennengelernt haben, die Sie tagtäglich betreffen, kommen wir auch zu übergeordneten Fragen: Macht die Datenrevolution unser Leben, bezogen auf die internationale Sicherheitspolitik, sicherer oder unsicherer? Was bedeutet Big Data für die Zukunft der Medien und des Journalismus? Welche Chancen und Risiken bieten sich durch die vierte industrielle Revolution? Abschließend werden wir verdeutlichen, dass Big Data auch den Sport in Zukunft prägen wird.

Mit der Datenrevolution sind große Hoffnungen verbunden, von der Schonung unserer Umwelt bis hin zu Durchbrüchen in der Wissenschaft. Unser Leben kann in vielen Lebensbereichen bequemer, transparenter und einfacher werden. Aber die Risiken, die Kritiker sehen, sind ebenfalls weitreichend. Von Massenarbeitslosigkeit bis zur Endsolidarisierung unserer Gesellschaft, von einer selektierten Zukunft bis zum totalitären Überwachungsstaat mit komplettem Verlust von Freiheit, Privat- und Intimsphäre. So unterschiedlich die inhaltlichen Positionen der von uns befragten Experten sind, alle sind sich darin einig, dass große Veränderungen bevorstehen. Und dass wir gefragt sind, endlich eine breite gesellschaftliche Debatte zu den Themen dieses Kapitels anzustoßen.

4.1: Digitalisierung und Selbstvermessung für ein längeres Leben?

Wissen Sie, wie viele Schritte Sie heute gelaufen sind? Vom Aufstehen bis zu dem Moment, in dem Sie diese Zeilen lesen? Tragen Sie vielleicht eine Smartwatch, also eine Uhr mit integriertem Computer? Die Daten, die diese Uhren oder Datenarmbänder liefern, sind mittlerweile vielfältig. Sie messen nicht nur, wie viele Schritte Sie am Tag laufen, sondern zum Beispiel auch, wie lang und tief Sie geschlafen haben. In den USA hat sich in den letzten Jahren um diese Erfassung der eigenen Aktivitäten die sogenannte »Quantified Self«-Bewegung etabliert. Gegründet wurde sie 2007 von zwei Redakteuren des amerikanischen Magazins »Wired«.[23] Die von ihnen entwickelte Website »Quantifiedself.com« wurde zum Multiplikator einer Bewegung, die mittlerweile ein globales Ausmaß erreicht hat. Die entsprechende App »QS Access« misst nicht nur, sie gibt auch Tipps, wie Sie Ihre vorher gesteckten Ziele besser erreichen können. Das Datenarmband oder »Wristband« eines kalifornischen Marktführers beispielsweise möchte ein ständiger Begleiter und Ratgeber sein – mit Nachrichten wie: »Du erreichst sonntagnachts durchschnittlich 7h 14m Schlaf. Das entspricht den empfohlenen 7–8 Stunden und ist eine wunderbare Möglichkeit, in eine produktive Woche zu starten. Mach heute Nacht so weiter.«

In Deutschland nennen sich die Anhänger von Quantified Self »die Selbstvermesser«. Sie versuchen, fast alles an sich zu quantifizieren. Vielen Selbstvermessern dienen die gesammelten Daten vor allem als Motivation. So ist ein generell postuliertes Ziel, mindestens 10 000 Schritte am Tag zu erreichen. Fehlen kurz vor der Nachtruhe noch 500 Schritte, gehen nicht wenige noch einmal vor die Tür, um das angestrebte Pensum zu erfüllen. Die Daten scheinen den Selbstvermessern darüber hinaus Sicherheit und Orientierung zu geben. Sie strukturieren den Alltag und verleihen ihm einen Rhythmus. Vielleicht auch das Gefühl, sich unter Kontrolle zu haben. Und nicht zuletzt soll das Selbstvermessen helfen, ein gesünderes und beruflich erfolgreicheres Leben zu führen.

Wirkt solch ein Lebensstil befremdlich auf Sie? Nicht alle können den Sinn des Selbstvermessens nachvollziehen. Ein typisches Gegenargument könnte lauten: »Hey, ich weiß selbst, ob ich heute aktiv war und was ich für meine Gesundheit getan habe. Dazu muss ich doch nicht wissen, wie viele Schritte ich gelaufen bin und wie hoch mein Puls dabei war. Und ob ich gut geschlafen habe, weiß ich spätestens beim Aufwachen. Was soll der Quatsch?«

Aber der Trend zur Selbstvermessung gibt nur den Blick auf einen Teil der Entwicklung frei. Die wahre Dimension ist größer. Durch die Tendenz, alle physisch messbaren Daten für sich und andere transparent zu machen, wird einer wesentlich umfassenderen Entwicklung der Boden bereitet. Was die Selbstvermesser im Kleinen anstoßen, kann das Gesundheitssystem im Ganzen erheblich verändern. Die Visionen scheinen von heute aus betrachtet zunächst vielversprechend. Diese Daten können für Sie unter Umständen sehr wichtig sein – sei es, um Sie vor einem nahenden Herzinfarkt zu warnen, oder auch nur, um Ihnen ein Bild ihrer perfekten Leistungsfähigkeit zu liefern.

In den letzten Jahrzehnten hat die moderne Medizin enorme Fortschritte erzielt. Es werden Operationen am offenen Herzen durchgeführt, für HIV-Positive wurden Medikamente entwickelt, die ihnen ein langes Leben ermöglichen. Wo soll hier Big Data einen Mehrwert liefern? Krankheiten überraschen uns und Mediziner noch heute. Die Therapievorschläge der Ärzte beruhen in der Regel auf der gängigen Lehrmeinung, also dem, was sie aus Expertendiskussionen und neuen Studien lernen. Hinzu kommen Erfahrungen, die sie selbst gesammelt haben. An dieser Stelle kommt Big Data ins Spiel und eröffnet völlig neue Dimensionen. Daten von Millionen Patienten und deren Behandlungsverläufen, Ergebnisse klinischer Testreihen und Medikamentenstudien, zahlreiche Expertenartikel und das Wissen aus unzähligen Forschungsstudien können nun miteinander abgestimmt und über Korrelationen für eine individuelle Entscheidungsfindung in Windeseile bereitgestellt werden. Das bedeutet, nicht einmal der angesehenste Experte kann so viele Informationen sammeln und miteinander in Verbindung bringen. Was bedeutet das für die Medizin der Zukunft? Ersetzt Big Data zukünftig die Diagnose der Mediziner? Werden Sie durch die Datentransparenz vielleicht deutlich länger leben? Werden Krebserkrankungen besiegt werden können? Welchen Preis wären Sie bereit, dafür zu zahlen?

Fest steht: Von Ihren medizinischen Daten werden nicht nur Sie profitieren – es gibt zahlreiche andere Akteure, die ein begründetes Interesse an Ihren Daten haben. Beispielsweise Krankenkassen, die all jene mit Boni belohnen, die sich gesund ernähren und Sport treiben, weil sie ihnen statistisch gesehen weniger zahlen müssen. Möglicherweise geschieht dies aber zum Nachteil der anderen Kassenmitglieder, die sie aus ihrem System ausschließen könnten.

Machen Sie sich Gedanken darüber, auf welcher Seite Sie stehen. Überzeugen Sie die Argumente und zweifelsohne großen Verheißungen der Befürworter von Big Data? Oder schließen Sie sich den Kritikern an, die erhebliche negative gesellschaftliche Konsequenzen erwarten? Sie werden eine Position brauchen, denn es wird nicht bei der Frage bleiben, ob sie dafür oder dagegen sind, sondern: Sie werden handeln müssen.

Die Chance:
Fitter sein und fünf Jahre länger leben. Mindestens

Stellen Sie sich folgende Situation vor: Es ist neun Uhr morgens. Ihr Firmenchef hat Sie und alle anderen Mitarbeiter Ihrer Abteilung im großen Meeting-Raum zusammengerufen. Sie warten gemeinsam mit 40 Kolleginnen und Kollegen darauf, was er Ihnen zu sagen hat. Es ist ungewöhnlich, dass Sie sich treffen, so kurz vor Ende des Quartals. Zahlen werden von Ihnen erwartet. Jede Minute zählt. Ihr Chef betritt den Konferenzraum. Er hat das Unternehmen mit aufgebaut, kennt jeden von Ihnen persönlich. Es ist durchgesickert, dass er eine kurze Ansprache halten will. Sie sind gespannt. Ihr Chef betritt den Raum, ganz offensichtlich voller Tatendrang:

»Hallo zusammen! Sie kennen alle meine Überzeugung: Wir können nur erfolgreich sein, wenn wir wirklich zusammenarbeiten. Wenn wir uns als Team verstehen. Wenn wir eine Einheit sind. Sie wissen, ich bin sportbegeistert. Und wenn ich mich so umschaue, gilt das auch für einige von Ihnen.

Ich weiß nicht, wie es Ihnen geht, aber manchmal schiebt sich die Arbeit zu sehr in den Vordergrund. Manchmal fällt es mir schwer, morgens vor der Arbeit aufzustehen und eine Runde zu laufen. Obwohl ich genau weiß: Wenn ich es tue, wenn ich den Hügel hinter meinem Haus hochlaufe, dann nach Hause komme und mich unter die Dusche stelle, ist genau das der perfekte Start in den Tag. Früher hatte ich einen Laufpartner, aber der hat den Job gewechselt und ist nicht mehr da. Wenn man seine Leidenschaft nicht teilt, dann ist es schwer, dranzubleiben.

Warum ich Ihnen das erzähle? Wir hier sind 40 mögliche Laufpartner! Wir alle wissen, dass uns Bewegung guttut. Wir möchten – und ich glaube, das wissen Sie –, dass es Ihnen insgesamt gut geht. Nur, wenn Sie zufrieden sind mit Ihrer Lebensqualität insgesamt, werden Sie auch gerne hier in den Job kommen.

Lassen Sie uns etwas Neues tun. Lassen Sie uns nicht nur unsere Arbeit, lassen Sie uns unser Leben teilen! Wir sind nicht nur da, um hier unseren Job zu machen und danach wieder nach Hause zu gehen. Uns verbindet mehr. Ich schenke jedem von Ihnen ein Wristband. Aus eigener Tasche. Wir gründen eine Gruppe. Und wir laufen alle zusammen. Wir müssen uns dazu nicht einmal treffen. Wir teilen miteinander unsere Erfolgserlebnisse. Die Schritte, die ich am Tag gemacht habe. Wenn ich morgens auf diesem Hügel stehe, dann poste ich ein Foto, und Sie bekommen das in Echtzeit.

Wir teilen unser Leben, und wir motivieren uns. Wir zusammen, als Team, sorgen dafür, dass es uns besser geht. Deshalb freue ich mich, dass unsere Firma nicht nur zusammen arbeitet, sondern sich auch zusammen bewegt. Denn das wollen wir: in Bewegung bleiben, innovativ sein, mit der Zeit gehen. Ich freue mich darauf: Wir werden eine fitte Firma sein, die allen Herausforderungen gewachsen ist. Sind Sie dabei? Bewegen wir uns zusammen? Danke! Am Ausgang dort steht ein Tisch, da gibt es für jeden Einzelnen ein Armband. Ich überreiche es Ihnen persönlich. Ihre Eintrittskarte in unser Team. Ich freue mich darauf und auf die Zukunft mit Ihnen.«

Selbst wenn Sie vorher kritisch gegenüber digitalen Laufgruppen eingestellt waren, sind das nicht überzeugende Argumente? Gemeinsam laufen, sich vergleichen und sich gegenseitig motivieren, sind das nicht uralte Antriebe des Menschen? Mittlerweile haben viele Firmen solche Motivationsgemeinschaften gegründet. Immer mehr Menschen folgen weltweit dem Trend, sich selbst zu vermessen. Und es gibt Zehntausende von Mitarbeitern, für die das Teilen ihrer Daten ein positiver Anstoß war, mit ihrem Leben und ihrer Gesundheit bewusster umzugehen. Natürlich muss man mit den Daten verantwortungsvoll umgehen, aber diese Diskussion sollte den Blick auf den Antrieb dieser Bewegung nicht verstellen.

Die Gesellschaft ist es gewohnt, sich an Daten zu orientieren. Im Sport ist es seit Jahrzehnten eine Selbstverständlichkeit, den Erfolg eines Athleten zu vermessen. Nehmen wir ein populäres Beispiel aus der Leichtathletik. Im Zehnkampf gibt es ein ausgeklügeltes System, das Weiten, Höhen und Geschwindigkeiten der jeweiligen Disziplin in Punkte umrechnet. Stellen wir es infrage, dass durch die Addition diverser personenbezogener Daten der Sieger, der sogenannte »König der Athleten«, ermittelt wird? Exakte Messmethoden helfen, Leistung objektiviert zu beurteilen. Nur so sind Fairness und Gleichbehandlung im Sport möglich. Sind die subjektiven Bewertungen korrupter Preisrichter im Eiskunstlauf nicht Abschreckung genug?

Auch wirtschaftlicher Fortschritt und Niedergang werden in Prozenten ausgedrückt. Die Gesellschaft ist es also gewohnt, mit

Daten umzugehen und sich an ihnen zu orientieren. Deshalb sind die Selbstvermesser keine Sonderlinge. Sie stehen für die konsequente Weiterentwicklung schon lange existenter Traditionen. So wundert es nicht, dass die Quantified-Self-Bewegung längst eine globale Bedeutung gewonnen hat. Der Münchener Florian Schumacher war in Deutschland einer der Ersten, der sich dieser Bewegung angeschlossen hat. Seit 2010 hat er diverse digitale Werkzeuge getestet und arbeitet als Trendscout für Selbstvermessungsgeräte. Dem deutschen TV-Sender nrwision sagte er 2014, es sei »oft effizienter, wenn man sein Leben managt, als es nach dem Chaosprinzip vor sich hinplätschern zu lassen.«[24] Geht es nicht genau darum? Daten können Ihnen helfen, mehr über sich zu erfahren und sich dadurch besser zu verstehen. Sie können motivieren. Wir lernen nun einmal spielerisch. Warum sollten wir uns also nicht spielerisch auf ein besseres Leistungslevel bringen?

Aber dies ist natürlich längst nicht alles. Die Verheißungen von Big Data gehen tiefer. Wenn Sie Ihre Daten nicht nur zur Selbsttransparenz nutzen, sondern sie auch Medizinern oder Datenanalysten zur Verfügung stellen, dann kann dies für Sie von großem Vorteil sein. Google-Vorstandschef Larry Page glaubt, dass jährlich 100 000 Menschenleben gerettet werden könnten, wenn Google im Besitz aller Patientendaten wäre.[25] Auch viele Wissenschaftler preisen die Möglichkeiten, die der Medizin durch die Datenwelt des 21. Jahrhunderts eröffnet werden. Und der Chef des Pharmakonzerns Novartis, Joseph Jimenez, kündigt in einem Interview mit der »Welt« als Konsequenz von Big Data sogar an: »Wir wollen Krebs nicht behandeln, sondern heilen.«[26] Jimenez glaubt an eine neue Ära der Medizin: »Technologie steht erst am Anfang, die Medizin zu verändern. Doch die Auswirkungen werden dramatisch sein.«

Nun haben dies in den letzten Jahrzehnten viele behauptet. Was macht diese Prognose heute realistischer? Was sind die ganz konkreten Innovationen, die durch Big Data möglich sind?

In der Forschung ist es heute möglich, mit immer weniger Aufwand das Erbgut eines Menschen vollständig zu sequenzieren und so eine vorsichtige Prognose über medizinische Dispositionen und Risikofaktoren zu erstellen. Vorsichtig deshalb, weil wir noch nicht genau wissen, welchen Einfluss äußere Faktoren bis hin zu Lebenserfahrungen auf das Genom eines Menschen haben. Bereits heute werden die individuellen Patientendaten und Krankheitsverläufe in großen Datenbanken gesammelt und analysiert. So entsteht ein großes Wissen auf Basis von Big Data, das Wissenschaftlern völlig neue Perspektiven eröffnet. Je mehr Informationen und Krankheitsverläufe sie ins System einspeisen, desto besser. Davon ist Jimenez fest überzeugt:

»Das würde uns in die Lage versetzen, dass bestimmte Gruppen und Typen von Patienten identifiziert werden und von einem bestimmten – auf sie zugeschnittenen – Medikament profitierten.« Experten nennen dies »Micro-targeting«, eine auf individuelle Fallanalysen ausgerichtete Medizin. Was wäre der Vorteil für Sie als Patienten?

Wenn Sie unter Bluthochdruck leiden und gleichzeitig Nierenprobleme haben, dann erfasst die Analyse Ihres Erbgutes zunächst, ob diese Krankheitserscheinungen aufgrund Ihrer genetischen Disposition zu erwarten waren. Außerdem erhalten Sie einen genauen Überblick darüber, ob in Ihrem Erbgut ein Risiko, beispielsweise für eine bestimmte Form von Tumorerkrankung, enthalten ist.

Der nächste Schritt: Ihr persönliches Gesundheitsprofil wird mit Millionen weiterer Profile verglichen. Wie hat sich bei Patienten mit ähnlicher Ausgangslage die gesundheitliche Situation weiterentwickelt? Welche Therapien waren erfolgreich? Welche Ernährung, welche Lebensgewohnheiten, welche Medikamente haben den Patienten geschadet? Durch den Einsatz von Big Data sollen individuelle, auf den einzelnen Patienten zugeschnittene Krebstherapien die Regel werden.

Erkennen Sie die Veränderung? Der Hausarzt traditioneller Prägung hat für diverse Krankheiten seiner Patienten Therapien entwickelt. Dabei hat er sich auf Fachliteratur und persönliche Erfahrung gestützt. Aber wie vielen Patienten mit einer relativ seltenen Krankheit wird er im Laufe seiner Dienstzeit in seinem Arztzimmer oder bei Hausbesuchen begegnet sein? Fünfzehn? Hundert?

Mit Big Data kann auf Millionen digitaler Patientenakten mit ähnlicher Disposition zurückgegriffen werden. So menschlich und kompetent Ihr persönlicher Hausarzt auch sein mag – er hat keine Chance gegen die individuelle Big-Data-Analyse. Das bedeutet nicht, dass Sie den sympathischen Allgemeinmediziner, zu dem Sie

Vertrauen aufgebaut haben, von heute auf morgen als Ansprechpartner verlieren. Aber seine Rolle wird sich ändern. Der Journalist Christian Hesse bringt diese Entwicklung in der »Süddeutschen Zeitung« auf den Punkt:

»Der Arzt wird sich zu einem weitgehend computerabhängigen Helfer für Kranke hin entwickeln. Der Doktor herkömmlichen Stils ist dann etwas für Romantiker unter den Patienten, der Computer wird zum Leibarzt werden. (…) Eine Horrorvision? Nein, im Gegenteil. Es werden weniger Fehler passieren.«[27]

Der Allgemeinmediziner wird noch mehr als heute zu einem Helfer, weil er von vielem etwas, aber von nichts richtig viel versteht. Seine Diagnosekompetenz muss durch Big Data verbessert werden. Wie in anderen Lebensbereichen wird die Spezialisierung auch in der Medizin voranschreiten. Auch Sie werden sich in Zukunft immer gezielter in die Hände der Mediziner begeben, die für Ihr aktuelles medizinisches Problem die größte Expertise besitzen.

Heute noch innovativ anmutende Praktiken werden zum Alltag. Fachleute bestimmter Operationstechniken bilden ein globales Netz und unterstützen sich gegenseitig. Warum soll ein Operateur aus Hamburg die OP nicht mit einer Datenbrille filmen und zwei Kollegen aus den USA, die internationale Koryphäen auf diesem Gebiet sind, dazuschalten? Natürlich sind die Kollegen in Kalifornien über die digitale Patientenakte genauso detailliert über die Operation informiert wie der Hamburger Chirurg. In Echtzeit können sie dem deutschen Kollegen assistieren und ihm mit Rat zur Seite stehen. Die Kompetenz von international erfahrenen Kollegen wird den Patienten zugutekommen. Damit dieses System funktioniert, muss der Austausch möglichst vieler Daten zur Selbstverständlichkeit werden.

Rekapitulieren wir einmal, wie unser Gesundheitswesen heute in vielen Regionen noch funktioniert. Wenn ein Patient mit einer schweren Erkrankung von mehreren Medizinern zeitnah in unterschiedlichen Krankenhäusern einen Therapievorschlag einholen will, so werden zwar einige Daten kooperativ im Austausch zur Verfügung gestellt. Doch immer wieder beginnt das Diagnoseprozedere von Neuem: Blut abnehmen, Ultraschall, EKG, möglicherweise eine Computertomografie. Nutzen bringen diese wiederholten Untersuchungen nur den Medizinern, da identische Untersuchungen mehrfach von unterschiedlichen Ärzten in Rechnung gestellt werden können. Das kann nicht die Zukunft sein. Heute ist es technisch längst möglich, alle Daten der Patienten in Echtzeit jedem Arzt überall auf der Welt zur Verfügung zu stellen. Notfallärzte hätten alle notwendigen Informationen über ihre Patienten, auch und gerade an Wochenenden oder nachts.

Viele Arzt- und Krankenhausbesuche werden Sie sich in Zukunft allerdings sparen können. Sie selbst werden sich und Ihren Körper so gut kennen, dass Sie Symptome zielsicher deuten und selbst die Therapie einleiten können. Möglich macht dies das bereits in Kapitel 2 angesprochene Internet der Dinge. Sensoren werden Ihre Körperfunktionen in Echtzeit überwachen. Dies ist heute schon in vielen Bereichen möglich. Für Diabetiker hat Google bereits eine Augenlinse entwickelt, die den Zuckergehalt in der Tränenflüssigkeit bestimmt. Patienten sind so jederzeit über ihre Werte informiert und erhalten detaillierte Angaben zur Regulation. Perspektivisch kann der Patient den Insulinhaushalt sogar durch eine automatisch gesteuerte Zufuhr regeln und dadurch ein von Störungen unbelastetes Leben führen. Peter Gruss, der ehemalige Präsident der Max-Planck-Gesellschaft, glaubt, dass »mittelfristig 50 Prozent der Diagnostik und Therapie auf den Patienten verlagert wird«[28].

Big Data bringt nicht zuletzt die Forschung deutlich voran. Durch die große Dimension der Daten werden schneller Erkenntnisse über neue Medikamente gewonnen, weil sie zielgerichteter getestet werden können.

Fassen wir zusammen: Die Datenwelt des 21. Jahrhunderts bringt die Forschung voran. Sie erlaubt individuelle Therapien und macht den einzelnen Patienten kompetenter. Experten gehen davon aus, dass die Wirksamkeit von Krebstherapien durch den individuellen Zuschnitt der Behandlung und die wissenschaftlichen Fortschritte der letzten Jahre von heute 25 Prozent in absehbarer Zeit auf vielleicht 75 Prozent wachsen kann.[29]

Joseph Jimenez, der Chef des Pharmaunternehmens Novartis, zieht, bezogen auf die Fortschritte durch Big Data, folgendes Fazit: »Durchbrüche in der Medizin, an die wir derzeit noch gar nicht denken, werden die Menschen künftig noch viel länger und gesünder leben lassen.«[30]

Das Risiko:
Selektion und Datendiktatur – Big Data ist ungesund

Eines muss man den großen Internetkonzernen lassen: Die Imagekampagne der Self-Tracking-Industrie ist geschickt und professionell. Sie suggeriert den Bürgern ein längeres und gesünderes Leben. Digitale Patientenakten und Gesundheitsdaten erscheinen in Echtzeit als neuer Freund und Helfer. Die Selbstvermessung des Körpers wird zum Lifestyle erhoben. Aber hinter dieser glänzenden Fassade verbergen sich unabsehbare Konsequenzen, die Ihr Leben nicht fitter, entspannter und länger, sondern stressiger, unfreier und weniger lebenswert machen.

Die Medizin rühmt sich, bereits vor der Geburt eines Kindes sein Erbgut entschlüsseln zu können. Schon wird darüber diskutiert, ob dies nicht flächendeckend zum Regelfall gemacht werden sollte.

Der Tag der Geburt eines Kindes gehört bisher für viele Eltern zu den prägendsten Momenten ihres Lebens. Zum ersten Mal das Kind in den Händen halten, zum ersten Mal die Stimme (oft das Schreien) des Kindes hören. Nach Monaten einer intensiv durchlebten Schwangerschaft dann endlich nach Hause kommen. Die Zukunft gestaltet sich neu und anders. Jeder erlebt diese Momente unterschiedlich. Bei aller Vorsicht und Unsicherheit, vor allem bei Eltern, die ihr erstes Kind bekommen, beginnt häufig eine spannende, aufregende Zeit, die den Zauber des Neubeginns verbreitet.

Eine exakte Bestimmung des Erbguts bei der Geburt des Kindes kann bedeuten, durch einen Arzt darüber informiert zu werden, welche genetische Disposition das eigene Kind mitbringt. Sollten solche Verfahren im Sinne einer auf Big Data gestützten Transparenz aller Patientendaten zum Regelfall erhoben werden, verschärfen sich sämtliche ethischen Fragen, die etwa bei der Präimplantationsdiagnostik bereits diskutiert wurden. Und zwar für alle Eltern. Die Eltern werden entscheiden müssen, ob sie Informationen über potenzielle Krankheiten erhalten wollen oder nicht. Was für eine Entscheidung! Sagen sie Nein, müssten sie mit dem Bewusstsein leben, der Früherkennung und -therapie einer möglichen Krankheit des Kindes im Weg gestanden zu haben. Sagen sie Ja, erhalten sie inmitten dieser hoch emotionalen Phase womöglich die Nachricht, dass ihr Kind mit hoher Wahrscheinlichkeit als junger Erwachsener an Krebs erkranken wird. Und selbst, wenn man beschließt, die Disposition des Kindes erst vier Wochen nach der Geburt zu kommunizieren, bleibt die Frage: Was machen die Eltern mit dieser Information? Und umgekehrt: Was macht diese Information mit den Eltern? Kann da noch von einem unbelasteten, glücklichen Start in eine neue Lebensphase die Rede sein?

Mit welchen Augen werden die Eltern ihr Kind in den nächsten Jahren betrachten? Mischt sich bei den Eltern in die Unbeschwertheit eines Ausflugs, in das Lächeln des Kindes nach einem Streich plötzlich die Vorahnung, dass dieses Glück nicht von Dauer sein könnte? Schafft das Wissen um die genetische Disposition, die nur begrenzte Aussagekraft über das tatsächliche Auftreten einer Krankheit hat, eine Distanz zum Kind, die wir so früher nie kannten?

Und noch einen Schritt weiter gedacht: Ab welchem Alter sollte das Kind über sein Krebsrisiko informiert werden? Mit 18? Sind die Eltern verpflichtet, die Nachricht dem Kind zu vermitteln? Oder bekommt jedes Kind zum 18. Geburtstag den Brief mit der Beschreibung seiner Dispositionen überreicht und darf freiwillig entscheiden, ob er oder sie ihn öffnet? Der 18. Geburtstag dürfte in diesem Szenario zu einem Orakel mutieren, das jedem jungen Erwachsenen die Vorfreude auf den Tag zunichtemacht.

Dieses Szenario ist sehr konkret und muss diskutiert werden. Peter Gruss, der ehemalige Präsident der Max-Planck-Gesellschaft, hat es im Ansatz entwickelt und kommt zu dem Schluss, es sei nur ein Beispiel »für die vielen ethischen Fragen, die auf uns mit Big Data in der Medizin zukommen«.[31]

Big Data steht für den Glauben, die gesammelten und miteinander in Korrelation gebrachten Daten von Millionen von Patientendaten seien in jedem Fall aussagekräftiger als das Urteil von Fachleuten. Sich auf sein medizinisches Wissen wie auch auf Intuition und persönliche Erfahrung zu verlassen, bedeute, fehleranfällig zu sein. Ist diese Prämisse der Befürworter von Big Data überhaupt richtig? Geht es nicht gerade in der Medizin um viel mehr als reine Statistik? Wie relevant sind Korrelationen für den Einzelfall? Was in der Datenmasse statistisch signifikant erscheinen mag, findet im Individuum — um das es in der Medizin schließlich geht — vielleicht schlicht und ergreifend keine Entsprechung. Und was ist mit Fehlern? Jeder HIV-Test beispielsweise produziert ab und zu sogenannte »falsch positive« und »falsch negative« Ergebnisse. Wollen wir uns den letzten Rest Unbeschwertheit, der gerade darauf gründet, dass wir eben nicht alles wissen, vom sogenannten Fortschritt mit seinen vermeintlich sicheren Prognosen nehmen lassen?

Das gesammelte Unbehagen an der Datenhörigkeit von Big Data hat ein Leserbrief in der »Süddeutschen Zeitung« auf den Punkt gebracht. Im Juni 2014 vertrat Prof. Sigmar Groeneveld zu einem Artikel über die Verheißungen von Big Data in der Medizin die Position, das Plädoyer für Big Data verkehre »die Würde und den Reichtum des Menschen und ihre Welt in eine armselige und verantwortungslose Datenwüste«. Groeneveld führt als Grund für diese These an, dass »der Reichtum und die Würde des Menschen nicht von der Menge von irgendwas abhängen, sondern von der Einzigartigkeit der subjektiven Wahrnehmung«. Klingen solche Begriffe wie »subjektive Wahrnehmung« heute schon antiquiert? Es lohnt sich, Groenevelds Leserbrief weiter zu folgen:

»Ich empfinde es als eine Beleidigung des Menschen, sein ›Profil‹ zu einem ›Datenprofil‹ zu erniedrigen. Und ich empfinde es als eine Flucht aus jeglicher persönlicher Verantwortung, mathematische Formeln und Statistiken zum Arzt des Menschen zu erheben. Angesichts der bereits heute technisch und politisch nicht mehr zu kontrollierenden Datenflut sollte eigentlich die Hybris der ›Datenwelt‹ leicht erkennbar sein. Diese ›Objektwelt‹ der Daten ist nicht die wahre Welt, sondern bestenfalls eine Fratze derselben.«[32]

Zugespitzt, aber die Kritik trifft den Kern. Wer hat in Zukunft die Verantwortung für meine Behandlung? Ein Algorithmus? Werden nicht mehr Ärzte, sondern Datensätze die Verantwortung übernehmen? Und wer zieht diese Datensätze zur Verantwortung, wenn etwas schiefläuft? Denn bei Big Data geht es um Vorhersagen und um Wahrscheinlichkeiten, aber nicht um Gewissheiten. Es geht um Korrelationen, nicht um Kausalität, wie wir in Kapitel 2 bereits ausgeführt haben. Möchten Sie sich dieser anonymen Verantwortung wirklich anvertrauen?

Ganz abgesehen von der Frage, wer diese Daten erhält. Wer übernimmt Garantien dafür, dass sensible personenbezogene Daten nicht in falsche Hände geraten? Und um noch einmal auf die genetische Disposition zurückzukommen: Was passiert, wenn ein 18-Jähriger seiner digitalen Akte entnimmt, dass er mit hoher Wahrscheinlichkeit in absehbarer Zeit schwer erkranken wird? Natürlich kann er versuchen, präventiv alle Risikofaktoren auszuschalten. Aber wird er selbst nicht für Arbeitgeber, Krankenkassen, Sportvereine und Lebensversicherer zum Risikofaktor? Der amerikanische Genetiker Michael Snyder hat diese Erfahrung zum Teil bereits gemacht. Im Rahmen einer Studie ließ er sein Genom entschlüsseln.[33] Dabei kam unter anderem heraus, dass er ein erhöhtes Risiko für Typ-2-Diabetes in seinen Genen trägt. Nachdem er seine Versicherung darüber informierte, stufte diese ihn sofort hoch – von jetzt auf gleich galt er als Risikopatient. Nun ist Michael Snyder glücklicherweise ein angesehener Wissenschaftler, der wohl kaum um seinen Job bangen muss.

Wer aber investiert in einen Job-Einsteiger, der eine solch ungewisse Zukunft vor sich hat? Welcher Profi-Fußballclub verpflichtet für viele Millionen solch einen Spieler? Welcher Konzern schließt mit einem solchen Bewerber einen langfristigen Vertrag ab? Welche Krankenkasse wird nicht versuchen, diese Person erst gar nicht aufzunehmen? Krankenkassen werden nicht mehr nach Durchschnittswerten ihre Konditionen bestimmen. Sie werden noch stärker als heute selektieren. Das widerspricht dem Grundgedanken, der diesem System zugrunde liegt.

Widmen wir uns nun dem Trend, selbst Daten von sich zu erheben. Die Quantified-Self-Bewegung ist ein Hype. Immer mehr Menschen scheinen sich für die Quantifizierung des eigenen Lebens zu begeistern. Sind wir so blauäugig?

Kommen wir zu einem konkreten Beispiel, das die Doppelbödigkeit der Selbstvermesser entlarvt. Was wird in einer Firma passieren, wenn der Chef seinen Mitarbeitern eine Smartwatch schenkt und sie motiviert, bei der digitalen Firmenlaufgruppe mitzumachen? Mehr Teamspirit, mehr Lebensqualität? Von wegen.

Stellen Sie sich vor, in dieser Firma läuft eine Verhandlung schief. Ein Mitarbeiter hat dabei keinen guten Eindruck hinterlassen. Dadurch verliert die Firma Geld. Könnte der Chef da nicht auf die Idee kommen, in die Körperdaten des Mitarbeiters zu schauen? Wie sah denn seine letzte Woche aus? Eine Smartwatch misst schließlich nicht nur die gelaufenen Schritte, sondern auch die Schlafzeit, selbst die Zeit des Tiefschlafs. Was passiert, wenn der Chef feststellt, dass der Mitarbeiter nachts um halb zwei noch unterwegs war? »Was, noch 750 Schritte gelaufen und nur drei Stunden geschlafen?« Sofort wandelt sich die angebliche Motivationshilfe zu einem Instrument der totalen Überwachung.

Im Arbeitsleben herrschen ohnehin schon Stress und Leistungsdruck. Muss die Zeit, in der Mitarbeiter Leistung erbringen müssen, noch auf das Privatleben ausgeweitet werden? Außerdem: Wissen Sie, wer Ihre Körperdaten speichert? Und was mit diesen Daten passiert? Wer gibt Ihnen die Garantie, dass Ihre Lauf- und Schlafdaten und demnächst noch die Herzfrequenz nicht als Grundlage dafür genommen werden, ob Sie Ihren nächsten Job bekommen?

Nicht Teamgeist wird hier gefördert, sondern ein darwinistischer Verdrängungswettbewerb. Im August 2014 wurde bekannt, dass der Energiekonzern BP seinen Mitarbeitern in Nordamerika 14 000 Fitness-Armbänder spendiert hat.[34] Mittlerweile sind viele andere diesem Beispiel gefolgt. Die Botschaft: Wer aktiv seine Daten misst und regelmäßig Sport treibt, habe die Möglichkeit, Bonuszahlungen zu erhalten. Eine wohltätige Aktion? Ganz bestimmt nicht. Sondern ein Zeichen dafür, dass Mitarbeiter immer mehr nach maschinellen Effizienzkriterien bewertet werden. So, wie Maschinen in immer kürzerer Zeit immer mehr leisten, so werden auch wir einer Selbstoptimierung unterzogen. Die Technologie misst dabei transparent für Ihren Arbeitgeber Ihren täglichen Fortschritt. Es geht nicht um »Quantified Self«, sondern um den »Quantified Employee«, den datenvermessenen und optimierten Mitarbeiter.

Das alles sind Argumente, die gegen die Selbstvermessung sprechen. Aber sie berücksichtigen nicht, dass es offenbar eine große intrinsische Motivation vieler Menschen gibt, der Quantified-Self-Bewegung zu folgen. »Quantified Self« steht für das »Quantifizierte Selbst«. Ein Sich-selbst-Ausdrücken in Zahlen. Ein Sich-selbst-Definieren in Zahlen?

Bisher wird nur unzureichend beachtet, welche Konsequenzen die Mentalität eines solchen Alltags für unsere Denkstrukturen haben wird. Es geht nicht mehr nur um die Läufer, die schon seit vielen Jahren Pulsuhren tragen, um ihre Belastungsgrenze und Laufdauer zu kontrollieren. Das Bild von den sportlich Ambitionierten, die in Parks und Wäldern vorbeihuschen und dabei ehrgeizig einen Blick auf ihre Pulsuhr werfen, ist auch den weniger Sportlichen schon seit Langem bekannt. Aber die meisten dieser Fitness-Begeisterten legen ihre digitalen Trainingswerkzeuge selbstverständlich weg, wenn ihre Trainingseinheit beendet ist. Die Selbstvermesser haben anderes im Sinn. Ihnen geht es um die Komplettkontrolle ihres Körpers und ihres Lebens. Heute zählen sie die gelaufenen Schritte, messen ihre Herzfrequenz, ihre Kalorienaufnahme und ihre Schlafdauer. Es gibt sogar bereits Sensoren, die durch Vibration in Echtzeit darauf aufmerksam machen, wenn die Sitzhaltung nicht der Gesundheitsnorm entspricht. Aber perspektivisch geht es um die Kontrolle der gesamten Lebensführung, die für jede Aufgabe exakt investierte Zeit bis hin zur konsequenten Einhaltung von gesteckten Zielen.

Wird diese Lebenshaltung sich durchsetzen? Was wird aus der schlichten Langeweile? Haben wir dafür noch Platz im Leben? Was wird aus langen Grillabenden mit Freunden? Wie will man den Wert von Gesprächen quantifizieren? Was wird aus den Ruhephasen, aus scheinbarer Trägheit, aus der dann aber Impulse für eine neue, große Idee generiert werden können? Wo bleibt der Lebenskünstler, der seine Kreativität daraus zieht, dass er sich nicht in ein alltägliches Schema pressen lässt?

Unsere Gesellschaft belohnt in Zukunft stromlinienförmige Ehrgeizlinge, die in Bilanzen, aber nicht in Visionen denken. Können sich Querdenker in einem Alltag entwickeln, der komplett getaktet ist? Was wird aus den Menschen, die sich der Selbstvermessung entziehen? Werden Menschen mit großer Körperfülle in Zukunft noch mehr ausgegrenzt? Wird allen, deren Essgewohnheiten, Tagesabläufe und äußere Erscheinungsbilder von der Norm abweichen, Disziplinlosigkeit unterstellt? Und weitergedacht: Wird der Kampf der Optimierer gegeneinander nicht immer schärfer?

Dopende Sportler legitimieren ihren Regelverstoß häufig damit, dass sie ohne die illegalen Stimulanzien gegen die ebenfalls dopende Konkurrenz keine Chance mehr hätten. Zu hart sei der Konkurrenzkampf auf Top-Niveau, um noch mit legalen Mitteln Erfolg zu haben.

Was hat dies mit der Quantified-Self-Bewegung zu tun? Noch können sich die Selbstvermesser eventuell durch ihre leistungsfördernde Datentransparenz einen Vorteil gegenüber denen verschaffen, die dieses Instrument der Selbstkontrolle nicht anwenden. Aber was wird aus den Selbstoptimierern in einer Welt, in der jeder seine Arbeitskraft und körperliche Leistungsfähigkeit durch Selbstvermessung erhöht? Im Jahr 2015 wird allein Apple 45 Millionen seiner Smartwatches verkaufen, schätzen Experten. 2017 könnten es bereits über 72 Millionen sein.[35] Die Konkurrenz wird zwangsläufig wie im Hochleistungssport immer unerbittlicher. Wenn alle optimieren, muss der Einzelne zu noch ausgefeilteren Optimierungspraktiken greifen, die ihm einen Vorteil verschaffen. Oder zu leistungssteigernden Mitteln, zu Doping. Vor 30 Jahren formulierte Neil Postman die populäre These »Wir amüsieren uns zu Tode«.[36] Kann davon heute noch die Rede sein? Optimieren wir uns zu Tode?

Dabei geht es nicht nur um die Haltung der Einzelnen. Die Bewegung der Selbstvermesser und Fitness-Tracker wird von Global Playern wie Apple, Google und Facebook sowie den führenden Sportartikelfirmen unterstützt und promotet. Ob Apples »HealthKit« oder »Google Fit« – alle großen Konzerne geben vor, an einer verbesserten Gesundheit der Menschheit mitarbeiten zu wollen. Dabei geht es um viel mehr: Es geht nicht nur um kleine Werkzeuge, die Ihr Leben optimieren, es geht um ein Milliardengeschäft – um den Zugriff auf Ihre Daten und direkten Einfluss auf Ihr Leben.

Der österreichische Romanautor Marc Elsberg hat für seinen Roman »Zero« einen passenden Untertitel gewählt: »Sie wissen, was Du tust«[37]. Er entwirft eine Gesellschaft, in der »ActApps« Ihnen in jeder Lebenssituation als Ratgeber in Echtzeit bereitstehen. Die ActApp kennt Ihr Datenprofil, Ihre Lebensgewohnheiten und entwickelt daraus Nah- und Fernziele. Die gehen weit über Fitness- und Gesundheitsfragen hinaus. Die ActApp empfiehlt, welche Freunde Sie wann kontaktieren, in welcher Reihenfolge die Lernziele verfolgt werden und in welchen Schritten Sie erfolgreich in der Partnerwahl sein können. Sollten Sie am Abend vor einer Currywurstbude Ihr Tempo verlangsamen, macht Ihre App Sie auf das bereits üppige Mittagessen aufmerksam. Sollten Sie aus Nostalgiegründen zum etwas zu engen Lieblings-T-Shirt greifen, erklärt Ihnen die App, dass Ihre Chancen bei der Partnerwahl dadurch nicht größer werden. Sie macht Sie darauf aufmerksam, wenn Sie Freunde vernachlässigen oder berufliche Pläne verschleppen. Mit anderen Worten: Sie haben einen allgegenwärtigen Lebenscoach an Ihrer Seite, der Ihnen hilft, ein scheinbar besseres Leben zu führen. Und Anreize gibt es natürlich auch: Wenn Sie die Currywurst stehen lassen, einen schicken Wollpulli kaufen, im Beruf eine Stufe nach oben klettern und in den sozialen Netzwerken aktiver sind, dann wird Ihr Erfolg dadurch belohnt, dass Sie in einem globalen Act-App-Ranking aufsteigen. Je höher Sie in diesem Ranking platziert sind, desto wertvoller sind Ihre Daten. Den entsprechenden Betrag bekommen Sie monatlich ausgezahlt. Ihr Lebensglück liegt also in den Händen der privaten Beziehung zwischen Ihnen und der App Ihres Internetanbieters.

Ist diese Vision so weit hergeholt? Wohl kaum. Nicht nur, weil Coaches schon seit Jahren in diversen Lebensbereichen Konjunktur haben. Marc Elsberg macht in seinem Vorwort zu »Zero« zu Recht deutlich, dass es sich zwar um einen Roman handelt, dass aber sämtliche Tendenzen, die im Buch pointiert weitergedacht werden, bereits heute sichtbar sind.

Warum also sind Ihre physischen Daten interessant? Weil damit die Vision verbunden ist, dass Sie Ihre Gesundheit und im nächsten Schritt Ihr ganzes Leben in die Hände eines Netzwerks legen. Sie liefern die Daten, dafür erhalten Sie die geeignete Therapie in Echtzeit. Ihr Blutdruck steigt, Ihre Daten signalisieren gesundheitsgefährdenden Stress? Ihre App reagiert, und ein Frühwarnsystem signalisiert Ihnen, dass Sie Tempo herausnehmen müssen. Je feiner die Daten, die Sie liefern, desto effizienter das Frühwarnsystem. Perspektivisch ist der in die Haut implantierte Chip, der ständig alle Körperdaten ausliest und »live« in Ihre digitale Akte einstellt, die natürliche Fortsetzung der aktuellen Entwicklung. Keine Science-Fiction, sondern fast schon Realität. Die Vision von Elsberg ist nicht weit entfernt. Große Internetunternehmen übernehmen für Sie die Regie Ihres Alltags. Sie selbst sind nur noch Darsteller.

Genau dies scheint gut in die Zeit zu passen. Beschweren wir uns derzeit nicht darüber, dass das Leben so unübersichtlich und kompliziert geworden ist? Überall warten Verlockungen, die uns ablenken können. Gerade deswegen scheint Elsbergs Vision bei vielen nicht einmal Schrecken zu verbreiten. Selbstvermesser unterziehen sich freiwillig einer permanenten Selbstkontrolle. Und sie vergessen dabei, dass aus Selbstkontrolle längst Fremdkontrolle geworden ist.

Denn es geht nicht nur um die Optimierung Ihrer Fitness und Gesundheit. Ihre Daten helfen, Sie einzustufen. Genau deshalb ist die Selbstvermessung auch ein Segen für die Krankenkassen. Wenn es ihnen gelingt, Sie durch Ihr Datenprofil als Risikopatienten zu identifizieren, dann werden Sie einen entsprechend hohen Beitrag zahlen müssen. Wenn Sie überhaupt aufgenommen werden. Wenn Apple oder Google Gesundheitsdaten sammeln, könnte ein großes Geschäft für sie darin bestehen, die Risikoprofile an die Krankenkassen zu verkaufen. Werden sie sich dieses Geschäft entgehen lassen?

Öffentlich wird natürlich anders argumentiert. Sie werden motiviert, sich selbst zu vermessen, um Sie gesünder und fitter zu machen. Und wenn Sie mitziehen und gesundheitsbewusster leben, dann werden Sie von den Krankenkassen mit einem finanziellen Bonus belohnt. Aber grundsätzlich geht es um Selektion. Sie werden aufgrund Ihrer Datenwerte eingeteilt, eingestuft und aussortiert.

Der Medizinhistoriker Paul Unschuld sagte der »Frankfurter Allgemeinen Zeitung« in diesem Zusammenhang: »Wir werden wieder und wieder gegen unsichtbare Wände laufen, ohne zu wissen, weshalb, sei es beim Versuch, eine Versicherung abzuschließen, eine Wohnung zu mieten oder einen Job zu bekommen. Arbeitgeber werden irgendwann einen Blick in die elektronische Krankenakte ihrer Bewerber werfen und das, was sie dort lesen, in ihre Entscheidung einfließen lassen.«[38]

Sie wollen nicht gegen die von Paul Unschuld skizzierten unsichtbaren Wände laufen? Dann bewegen Sie sich nicht weiter sehenden Auges auf diese Wände zu.

Interview mit Dr. med. Peter Langkafel

»Die Macht und das Potenzial dieser Daten sind für die Medizin enorm«

Dr. med. Peter Langkafel MBA (geboren 1968) ist Medizininformatiker und arbeitet bei SAP im Bereich »Healthcare«. Seit 2010 ist er Landesvorsitzender des Berufsverbands Medizinischer Informatiker Berlin/Brandenburg.

Herr Langkafel, wenn ich das richtig sehe, haben Sie weder ein Wristband, noch eine Smartwatch an Ihrem Handgelenk. Was ist mit Ihnen los?

Ja, das ist richtig. Ich persönlich bin weder Guru noch Anwender von dem, was man Quantified Self nennt, also dem Versuch, alle möglichen Dinge des Lebens zu tracken, sei es der Schlaf, sei es die Ernährung, seien es andere Dinge mehr. Ich hab' das persönlich mal ausprobiert, nur beim Joggen, bin aber dazu gekommen, dass für mich Joggen einfach Entspannung ist, ich hör' keine Musik, ich guck noch nicht mal auf die Zeit, ich achte nur auf mich und entspanne dabei.

Sie sagen ganz bewusst, für mich ist das nicht das Richtige. Könnte das trotzdem die Zukunft sein?

Quantified Self hat ja sehr viele Dimensionen. Da geht's um die Vermessung des Ichs und auch die Hoffnung und den Wunsch, eine komplexe Welt in Zahlen widerzuspiegeln, um sie dann irgendwie managen zu können, sich selbst managen zu können. Das hat vielleicht auch was mit Eitelkeiten zu tun. Ich glaube, was wir in der Medizin noch gar nicht verstanden haben, ist: Wo kann man das jenseits von Lifescience, Lifestyle, Wellness, Well be wirklich einsetzen?

Könnte es aus medizinischer Sicht Sinn machen, die eigenen Körperfunktionen ständig zu kontrollieren und an den Arzt des Vertrauens weiterzugeben, um Krankheiten früh zu erkennen?

Krankheiten zu erkennen ich glaube, das wird zumindest mit den Sensoren, die wir zurzeit haben, ziemlich überschätzt. Permanent die Körpertemperatur oder den Puls zu messen und zu tracken ist praktisch sinnfrei für die allermeisten Menschen, und ob ich Fieber habe oder nicht – das bekomme ich auch einfacher heraus… Es gibt eine Menge von Anwendungen, die sind mehr Spielereien. Ein wirklicher medizinischer Mehrwert ist häufig sehr, sehr fraglich. Ein ganz wichtiger Sensor, den es leider nicht gibt, ist die sogenannte nichtinvasive Blutzuckermessung. Das heißt, Blutzucker zu messen, ohne jemanden permanent piksen zu müssen.

Die Anwendung, die alle möglicherweise glücklicher macht, kenne ich bis jetzt nicht, und es wird sie wohl auch nicht geben. Ich kann mir allerdings vorstellen, dass ganz bestimmte Patienten mit einer bestimmten Krankheit von speziellen Sensoren profitieren werden. Dieses Potenzial könnte bei der Prävention von Krankheiten auch in Zusammenarbeit von Krankenkassen noch weit besser evaluiert werden,

Die Sensoren tracken ja weniger Krankheiten, sondern sagen etwas darüber aus, »wie gesund« ich bin – ob und wie viel ich mich bewege, zum Beispiel. Scheinbar motivieren solche technischen Werkzeuge Menschen, sich mehr zu bewegen – sind also möglicherweise positiv verhaltenswirksam.

Sie differenzieren zwischen Beispielen, wo es medizinisch Sinn macht, und Lifestyle. Könnte über die Lifestyle-Produkte der Boden dafür bereitet werden, alle seine Daten zur Verfügung zu stellen, ohne ein Problembewusstsein damit zu haben?

Der Übergang zwischen den Bereichen ist fließend: Schon heute bieten Krankenkassen in anderen Ländern günstigere Tarife an, wenn ich meine »Wellness-Daten« zur Verfügung stelle. Doch hier fängt auch das Problem an: Wir wissen ja nicht wirklich, was heute und in Zukunft mit diesen Daten gemacht wird… »Was soll schon passieren« sagen viele – daran sieht man zum Teil auch ein mangelndes Problembewusstsein.

Ja, es gibt auch ein Risikopotenzial: Wenn Telefonanbieter zum Beispiel über den Klang meiner Stimme ohne mein Wissen und meine Zustimmung Stimmungszustände bis zur Depression heraushören wollen, ist sicher eine Grenze überschritten. Dies gilt aber nicht nur für den Gesundheitsbereich: Was passiert mit all den Daten, die über mein Handy laufen? Wer nutzt sie wie? Wir wissen es nicht.

Hier zeigt sich aber auch das Potenzial: Wenn ich all diese Daten zusammennehmen würde, wüsste ich wahrscheinlich mehr als mein behandelnder Arzt. Das heißt, die Macht und das Potenzial dieser Daten sind enorm.

Sie beschreiben das Potenzial, aber auch die dunklen Seiten von Big Data. Warum hat Big Data für die Medizin überhaupt so eine große Bedeutung?

Der Digitalisierungsgrad und damit die Menge von digitalen Daten in der Medizin wachsen enorm, dafür gibt es drei große Gründe. Erstens gibt es neue diagnostische Instrumente. Nicht nur in der Genetik, auch in bildgebenden Verfahren – hier entstehen riesige Mengen neuer digitaler Daten. Zweitens besteht unser Gesundheitssystem noch zum größeren Teil aus Papier. Die Digitalisierung der Prozesse findet gerade erst statt. Und der dritte Grund ist, dass Patienten immer mehr Daten selbst mitbringen. Die Daten gab es vorher noch gar nicht.

Wir verstehen Gesundheit nur, wenn wir über die Silogrenzen von Krankenhaus und Krankenkasse und niedergelassenem Bereich hinausdenken. Das heißt, es gibt immer mehr Daten, die wir noch miteinander vernetzen müssen, um Gesundheit und Krankheit besser zu verstehen. Dazu kommen die Daten aus der Forschung und die entsprechenden Publikationen: Dieses Wissen besser und schneller in den Behandlungsprozess einzubeziehen – etwa als digitaler Coach oder auch »Doktor Algorithm« – würde die Gesundheitsversorgung dramatisch verändern. Natürlich müssen wir hier über Datenschutz sprechen. Aber auch darüber, wer denn die Daten davor schützt, dass sie nicht benutzt werden – also zur Verfügung stehen, aber nicht ausgewertet werden.

Und was kann die Datenrevolution in der Medizin, im Gesundheitswesen Positives bewirken?

Ich vergleiche das immer gern mit Nukleartechnologie, mit der Sie heute in der Medizin eine ganz gezielte Diagnostik erhalten. Nukleartechnologie bedeutet aber auch Atomkraftwerke und Atombomben. Und zumindest Letztere sind, da sind wir uns einig, nicht akzeptiert. Und auf solch einem Kontinuum bewegt sich auch Big Data. Gerade in der Medizin gibt es eine Menge von sinnvollen zusätzlichen Anwendungen. Das fängt schon damit an, die Daten, die wir haben, besser zu nutzen. In Krankenhäusern, in Forschungsabteilungen. Diese Daten sind noch nicht vernetzt. Was noch völlig fehlt, ist der digitale Zugang vom Patienten selbst auf die Daten. Sie sind ja heute als Patient im Krankenhaus praktisch digital ausgeschlossen. Sie kriegen ja nichts, vielleicht einen Zettel, den Sie unterschreiben.

Wenn Sie die negative Seite beschreiben und mit der Atombombe gleichsetzen, dann zeigt das ja, dass Big Data auch eine zerstörerische Kraft haben kann. Worin liegt diese zerstörerische Kraft? Worin liegt die dunkle Seite?

Ich kann heute Informationen aus sozialen Netzwerken, Telefonaten und andere Dinge tracken. Und ich kann dann versuchen, sie meinungsbildend, agitatorisch, propagandistisch zu gebrauchen. Die»medizinische«Angst ist: Wenn ich alles digital habe, wer kann das für was missbrauchen? Der Arbeitgeber, der sagt, will ich den, der solche Vorerkrankungen hat? Die Krankenkasse, die sagt, den möchte ich gar nicht. Ich glaube nicht, dass das heute in Deutschland existiert, das muss ich dazu sagen, Aber es geht ja um die möglichen Gefahren. Wird es, um es mal deutlich zu sagen, Bestrafungsmechanismen geben, wenn ich mich an bestimmte Dinge nicht halte? Gibt es darüber eine Normierung? Big Data und moderne Technologien als die neuen Götzen des 21. Jahrhunderts?
Da befinden wir uns rechtlich in einer, ich sage immer, Big Data, *Big Grauzone*. Aber nicht nur rechtlich. Mein mobiles Gerät gibt heute pro Minute drei- bis fünftausend Meldungen ab, von denen wir gar nicht wissen, an wen sie denn gehen. Wollen wir das? Wie nah Chance und Risiko zusammenliegen, wird hier deutlich.
Die Technologien, die diese Auswertungen ermöglichen, unterliegen dem sogenannten»dual use«, also einem doppelten Verwendungszweck, und unterliegen der Exportkontrolle, da sie sowohl

zu zivilen als auch militärischen Zwecken gebraucht werden können.

Was können, was sollten die Einzelnen tun, um diesen aktuellen Entwicklungen, diesen wichtigen Entwicklungen rund um Big Data gerecht zu werden?

Das Recht auf informationelle Selbstbestimmung ist ja in Deutschland etwas relativ Junges. Es gibt ein US-Unternehmen, das heißt »PatientsLikeMe«. Primär geben Sie dort Ihre Krankheit ganz genau ein und hoffen, dass Sie jemanden finden, der genau das Gleiche hat, um dann von dem zu lernen oder herauszubekommen, was hat dem geholfen. Das machen mittlerweile mehrere hunderttausend Leute. Das ist kein Nischenprodukt mehr. Und der Gründer hat interessanterweise zur Spende der Daten aufgerufen, um sie nutzen zu können. Spender heißt, es ist etwas wert. Und genauer darüber müssen wir reden. Was sind Daten wert, und wem gehört dieser Wert? Vielleicht sagt man, es gibt bestimmte Datenpunkte, die brauchen wir auch als Gesellschaft. Da gibt es sozusagen ein Gemeingut, das noch wichtiger ist als das individuelle Gut. Ich glaube, dass wir gerade erst begreifen, was zurzeit passiert. Transparenz ist gewünscht, aber ein gläserner Patient darf nicht das Ziel sein.

Vielen Dank für das Gespräch.

(Das Interview führte Michael Steinbrecher. Es wurde durch die Verfasser gekürzt und redaktionell bearbeitet.)

Interview mit Peter Schaar

»Technik darf keine unabhängige Variable sein«

 **Peter Schaar** (geboren 1954) ist das wohl bekannteste Gesicht Deutschlands zum Thema Datenschutz. Von 2003 bis 2013 war er Bundesbeauftragter für den Datenschutz und die Informationsfreiheit.

Welche Verheißungen bringt uns Big Data in der Medizin und der Gesundheit?

Es gibt das Zukunftsszenario, dass Big Data quasi zur Unsterblichkeit führt. Auch durchaus ernst zu nehmende Technologen wie Ray Kurzweil vertreten tendenziell die Vorstellung, dass die Menschen ihre physische Begrenztheit durch Informationsverarbeitung überschreiten und aufheben könnten. Ich teile das nicht. Das sind aus meiner Sicht nach wie vor Wahnvorstellungen. Allerdings werden die Grenzen ein Stück durch Informationsverarbeitung hinausgeschoben, wenn bestimmte Techniken zur Verfügung stehen, die es uns ermöglichen, Krankheiten frühzeitig zu erkennen und Fehlfunktionen des Körpers zu korrigieren. Das sind Dinge, die mit Big Data ganz stark zu tun haben. Die Genomanalyse ist ein typisches Beispiel dafür, wo durch Big Data – oder zumindest durch riesige Verarbeitungskapazitäten – eine Korrelationsanalyse möglich war, obwohl die zugrunde liegenden physiologischen Zusammenhänge durch die Wissenschaft bisher nur sehr lückenhaft erforscht worden sind. Insofern ist das ein sehr langfristiges Projekt, das aber sicher dazu beitragen kann, unsere Lebensqualität, die Länge unseres Lebens und unsere Gesundheit zu fördern. Aber man sollte nicht alleine darauf setzen.

Würden Sie Ihr Genom von einer Firma entschlüsseln und auf mögliche genetische Dispositionen untersuchen lassen? Würde Sie das interessieren?

Ich persönlich habe keine Veranlassung, das in Anspruch zu nehmen. Die Frage ist ja immer auch, was sind die Konsequenzen, die ich daraus ziehe? Gerade bei der Genomanalyse kann der Aspekt des Nichtwissens auch eine Qualität sein. Derjenige, der um seine Determiniertheit, um bestimmte Risiken weiß, wird damit auch unfrei. Was mache ich denn mit der Aussage, ich hätte eine bestimmte Wahrscheinlichkeit von, sagen wir mal 25 Prozent, an einem bestimmten Krebs zu erkranken? Macht mich das tatsächlich klüger? Bin ich dann nicht in einem schrecklichen Dilemma? Und je mehr solche Informationen auf mich einprasseln, umso stärker wird dann genau diese Frage: Wie gehe ich mit diesen Informationen um? Anders sieht das sicherlich aus, wenn ich Krebspatient bin und die Frage ansteht, ob ich eine Chemotherapie mache. Wenn ich zu der Gruppe gehöre, bei denen in 90 Prozent der Fälle diese Chemotherapie nicht anschlägt, allerdings gleichzeitig die Nebenwirkungen dazu führen, dass zumindest in 10 Prozent der Fälle das Leben verkürzt wird oder zu Ende geht, dann habe ich sicherlich damit ein Entscheidungskriterium für oder gegen eine entsprechende Therapie.

Was passiert, wenn man zum Beispiel sagt, bei allen Babys oder Kleinkindern sollte so ein Test gemacht werden, damit man ihre Dispositionen erkennt und frühzeitig darauf reagieren kann?

Ich halte das für sehr problematisch. Denn eine solche Vollentschlüsselung von genetischen Daten, die zudem nur vermeintlich eine Vollentschlüsselung ist, sagt ja nur etwas über Korrelationen aus. Das Thema Epigenetik beispielsweise ist damit überhaupt noch gar nicht wirklich erfasst. Die epigenetischen Daten sind meines Wissens sehr viel schwieriger zu analysieren als die rein genetischen Informationen, sodass man dann trotz dieser Genomanalyse nicht unbedingt die Bestimmungsfaktoren zu fassen kriegt, die zum tatsächlichen Ausbruch oder Nichtausbruch einer Krankheit führen. Insofern denke ich, man sollte das dem Einzelnen selbst überlassen, Erkenntnisse in diesem Bereich zu gewinnen. Richtig ist, dass man Tests auf manifeste genetische Risiken im Kindesalter vornehmen kann und sollte, insbesondere auch solche, wo die Reaktion nur im Kindesalter möglich ist. Das heißt, wenn eine bestimmte genetische Konstellation vorliegt, bei der durch Ernährungsgewohnheiten ein hohes Krankheits- oder sogar Todesrisiko besteht, dann ist es sicherlich sinnvoll, dass man gezielte Tests vornimmt. Aber einen Rundumschlag halte ich nicht für sinnvoll.

Wenn die Eltern zum Beispiel wissen, dass das Kind eine erhöhte Wahrscheinlichkeit hat, mit Mitte zwanzig eine Tumorerkrankung zu erleiden, welche Konsequenzen kann das haben?

Das ist genau das zentrale Problem. Wir wissen, dass durch die Pränataldiagnostik heute eine Vielzahl von Behinderungen oder wahrscheinlichen Behinderungen erkannt werden können. Und damit setzen sich Eltern, die behinderte Kinder haben, Mütter, die behinderte Kinder zur Welt bringen, dem unausgesprochenen Vorwurf aus, nicht abgetrieben zu haben. Und man kann das fortsetzen: Man kann sagen, es geht nicht nur um Behinderungen, sondern um bestimmte Risiken. Und der Embryo, der zum Beispiel ein erhöhtes Brustkrebsrisiko aufweist, wird dann eben abgetrieben. Das sind Konsequenzen, die völlig konträr zu unseren gesellschaftlichen und moralischen Wertvorstellungen liegen. Und genau das kann auch bei Lebenden passieren. Und wenn das dann weiterläuft, dass diese Informationen nicht nur einem selbst zur Verfügung stehen, sondern irgendwelchen Dritten, zum Beispiel denjenigen, die uns versichern, die soziale Absicherungssysteme betreiben, denjenigen, die für verschiedene staatliche Aufgaben zuständig sind, dann ist man in Bereichen angekommen, die uns in die Vergangenheit führen. Denken Sie an Euthanasie, wo im Grunde genau diese Vorstellung des unwerten Lebens eine Rolle gespielt hat. Wann ist ein Leben unwert? Wenn ich eine bestimmte Behinderung oder Krebswahrscheinlichkeit habe? Dazu darf es nicht wieder kommen.

Der Film »Gattaca« von 1998 nimmt so ein Szenario vorweg. Dort sind die Menschen eingeteilt in körperliche Dispositionsklassen, und nur noch denen, die die besten körperlichen Voraussetzungen haben, werden überhaupt bestimmte Versicherungen und bestimmte Lebenswege, bestimmte berufliche Perspektiven geboten. Ist das die große Gefahr, die Sie beschreiben?

Ich denke, dass das im Hinblick auf die Gesundheit und die genetischen Dispositionen eine zentrale Gefahr ist. Aber auch über die Gesundheit hinaus meine ich, dass es in anderen Bereichen so etwas wie eine soziale Entkoppelung der Gesellschaft geben könnte, weil über bestimmte Mechanismen, die ohnehin in der Gesellschaft vorhanden sind, Selbstverstärkungsmechanismen zu greifen beginnen. Das wirft dann die Frage nach grundlegenden Werten wie Solidarität, Barmherzigkeit, Vergeben, Vergessen auf. Da muss man fragen, wie geht man damit um? Und ich sage, die Technik ist keine und darf auch keine unabhängige Variable sein, die sich vollständig außerhalb unseres Wertekanons bewegt.

Novartis-Chef Joseph Jimenez beschreibt den Fortschritt der Medizin durch Big Data in einem Interview so:»In der klinischen Situation wird uns die Verwendung von Smartphones, zusammen mit der Verbreitung des Internets und neuer Technologien wie Cloud-Computing, ermöglichen, Symptome und chronische Erkrankung in Echtzeit zu überwachen. Daten wie Blutdruck-, Puls- und Zuckerwerte können laufend auf einem Smartphone ausgewertet werden. Dies wird unsere Präventionsbemühungen und damit die Gesundheit der Patienten deutlich verbessern.« Ist das eine Verheißung oder ein Bedrohungsszenario?

Ich halte das eher für erschreckend, wenn der Einzelne – gerade wenn es um den Chef eines pharmazeutischen Unternehmens geht – letztlich nur noch im Hinblick auf vermeintlich optimale Werte vermessen wird. Man könnte ja dann auch den Gesunden entsprechende Medikamente geben, damit sie näher an dieses vermeintliche Optimum herankommen, mit der Verheißung, dass sie dann länger leben oder eine höhere Lebensqualität haben. Das Gegenteil kann aber auch eintreten. Wenn man sieht, wie schnell sich die medizinischen Paradigmen verändern – denken Sie nur an die Ernährung, mal heißt es Low Carb, mal heißt es Low Fat. Mal heißt es, bestimmte Blutfette seien besonders gefährlich, zwei Jahre später wird genau das Umgekehrte gesagt. Das sind ja Dinge, die einem zu denken geben müssen. Ist das, was da als Optimum verkauft wird, wirklich das Optimum? Stößt man da nicht häufig an die Grenzen der eigenen Erkenntnis? Und wenn das Ganze mit einem kommerziellen Interesse am Verkauf von bestimmten Nahrungszusatzstoffen oder Arzneimitteln gekoppelt wird, dann wird man zum Sklaven von Industrieinteressen in einem Maße, wie man das bisher nicht für möglich gehalten hätte.

Vielen Dank für das Gespräch.

(Das Interview führte Michael Steinbrecher. Es wurde durch die Verfasser gekürzt und redaktionell bearbeitet.)

4.2: Die Mobilität der Zukunft

Täglich verbringen wir im Schnitt eine Stunde im Auto – die restliche Zeit parken wir es.[39] Doch die durchschnittliche Fahrdauer kann nicht ausdrücken, welchen Stellenwert das Autofahren in unserer Gesellschaft einnimmt. Das Auto weckt immer wieder Emotionen, wie zahlreiche kontroverse Diskussionen um Themen wie Tempolimit oder Mautabgaben verdeutlichen. Für die einen steht das Auto für Freiheit und Selbstbestimmung, für andere ist es einer der Hauptverursacher von Umweltproblemen und Lärmbelästigung. Das Auto gilt als Statussymbol. Manche Marken, denken wir an den VW-Bulli, stehen gar für ein bestimmtes Lebensgefühl. Aber wird das Auto diesen Stellenwert behalten?

Big Data wird, so die Prognose, das Autofahren grundlegend verändern. Im Sommer 2014 stellte Google das erste Auto vor, das keinen Fahrer mehr braucht. Der nächste Schritt, das fahrerlose Auto in Serienproduktion, wird in ein paar Jahren Realität sein. Was löst diese Vorstellung bei Ihnen aus? Wenn wir Big Data das Verkehrsmanagement übertragen, werden Staus und Verkehrstote, so die Vorhersage, ebenfalls der Vergangenheit angehören. Aber was ist der Preis, den wir dafür zahlen? Wird das Auto zu einer beispiellosen Überwachungsmaschine? Wie reagiert ein autonomes Fahrzeug in Gefahrensituationen? Sollten wir Maschinen moralische Entscheidungen überlassen?

Das Fahrerlebnis hat sich in den letzten Jahrzehnten deutlich verändert. Am 1. Januar 1976 wurde in Deutschland die Gurtpflicht eingeführt. Übrigens gegen heftige Widerstände. Der »Spiegel« warf damals die Frage auf: »Soll und darf der liberale Staat die Auto-Bürger zum Überleben zwingen?«[40] In der »Süddeutschen Zeitung« wurde gar von der »Einschränkung der persönlichen Freiheit durch Anschnallen« gesprochen.[41] Etwa 20 Jahre später wurde mit GPS das erste Navigationssystem in Betrieb genommen.[42] Schon seit vielen Jahren werden Autos mittlerweile, beispielsweise bei VW, serienmäßig mit Navigationssystemen ausgestattet.

Heute ist ein modernes Auto mit ca. 1 000 Sensoren ausgestattet und besitzt eine Rechnerleistung von mehreren herkömmlichen PCs. Es hat zwar den Anschein, als bedienten Sie beispielsweise das

Gaspedal nach wie vor mechanisch, aber auch dies reagiert längst digital auf Ihre Impulse.

Schon jetzt sammeln viele Autos der neueren Generationen massenhaft Daten. Doch in den nächsten Jahren wird der Datenumfang noch einmal explodieren. Viele Entscheidungen werden den Fahrern durch Algorithmen abgenommen.

Big Data – das bedeutet für die einen das »Auto der Zukunft«, ein intelligentes Fahrzeug, das seine Umwelt schont und den tödlichen Zufall »Verkehrsunfall« komplett ausschaltet. Für andere klingen die Versprechungen von Big Data nach komplettem Kontrollverlust für uns – die Fahrer. Kritiker sprechen deswegen auch vom »gläsernen Autofahrer«[43], der zu jeder Zeit und an jedem Ort überwacht werden kann. Für diese Kritiker beerdigt Big Data die große Freiheit, die so viele Menschen mit dem Auto verbinden.

Machen Sie sich ein Bild über Chancen und Risiken und entscheiden Sie selbst, wie Sie in Zukunft mobil sein wollen.

Die Chance:
Das Auto – Eine Wohlfühloase in einer Welt ohne Staus und Verkehrstote

Autounfälle sind zu einem scheinbar selbstverständlichen Bestandteil unseres Lebens geworden. Täglich nehmen wir Notiz davon, dass Unfälle zu Staus geführt haben. Jeder von uns hat hässliche Bilder von zusammengeschobenen Autowracks vor Augen. Wenn wir eine Unfallstelle auf der Autobahn passieren, mischt sich das Mitgefühl für mögliche Verletzte mit dem Bewusstsein, noch einmal davongekommen zu sein. 3339 Verkehrstote gab es 2013 allein in Deutschland.[44] In ganz Europa sind es 2012 über 28 000 Verkehrstote gewesen.[45]

Großformatige Plakate versuchen auf Autobahnen vor der Gefahr zu warnen. Ein Plakatentwurf zeigt ein junges Paar im Auto. Der Mann fährt, eine Frau schaut vom Beifahrersitz in die Kamera. Der Text: »Einer rast, beide sterben.« Es ist der Versuch, allen bewusst zu machen, dass sich hinter der Statistik Gesichter und Leben verbergen, dass Fehlverhalten von Fahrern zum Tod von Unschuldigen führt. In diesem Fall ist es die Frau auf dem Beifahrersitz. In einem anderen Fall die vierköpfige Familie im gerammten Auto. Diese Gefahr ist nicht konstruiert, sie ist real. Offizielle Statistiken belegen, dass 90 Prozent aller Verkehrsunfälle auf menschliches Fehlverhalten zurückzuführen sind.[46] Dabei reden wir nicht nur von Rasern oder alkoholisierten Verkehrsteilnehmern. Oft ist es die schlichte Fehleinschätzung einer Verkehrssituation. Zu hohe Beschleunigung auf regennasser Fahrbahn, die falsch eingeschätzte Kurve, das übersehene Stoppschild. Wenn man berücksichtigt, wie viele Menschenleben so Jahr für Jahr ausgelöscht werden, muten Widerstände gegen Big Data im Verkehr beinahe zynisch an. Denn Big Data kann nicht nur in der Medizin, sondern auch im Verkehr Leben retten. Im Interview mit uns bestätigt Prof. Dr. Lutz Eckstein, Direktor des Instituts für Kraftfahrzeuge der RWTH Aachen, dass Big Data helfen wird, den Verkehr sicherer zu machen:

»Heutzutage hat jedes Fahrzeug eine gewisse Sensorik und damit gewisse Fähigkeiten, das Verkehrsumfeld zu erfassen. Wenn wir jetzt an Premiumfahrzeuge der Zukunft denken, dann werden die in der Lage sein, mit den On-Board-Sensoren das Verkehrsumfeld sehr weitgehend abzubilden. Durch Big Data besteht die Möglichkeit, dass nicht nur diese Fahrzeuge, sondern eben auch andere Kamerasensoren, die zum Beispiel an Kreuzungen befestigt sind, Informationen an eine zentrale Stelle liefern und dort ein Echtzeitabbild der aktuellen Verkehrssituation entsteht. Ein Fahrzeug, das nur über wenig Sensorik verfügt, könnte sich dann die aktuelle Verkehrssituation herunterladen und dadurch wesentlich sicherer und vorausschauender fahren, als es das allein mit der eigenen Sensorik könnte«.[47]

Bereits heute erfassen zahlreiche Sensoren eine Vielzahl an Daten wie Geschwindigkeit, Temperatur, Niederschlagsmenge, Abstand zu vorausfahrenden Fahrzeugen oder anderen Hindernissen. All diese Informationen übernehmen schon heute aktiv Aufgaben in Form von Fahrassistenzsystemen, die sich wie von Zauberhand geführt darum kümmern, vorausschauend im Sinne unserer Verkehrssicherheit einzugreifen. Den Erkenntnisgewinn dieser Millionen von verteilten Informationen zusammenzuführen schafft neue Möglichkeiten ungeahnter Tragweite. Sie »erkennen« plötzlich liegen gebliebene Fahrzeuge hinter einer nicht einsehbaren Kurve oder kommunizieren mit anderen sich nähernden Fahrzeugen über deren Geschwindigkeit und Spur.

Doch trotz dieser unbestreitbaren Errungenschaften kennen wir das Phänomen, dass technologische Innovationen bei Teilen der Gesellschaft Skepsis, ja sogar Ängste auslösen. Diese Einstellungen gilt es ernst zu nehmen. Aber wer möchte in die Zeit zurück, in der wir mit großen Faltplänen hantieren mussten, um zu unserem Ziel zu kommen? Hektik,»oh, nein, das ist ja eine Einbahnstraße«, nochmal kurz anhalten, schauen,»wo bin ich noch mal?«. Und schließlich die fast unlösbare Aufgabe, diese Faltpläne wieder in die Ursprungsform zurückzubringen. Haben Navigationssysteme nicht viel mehr Ruhe und Entspannung in unser Leben gebracht? Wollen wir in die Zeit zurück, in der wir bei Wind und Wetter aussteigen mussten, um zu prüfen, ob wir beim Einparken nicht einen Pfosten oder ein anderes Auto rammen? Die große Nachfrage nach Erleichterungen wie der automatischen Einparkhilfe zeigen, dass sie längst angenommen wurden. Und zwar so selbstverständlich, dass wir uns ein Leben ohne diese Erleichterungen gar nicht mehr vorstellen wollen.

Technologie schafft aber nicht nur Erleichterung, sie erhöht auch die Verkehrssicherheit. Auch wenn sich manche gegen die Erkenntnis wehren werden: Der größte Unsicherheitsfaktor im Straßenverkehr ist der Mensch. Autonome Autos kennen keinen toten Winkel. Deshalb werden wir in Etappen zum fahrerlosen Auto kommen, das uns risikolos und entspannt an jedes Ziel bringt. Natürlich ist die Vorstellung gewöhnungsbedürftig. Denn Autofahren ist für viele Menschen nicht einfach nur die Wegstecke, die man von A nach B zurücklegt. Für einige Menschen bedeutet Autofahren Freiheit und Unabhängigkeit. Denken Sie an Ihr erstes eigenes Auto zurück: Endlich hatten Sie die Möglichkeit, sich einfach ins Auto zu setzen und dahin zu fahren, wohin Sie schon immer einmal wollten. Endlich eigene Wege gehen – für viele Menschen ist das erste eigene Auto auch ein Schritt ins Erwachsenenleben. Doch wie sehr werden wir Freiheit und Unabhängigkeit noch mit dem Auto verbinden, wenn es nicht mehr wir sind, die am Steuer sitzen, sondern eine Maschine? Wird Autofahren dann überhaupt noch Spaß machen und ein Erlebnis sein?

Die Frage trifft gleich in mehrfacher Hinsicht den Kern. Denn in der Tat brauchen wir im Auto der Zukunft weder ein Lenkrad noch einen Sicherheitsgurt. Trotzdem muss die Freude nicht verloren gehen. Im Gegenteil.

Auch die großen Automobilkonzerne arbeiten mittlerweile längst daran, die Vision des fahrerlosen Autos Wirklichkeit werden zu lassen. Das bedeutet keinesfalls, dass das Auto als Erlebnisort an Faszination verliert. Johann Jungwirth, Leiter der Abteilung Vorentwicklung bei Mercedes Benz, arbeitet mit seinen Kolleginnen und Kollegen im Silicon Valley am Auto der Zukunft. Seine Vision formuliert er sehr klar: »Wir wollen den Kunden Zeit zurückgeben und dadurch ihre Lebensqualität steigern.«[48]

Technisch funktioniert das, weil im Zeitalter von Big Data alle Verkehrsrouten und Verkehrsteilnehmer miteinander vernetzt werden können und Sensoren helfen, jede Verkehrssituation exakt zu erfassen. Was bedeutet das konkret für das Fahrerlebnis? Jungwirth führt seine Ideen im Interview mit der »Süddeutschen Zeitung« weiter aus:

»Der Kunde soll seinen digitalen Lebensstil im Auto nahtlos fortsetzen. Ich muss eine Arbeit nicht mehr abschließen, bevor ich ins Auto steige, sondern kann auch dort produktiv sein. Außerdem weiß das Auto bereits beim Einsteigen, welche Komforteinstellungen ich zu welcher Tageszeit wünsche, welche Musik ich hören möchte und wohin ich fahren will – zum Beispiel, dass ich morgens an meinem Lieblings-Coffee-Shop halten möchte. Diese vorausschauenden Dienstleistungen machen Telematik- und Infotainmentsysteme zu intelligenten Begleitern, die scheinbar Gedanken lesen können.«[49]

Ist diese Vision attraktiv für Autofahrer? Eindeutig ja. Eine Umfrage von J.D. Power and Associates aus dem Jahr 2014 unter 15 171 Autobesitzern aus den USA hat ergeben, dass fast ein Viertel der Autofahrer schon heute bereit wären, 3 000 Dollar Aufpreis für autonome Fahrtechnik zu zahlen, damit das Auto zum Beispiel bei Stop-and-go-Phasen auf Autobahnen das Steuer automatisch übernimmt und selbstständig durch den Stau navigiert.[50] Endlich könnte der Fahrer Zeitung lesen, Fernsehen, in Ruhe telefonieren. Den Fahrern wird Zeit zurückgegeben, ganz im Sinne Jungwirths. Und ist »Zeit« nicht eine der kostbarsten Ressourcen unserer Tage? Warum sollten wir ins Auto der Zukunft nicht moderne Kaffeemaschinen integrieren? Oder Liegesitze? Können wir ohne Verantwortung für das Fahren die Zeit im Auto nicht viel mehr genießen? Glasdächer bekommen in diesem Szenario eine neue Qualität. Zurückgelehnt im Liegesessel den Himmel anschauen, begleitet von der entsprechenden Musik, mit der Tasse Espresso in der Hand. Oder Sie nutzen die Zeit, um Ihre Arbeit zu Ende zu bringen. Alle digitalen Werkzeuge sind ins Auto integriert. Sie haben Zugang zum Netz, haben Zugriff auf alle Dokumente und digitalen Annehmlichkeiten. So können Sie die Arbeit im Auto beenden, die Sie sonst zu Hause noch beansprucht hätte. Was wiederum mehr Zeit für Freunde und Familie bedeutet. Der Chauffeur ist nicht mehr nur das Privileg von Ministern und Vorstandsvorsitzenden. Dieser Service kommt in der Datenwelt des 21. Jahrhunderts jedem zugute.

Diese Szenarien müssen uns nicht ängstigen, denn sie setzen alte Traditionen fort. Das Auto war immer mehr als ein Fortbewegungsmittel: Im Autokino die neuesten Filme anschauen oder in den Drive-in fahren und im Auto etwas essen. Das alles gibt es seit Jahrzehnten. Ganz zu schweigen vom Wohnmobil, das der Vorstellung des modernen Autos vielleicht sogar am nächsten kommt. Das Auto wird uns alles bieten, was wir auch zu Hause genießen können. Es wird unseren Lebens- und Aktionsfluss nicht unterbrechen. Durch Big Data können wir unsere Zeit im Auto endlich selbstbestimmt gestalten. Das Auto – unser zweites Zuhause.

Immer noch skeptisch? Noch ein Hinweis für alle, die dem selbstfahrenden Auto nicht vertrauen. Konnten wir uns vor dreißig, vierzig Jahren vorstellen, dass ein Flugzeugpilot das Steuer aus der Hand gibt? Wir alle wissen, dass das moderne Flugzeug mit Autopilot sicher fliegt. Wir haben uns dieser Gewissheit längst anvertraut und steigen mittlerweile ins Flugzeug, ohne dieser Tatsache noch Beachtung zu schenken. Auch das fahrerlose Auto wird sich etappenweise etablieren. Der Autobahnverkehr lässt sich leichter berechnen als das Fahren in der Stadt mit Gegenverkehr und einem noch größeren Spektrum denkbarer Verkehrskonstellationen.

Aber das fahrerlose Fahren ist nur ein Teil der Vision. Wir werden auch eine Welt ohne Staus und mit deutlich reduzierter Umweltbelastung erleben, da wir aufgrund der Verkehrssituation verbrauchsoptimierte Routen und Fahrprofile nutzen können. Die

Stauvermeidung ist dabei ein auf die vorhandene Infrastruktur angepasste Optimierungsrechnung. Auch die umständliche Parkplatzsuche wird laut Lutz Eckstein ein Ende haben: »Wenn ich an einem Ort ankomme, stellt sich die Frage, wo es einen freien, kostengünstigen Parkplatz gibt. Ich frage mein Fahrzeug – zum Beispiel per Spracheingabe –, kriege dann drei Orte in der näheren Umgebung angeboten, wähle einen aus und werde dann dahin geführt. Das geht letzten Endes über das Navigationssystem. Ich persönlich glaube, dass Fahrzeuge in Zukunft alle ein fest eingebautes Navigationssystem mit Bildschirm haben werden.«[51]

Der Verkehrsfluss wird durch Big Data ständig optimiert. Verkehrsmanagementsysteme und neue Technologien werden aus lärmenden Städten Oasen der Ruhe machen. Und all dies ist keine Zukunftsvision – diese Art der Mobilitätsnutzung beziehungsweise Optimierung findet bereits heute an Orten mit massiver Infrastrukturnutzung statt. Wie zum Beispiel im Hamburger Hafen. Dort stehen die Verantwortlichen vor der Herausforderung, ein gewünschtes Wachstum an Warenumschlag trotz einer festgelegten Infrastruktur zu ermöglichen. Mit anderen Worten: Es sollen mehr Schiffe bei gleichbleibender Anzahl und Größe von Straßen und Brücken abgefertigt werden, um einen höheren Warenumschlag zu ermöglichen. Dies gelingt nur, indem man die Ressourcen optimal nutzt und dazu alle relevanten Informationen in Echtzeit zusammenträgt und daraufhin alle Akteure steuert. Beispielsweise erhält ein LKW keine Einfahrtsberechtigung in den Hafen, falls sein Schiff Verspätung hat. Stattdessen wird er auf einen Parkplatz außerhalb des Hafengeländes geleitet und dann zielgerichtet geführt. Auch Leerfahrten von LKWs, die etwas abgeladen haben, können dynamisch mit neuen Aufträgen versorgt werden, um die Auslastung einzelner Akteure zu steigern und ressourcenschonend die Infrastrukturnutzung zu optimieren.[52] Das Spannende an solch einem System mit zentraler Steuerung und Echtzeitvernetzung ist die Fähigkeit, auf jede Störung im Betriebsablauf in Echtzeit zu reagieren. Diese Art der Flexibilität schafft neue Chancen, die von Optimierung bis hin zu komplett neuen Prozessen und Geschäftsmodellen führen.

Trotz allem wird es weiter Skeptiker geben, die den Verlust von Privatsphäre im Zeitalter gläserner Autofahrer beklagen. Ja, wir werden nicht mehr ganz so anonym wie früher unterwegs sein. Aber will und braucht diese Gesellschaft Anonymität im Straßenverkehr? Warum können wir uns nicht zu erkennen geben? Außerdem konnte doch von kompletter Freiheit auf vier Rädern auch vorher nicht die Rede sein. Schließlich fahren wir seit Urzeiten mit Nummernschildern, die weltweit dazu dienen, die Halter des Wagens identifizieren zu können.

Als weiteres Argument gegen Big Data wird häufig vorgebracht, dass die neuen Technologien die Starken unserer Gesellschaft stärken und die Schwachen schwächen. Aber hält dieses Argument wirklich einer Überprüfung stand? Wer profitiert vom fahrerlosen Auto? Doch nicht nur die Leistungsstarken unserer Gesellschaft. Es wird insbesondere auch alten Menschen zugutekommen. Ihre (Bewegungs-)Räume wurden bisher mit fortschreitendem Alter immer enger. Das fahrerlose Auto läutet eine neue Ära der Mobilität im Alter ein.

All das ist keine Science-Fiction. Die ersten fahrerlosen Autos großer Automobilkonzerne fahren längst im Testbetrieb auf europäischen Straßen. Auch ein Großkonzern wie Google hat ein fahrerloses Auto entwickelt und knüpft Kooperationen mit mehreren Automobilherstellern. Der Wettbewerb wird die Entwicklung vorantreiben, sodass wir mit konkreten Ergebnissen und Markteinführungen bereits in den nächsten Jahren rechnen können. Das ECall-Informationssystem, das in einer Unfallsituation automatisiert die Notfallhilfe alarmiert, wird bereits heute in jedes moderne Auto integriert. Das Fahren wird immer sicherer. Bis zu dem Zeitpunkt, an dem zusammengeschobene Autowracks endgültig der Vergangenheit angehören. Und ganz im Ernst: Wer wird sie vermissen?

Das Risiko:
Das Auto – Überwachungszentrum eines
fremdbestimmten Lebens

»Everything in life is somewhere else, and you get there in a car.«[53]
Dieses Zitat aus dem Jahr 1940 stammt vom amerikanischen Dichter Elwyn Brooks White. »Alles im Leben ist irgendwo anders, und mit dem Auto gelangst Du dorthin.«

Das kann sehr pragmatisch gemeint sein. Das Auto als Fortbewegungsmittel von A nach B. Aber White war nicht als Pragmatiker, sondern als Schöpfer humorvoller, aber auch tiefgründiger Werke bekannt. Wer kennt nicht die Situation, dass wir innerlich aufgewühlt in ein Auto steigen? Hoffnungen bekommen Gestalt oder wurden gerade enttäuscht. Die Monotonie des alltäglichen Lebens erdrückt uns, und die Suche nach einem neuen Entwurf braucht ihren Raum. Das Auto war und ist für viele der Ort, um das Leben, das noch irgendwo anders ist, zu suchen. Und oft haben wir etwas davon auch beim Autofahren gefunden. Ein Lebensgefühl, eine Idee, einen Ausweg oder auch nur Ablenkung vom Trott des Alltags.

Diese Suche nach dem Leben, das irgendwo anders ist, braucht Umwege. Gedanklich und räumlich. Autofahren bedeutete gerade in den USA auch »cruisen«, ins Deutsche nur unvollständig mit »umherfahren« oder »kreuzen« übersetzt. Losfahren ohne festes Ziel steht auch für ein Lebensgefühl, das über Jahrzehnte fest zur amerikanischen Kultur gehörte. Der Musiker Bruce Springsteen, der in seiner langen Karriere oft als Sprachrohr amerikanischer Empfindung bezeichnet wurde, verknüpfte besonders in den 70er und 80er Jahren das Autofahren immer wieder mit Freiheitsdrang und dem Ausbrechen aus Routine und Verzweiflung. Erinnern Sie sich noch an Urlaube ohne Navigationssystem? Den Alltag und das Leben zu Hause mal wirklich hinter sich lassen? Ohne Erreichbarkeit, ohne Smartphones? Einfach Richtung Italien oder sonst wohin fahren und dort verweilen, wo es Sie spontan hinzieht?

Nein, es geht nicht darum, dass wir das Zeitalter der Telefonzellen und Faltpläne romantisch verklären. Aber das Auto war für viele ein Ort der Privatheit, des Gedankenschöpfens, der Selbstbestimmung. Gerade die Zickzackrouten und die Fahrten ohne konkretes Ziel haben viele aus ihrer alltäglichen Welt hinausgeführt.

Big Data lässt uns nicht mehr cruisen. Big Data kennt keine Sinnsuche, kein scheinbar zielloses Hin und Her. Big Data macht den Ort, der früher für Freiheit und Privatsphäre stand, zu einer rollenden Überwachungsmaschine. Und vor allem: Wir fahren nicht mehr, wir suchen nicht mehr, wir finden nicht mehr. Algorithmen fahren, suchen und finden für uns. Wir geben das Lenkrad aus der Hand und werden zum »Passagier des eigenen Lebens«.[54]

Sie halten das für übertrieben? Es gehe doch schließlich nur um das Autofahren und nicht um das Leben insgesamt? Doch: Es geht um Ihr Leben insgesamt. Denn in der Datenwelt des 21. Jahrhunderts liefern Sie ihr ganzes Leben der Datenkontrolle und -steuerung aus. Und ein Ort der kompletten Kontrolle wird das Auto sein.

Schon heute wissen die Autohersteller mehr über Sie, als Sie ahnen. Sie könnten jederzeit bestimmen und in Echtzeit visualisieren, wo und wie schnell Sie fahren. Sie wissen aber noch mehr: Wie reifenschonend fahren Sie, folgen Sie den Anweisungen zur anstehenden Inspektion? Welchen Reifendruck hat Ihr Auto? Aber in Zukunft wollen sie noch mehr.

Manchmal sind es die Visionen der Vordenker, die uns einen Blick in die wahren Intentionen werfen lassen. Der Leiter der Abteilung Vorentwicklung bei Mercedes-Benz, Johann Jungwirth, hat sehr konkrete Vorstellungen vom digitalen Gesamterlebnis, das das fahrerlose Auto der Zukunft bieten soll:

»Der Kunde soll seinen digitalen Lebensstil im Auto nahtlos fortsetzen. Außerdem weiß das Fahrzeug bereits beim Einsteigen, welche Komforteinstellungen ich zu welcher Jahreszeit wünsche, welche Musik ich hören möchte und wohin ich fahren will – zum Beispiel, dass ich morgens an meinem Lieblings-Coffee-Shop halten möchte. Diese vorausschauenden Dienstleistungen machen Telematik und Infotainmentsysteme zu intelligenten Begleitern, die scheinbar Gedanken lesen können.«[55]

Intelligente Begleiter, die »scheinbar Gedanken lesen können«? »Vorausschauende Dienstleistungen«? Wer lenkt hier wen? Wer steuert den Alltag? Wer steuert das Leben? Ist das Bild vom Passagier des eigenen Lebens noch so weit hergeholt? Ist Jungwirth bewusst, was er sagt? Seine Abteilung hat ihren Sitz im Silicon Valley und ist damit Nachbar von Google & Co. Was bedeutet das für den Kontext seiner Aussagen?

Googles Philosophie, die Bedürfnisse der Nutzer schon erkennen zu wollen, bevor sie sich selbst ihrer bewusst sind, müssen auch Jungwirth bekannt sein. Da ist es nur konsequent, dass Google längst selbst an seinem fahrerlosen Auto arbeitet. Schon geht die Unsicherheit in der Automobilbranche um, ob Google in Zukunft möglicherweise auch den Automobilmarkt beherrschen will. Die Kompetenz, ein Auto zu bauen, kann sich Google einkaufen. Umgekehrt haben die traditionellen Autobauer nicht ansatzweise die Möglichkeit, ein Datenimperium aufzubauen, das Google Konkurrenz machen könnte. Wenn das »digitale Fahrerlebnis« die Zukunft ist, wird Google auch hier eine sehr bedeutende Rolle übernehmen. Um den Anschluss nicht zu verpassen, suchen die »alten« Automobilhersteller die Allianz mit den großen IT-Konzernen. Sie gehen einen Pakt ein, der ihre Wettbewerbsfähigkeit kurzfristig erhöht. Aber sie sind damit Teil eines Projekts, das uns Freiheit und Selbstbestimmung entzieht.

Welche Rolle übernimmt das Auto konkret in diesem Szenario? Elmar Degenhardt, Vorstandschef der »Continental«, einem der größten Autozulieferer der Welt, liefert uns einen ersten Hinweis. Er gab einem Redakteur der

»Frankfurter Allgemeinen Zeitung« zu Protokoll, »dass das Internet nicht nur ins Auto kommt, sondern das Auto Teil des Internets wird«.[56]

Das Bild vom »rollenden Smartphone«[57] und vom »Großrechner auf Rädern«[58] bekommt damit konkrete Züge. Mit welcher Konsequenz? Wenn Automobilhersteller für ihre Vorstellung vom fahrerlosen Auto werben, dann sprechen sie oft von der »geschenkten Zeit«. Befreit von der Last des Fahrens hätten wir plötzlich Zeit, im Auto Zeitung zu lesen. Ein Schelm, der hier ein Ablenkungsmanöver vermutet. Tatsächlich geht es nämlich nicht darum, die ehemaligen Fahrer zum Zeitungslesen zu animieren, sondern sie digital zu umgarnen. Sie wissen, welche Musik Sie mögen, an welchen Geschäften Sie halten, wann Sie wohin fahren und wofür Sie was zu zahlen bereit sind. Entsprechend können maßgeschneiderte Angebote für Sie konzipiert werden. Es geht also schon längst nicht mehr um reine »Bewegungsprofile«, vor denen sich Big-Data-Kritiker fürchten. Die Vision geht deutlich weiter. Sie geht von einem allwissenden Datenbegleiter aus, der – erinnern wir uns an die Worte des Mercedes-Benz-Vordenkers Johann Jungwirth – unsere Gedanken lesen kann. Was auch bedeutet: uns beeinflussen und im wahrsten Sinne des Wortes steuern kann. Dies ist die dunkle Seite von Big Data, die ans Licht muss.

Daten werden zur neuen, entscheidenden Währung. Obwohl vielen von Ihnen wahrscheinlich gar nicht bewusst ist, welche Daten Sie beim Autofahren bereits liefern, ist der Kampf darum, wem Ihre Daten gehören, längst entbrannt.

In den großen Konzernen entsteht eine Goldgräberstimmung. Keiner will den Anschluss verpassen. Jeder sieht Chancen. Aber an die Konsequenzen für die Einzelnen wird dabei nicht wirklich gedacht. Der bereits erwähnte Continental-Chef Elmar Degenhardt schildert in einem Interview mit dem »Handelsblatt« in der für Konzernleader derzeit typischen Diktion die Aufbruchsstimmung unter Big-Data-Enthusiasten:

»Die Chancen sind enorm, die Potenziale riesig. (...) Zusätzlich wird das Auto milliardenfach Daten liefern. Weltweit gibt es gut eine Milliarde Autos. Im Schnitt fahren sie fast eine Stunde pro Tag. Das ist eine gewaltige, wertvolle Datenmenge. Wenn (...) die Nutzer nicht mit dem Fahren allein beschäftigt sein müssen, sondern dabei etwas surfen und online einkaufen können, ergeben sich daraus völlig neue Geschäftsmöglichkeiten.«[59]

Es geht also nicht darum, Ihnen Zeit zu schenken, sondern darum, Sie zu melken. Oder liefert das geschilderte Zitat da Interpretationsspielraum?

So intensiv in der Industrie die Vorzüge des fahrerlosen Autos herausgestellt werden, so still ist es um die noch völlig ungeklärten Fragen und Probleme. Wie entscheidet ein fahrerloses Auto beispielsweise, wenn ein Kind plötzlich auf die Straße läuft und ein Ausweichen das Leben der Autoinsassen in Gefahr bringen könnte? Wer übernimmt konkret die Verantwortung für die Programmierung des Autos und liefert damit Entscheidungshilfen? Und wer ist verantwortlich, wenn das Auto einen Menschen verletzt? Doch der Insasse, der gerade damit beschäftigt ist, online einzukaufen?

Verantwortung an Technologien zu delegieren schafft entgegen den Aussagen der Big-Data-Befürworter nicht Sicherheit, sondern sorgt für neue Sicherheitsprobleme. Hackern ist es bereits gelungen, Kontrolle über die digitalen Steuerungsmechanismen von Autos zu erlangen und so Autos fernzusteuern. So gelang es den amerikanischen Auto-Hackern Charlie Miller und Chris Valasek im Jahr 2014 in einem Experiment, aus der Ferne die Kontrolle über Lenkrad und Bremsen eines Fahrzeugs zu erlangen.[60]

Wie will man solche Szenarien wirkungsvoll verhindern, wenn uns alltäglich demonstriert wird, dass Daten nicht sicher sein können?

Auch ohne fahrerlose Autos sorgt Big Data schon für viele ungelöste Fragen und Probleme. Die Polizei müsste beispielsweise nach Unfällen nicht mehr kompliziert aufgrund von Bremsspuren rekonstruieren, wie schnell jemand vor einem Unfall gefahren ist. Anhand der im Auto gesammelten Daten lässt sich die Geschwindigkeit in modernen Autos bereits heute exakt auslesen. Wird die Polizei in Zukunft diese Daten nutzen (dürfen)? Falls ja, kann Ihr eigenes Auto nach einem von Ihnen verursachten Unfall zum Belastungszeugen werden. Das Auto, das früher einmal für die Suche nach Freiheit stand, wird so zu einem Überwachungsinstrument.

Natürlich bemühen sich auch die Versicherungen bereits heute intensiv um Ihre gesammelten Daten. Wie schon bei den Krankenkassen aufgezeigt (vgl. Kapitel 4.1), haben auch Autoversicherer ein großes Interesse daran, Sie aufgrund Ihres Fahrverhaltens einzustufen. Außerdem ist es eine offene Frage, was passiert, wenn Sie die digitalen Wartungsempfehlungen nicht sofort umsetzen. Werden die Versicherer dann noch zahlen? So, wie die Krankenversicherungen Anreize schaffen und Sie dazu animieren, Ihre Fitnessdaten zur Verfügung zu stellen, so werden die Autoversicherer in Zukunft Prämien für sicheres und ressourcensparendes Fahren anbieten. Diese Prämien erhalten Sie natürlich nur, wenn die Versicherung einen kompletten Einblick in Ihre Fahrdaten erhält. »Decos« erteilt bereits auf Basis dieser Daten Schulnoten für die Qualität der Autofahrer, nach denen ihr Beitrag bemessen wird. Warum sorgen solche Vorgänge kaum für öffentliche Diskussionen? Der Autor Niklas Maak hat einen Erklärungsansatz:

»Dass das Thema bisher – anders als die Volkszählung 1983 und trotz NSA-Skandal – verhältnismäßig wenig öffentliche Aufregung verursacht hat, liegt vielleicht auch an einem gewandelten kulturellen Klima einer Gesellschaft begründet, deren Prioritäten sich von Freiheit und Eigenverantwortung zu Komfort und Sicherheit verschoben haben – was sich auch am Automobil ablesen lässt.«[61]

Machen wir es uns gemütlich in der Unfreiheit? Fahren wir als Passagiere in ferngesteuerten Autos der Komfortklasse direkt in ein komplett fremdbestimmtes Leben? Falls wir noch ein wenig Freiheitsdrang in uns verspüren, sollten wir es nicht so weit kommen lassen.

Interview mit Prof. Dr. Lutz Eckstein

»Für mich steht das Automobil nach wie vor für Freiheit«

Prof. Dr. Lutz Eckstein (geboren 1969) sieht in Big Data eine Chance, den Straßenverkehr grundlegend zu revolutionieren und automatisiertes Fahren möglich zu machen. Seit 2010 ist er Direktor des Instituts für Kraftfahrzeuge der RWTH Aachen.

Herr Eckstein, mit welchem Lebensgefühl hat man das Autofahren in den 1960ern und 1970ern verbunden?

Freiheit. Man konnte weite Strecken relativ einfach zurücklegen, und das war sicherlich ein ganz, ganz großes Element.

Und wofür steht das Auto heute?

Für mich steht das Automobil nach wie vor für Freiheit, für Mobilität, für die Möglichkeit, die eigenen Fähigkeiten zu erweitern. Ich komme an Orte, wo ich sonst nicht hinkomme. Die Flexibilität, die Unabhängigkeit ist schon das Dominante für mich. Es gibt ja auch andere gute Verkehrsmittel, aber dieses Maß an Unabhängigkeit hat man anders nicht.

Und wofür wird das Auto in Zukunft stehen?

Ich glaube, das Auto wird zunehmend zu einem weiteren Lebensraum. Wenn wir nach Fernost, nach Japan schauen, ist dort das Automobil das dritte Zimmer der Zweizimmerwohnung. Man verbringt sehr viel Zeit damit, nimmt es aber billigend in Kauf, weil man während der Fahrt viele Dinge erledigt. Das Automobil wandelt durchaus seine Bedeutung, und ich persönlich mache immer ganz gern auch auf ältere Menschen aufmerksam, die wir nicht vergessen dürfen. Für ältere Menschen ist das Automobil eine der wenigen Möglichkeiten, noch am öffentlichen Leben teilzunehmen – einkaufen zu gehen, zu gesellschaftlichen Anlässen zu fahren, unabhängig zu sein von anderen Menschen, und das ist eben auch ein ganz wichtiges Element.

Welches Potenzial, welche Verheißung verspricht Big Data für das Auto und die Mobilität der Zukunft?

Für mich ist Big Data eindeutig positiv konnotiert. Wir kommen mit Big Data in die Lage, dass wir in vielen Fahrsituationen den Fahrer nicht nur entlasten, sondern die Fahraufgabe wirklich automatisiert ausführen können. Ich sehe darin große Potenziale. Zum einen, um die Verkehrssicherheit zu verbessern, zum anderen, um das Autofahren effizienter zu machen. Auch in Bezug auf die Energieeffizienz. Aber letzten Endes geht es auch um ein viertes Feld, und das ist die Frage der Konnektivität: Wie kann ich von der Zeit, die ich im Fahrzeug verbringe, besser Gebrauch machen? Ich kaufe mir sozusagen Zeit, wenn ich automatisiert fahre, und mit dieser Zeit möchte ich etwas Sinnvolles anfangen. Dafür brauche ich die Konnektivität, um zum Beispiel meine E-Mails im Auto bearbeiten zu können.

Wenn ich jetzt noch mal ein paar Bilder aufgreife: weniger Staus, weniger Verkehrstote, smogfreie Innenstädte durch effizienteres Fahren, zurückgegebene Zeit im automatisierten oder fahrerlosen Auto. Ist das die Vision der Zukunft, die Sie mit Big Data verbinden?

Ich denke schon. Big Data ist letzten Endes ein wichtiger Baustein, um viele dieser Dinge möglich zu machen.

Big Data wird nachgesagt, für mehr Sicherheit im Straßenverkehr zu sorgen. Wie kann Big Data konkret helfen, im Straßenverkehr Leben zu retten?

Heutzutage hat jedes Fahrzeug eine eigene Sensorik und damit gewisse Fähigkeiten, das Verkehrsumfeld zu erfassen. Wenn wir jetzt an Premiumfahrzeuge der Zukunft denken, dann werden diese in der Lage sein, mit den On-Board-Sensoren das Verkehrsumfeld sehr weitgehend abzubilden. Durch Big Data besteht die Möglichkeit, dass nicht nur diese Fahrzeuge, sondern eben auch andere Fahrzeuge das Verkehrsumfeld kennen – etwa durch Kamerasensoren, die an Kreuzungen befestigt sind, Informationen an eine zentrale Stelle liefern, wo ein Echtzeitabbild der aktuellen Verkehrssituation entsteht. Ein Fahrzeug, das nur über wenig Sensorik verfügt, könnte sich dann die aktuelle Verkehrssituation herunterladen und dadurch wesentlich sicherer und vorausschauender fahren, als es das allein mit der eigenen Sensorik könnte.

Kommen wir zu einer der dunklen Seiten von Big Data. Sie beschäftigen sich auch intensiv mit dem Thema Datensicherheit. Wie schützt man ein solches System vor Fremdzugriffen?

Das Thema Security umfasst den unerlaubten, unerwünschten Zugriff von Dritten auf diese Daten bis hin zu Eingriffen in die Fahrzeugdynamik. Das ist sicherlich eines der spannenden Themen, die auch wirklich zum *Show Stopper* werden können, wenn sie nicht systematisch und mit dem notwendigen Augenmerk behandelt werden. Es gibt keine hundertprozentige Sicherheit. Das ist richtig, man muss sich darum kümmern, aber ich glaube, es lohnt sich, diesen Weg weiterzugehen.

Wird das Smartphone das wichtigste Verkehrsmittel der Zukunft sein?

Ja, im übertragenen Sinne denke ich schon. Das Smartphone ist ja heutzutage schon so was wie ein *Extended Memory*, also letzten Endes Teil unseres Gehirns. Wir steuern damit schon sehr viel, das wird zunehmen.

Wenn Sie sagen, das Smartphone wird bildlich zum Teil unseres Gehirns, finden Sie das gut, sehen Sie das neutral, oder macht Ihnen das Angst?

Also mir persönlich macht das keine Angst. Aber ich kann Menschen verstehen, die da etwas weniger aufgeschlossen sind. Ich denke, wir haben in Deutschland immer mal wieder eine mehr oder weniger sensible Diskussion zu diesem Thema. Je nachdem, welcher Geheimdienst mal wieder wie geschickt aktiv war. Aber ich erlebe in Amerika, wenn wir uns mit Gründern unterhalten, mit jungen Menschen, die diese Daten nutzen, dass die Sensibilität dort weit weniger ausgeprägt ist. Und auch hierzulande kommt es darauf an, mit welcher Generation man spricht. Da stößt man auch auf ganz unterschiedliche Aussagen.

Es gibt ja auch die Big-Data-Vision, dass das Auto sehr viel über mich weiß und aus meinen Gewohnheiten Gedanken lesen kann. Das Auto als Gedankenleser, ist das für Sie eine positive oder negative Vision?

Für mich ist das positiv. Eine Art Entgegenkommen, das wir ja auch im menschlichen Miteinander schätzen. Wenn der andere Rücksicht nimmt, mitdenkt und es sich vielleicht auch merkt, was die Vorlieben sind. Also ich glaube, dieses Zuvorkommende, ich würde es eher so formulieren, ist durchaus positiv.

Aber läuft das nicht auf einen Lebensstil hinaus, der vom immer Gleichen ausgeht? Wo sind die Leute, die ausbrechen, die früher im Schlängelkurs gefahren sind, die gecruist sind, scheinbar ziellos? Was ist mit denen?

Es gilt ja grundsätzlich, dass man dem nicht Folge leisten muss. Man muss diese Systeme ja nicht nutzen. Niemand wird gezwungen, automatisiert zu fahren. Das ist die freie Entscheidung jedes Einzelnen.

Aber wenn's später irgendwann nur noch diese Möglichkeit gäbe?

Ja, das ist ein wichtiger Punkt. Man muss genau hinschauen: Wo geht es in Richtung Bevormundung? So stelle ich mir die Vision nicht vor. Automatisierte Fahrfunktionen sind Angebote, gute Angebote, aber es sollte niemand eingeschränkt werden in seiner Freiheit.

Früher sind die Leute gegen Rasterfahndung und Volkszählung auf die Straße gegangen. Heute protestiert fast niemand mehr. Haben Sie eine Erklärung für das, was da passiert ist in der Zwischenzeit?

Der große Unterschied zur Vergangenheit ist, dass der Einzelne heute ganz maßgeblich davon profitiert, dass nicht nur er, sondern eben auch seine Mitmenschen viele Daten freigeben. Gerade beim Thema *Social Media*, der Konnektivität, bei der Kommunikation mit anderen Menschen. Dieser Austausch wird positiv erlebt, was natürlich dazu führt, dass man auch bereit ist, etwas preiszugeben.

Wem sollten die Daten gehören? Dem Automobilhersteller? Demjenigen, der gefahren wird oder fährt? Dem Softwareentwickler, der die digitale Innenwelt dort eingerichtet hat?

Ich glaube, vor der Frage, wem sollte was gehören, sollte man zunächst mal versuchen, eine Vision zu entwickeln. Wie wollen wir eigentlich in 20 oder 30 Jahren mobil sein? Wie wollen wir unsere Gesellschaft weiter gestalten? Und danach muss sich richten, was hinsichtlich der Ownership der Daten getan oder geändert werden muss.

Haben Sie eine solche Vision? Und wenn Sie eine haben, wem sollten dann die Daten gehören?

Ich glaube, so eine Vision muss man gemeinsam entwickeln. Wir brauchen hier einen interdisziplinären, gesellschaftlichen Prozess. Es gibt einen sogenannten Runden Tisch des automatisierten Fahrens auf Einladung des Verkehrsministeriums, und da diskutieren oder identifizieren wir solche Fragen. Daraus sollen dann Prozesse angestoßen und Visionen entwickelt werden. Man muss die Frage, wem die Daten gehören, lösen und den Umgang transparent machen, damit Visionen möglich werden. Dies erfordert sicherlich auch gesetzgeberische Prozesse – noch wichtiger ist jedoch eine hervorragende interdisziplinäre Zusammenarbeit, die wir systematisch entwickeln.

Vielen Dank für das Gespräch.

(Das Interview führte Michael Steinbrecher. Es wurde von den Verfassern gekürzt und redaktionell bearbeitet.)

4.3: »Smart Home«, »Smart City« – Wie werden wir wohnen?

Alles wird »smarter« – unser Zuhause, unsere Städte, unsere Häfen, unsere Autos – ja sogar unser Planet Erde! Aber was bedeutet das eigentlich? Leben wir seit ewigen Zeiten in einer nicht »smarten«, ja vielleicht gar »dummen« Umgebung? Müssen auch Sie »smarter« werden, um morgen noch am gesellschaftlichen Leben teilhaben zu können?

Ganz so kritisch ist es noch nicht. Die neue, »smarte« Welt lässt sich einfach umschreiben: Angefangen in den eigenen vier Wänden beginnen die Gegenstände des täglichen Bedarfs ihre Zustände zu erfassen, um diese mit anderen Gegenständen auszutauschen. Daraus ergeben sich bestimmte Schlussfolgerungen, die wiederum unmittelbar in Aktionen übergehen können. Sie mögen sich fragen, wozu dies konkret gut sein soll? So kann beispielsweise die Heizung automatisch abgesenkt werden, wenn sich keine Bewohner mehr im Haus befinden oder umgekehrt schon mit dem Aufwärmen begonnen werden, während sich Familienmitglieder dem Zuhause nähern. Das Versprechen: Sie reduzieren den Energieverbrauch und schonen so die Umwelt und Ihren Geldbeutel. Und alles, was im Kleinen funktioniert, soll natürlich auch auf ganze Städte – »Smart Cities« – übertragen werden, um dort entsprechende Potenziale zu heben. Eine »Smart City«, sprich die intelligente Stadt, fokussiert dabei nicht ausschließlich nur auf Ressourcenschonung. Sie will auch »smartere« Dienstleistungen im Sinne der Bürger bieten: Endlich Schluss mit ewigen Wartezeiten und vergessenen Fristen – all dies soll in einer »Smart City« der Vergangenheit angehören.

Aber was sind die Schattenseiten? Sie müssen entscheiden, ob für Sie Bequemlichkeit wichtiger als Privatsphäre ist. Denn die, so Kritiker, könnte mit dem »Smart Home« endgültig zur Disposition stehen. Das Risiko bestehe darin, dass Sie wirklich alle Details über Ihr Privatleben preisgeben. Ihre Daten könnten Konzerne nutzen, um daraus exakt auf Sie zugeschnittene Angebote zu erstellen, die Ihnen jegliche Form der Entscheidungsfreiheit nehmen und Konzernen und Behörden die Möglichkeit bieten könnten, Sie aktiv zu manipulieren. Die Konsequenzen wären weitreichend – plötzlich wird Ihr vertrautester Rückzugsraum – Ihr Sweet Home, der Ort, an dem Sie ganz Sie selbst sein dürfen – zur intimsten Informationsquelle Ihrer Verhaltensweisen für andere! Wie möchten Sie in Zukunft wohnen? Welchen Preis sind Sie bereit, für die großen Möglichkeiten der Datenrevolution zu zahlen? Noch bestimmen wir, wie »smart« wir sein wollen – und legen die damit verbundenen Freiheitsgrade fest, um den *Trade-Off*, den es zu bezahlen gilt, zu definieren. Wie hoch dieser ist, ist Ihnen nach Reflexion der Chancen und Risiken überlassen – es ist Ihre »smarte« Entscheidung.

Die Chance: »Smart Home« und »Smart Cities«: intelligent, sicher, komfortabel und umweltschonend

Müllberge in Metropolen, Smog in den Innenstädten, verschmutzte Flüsse und giftiger Staub in der Luft, der uns allen das Leben erschwert. Seit Jahren besteht, zumindest offiziell, gesellschaftlicher Konsens darüber, dass wir zu einem energie- und umweltbewussteren Lebensstil finden müssen, denn angesichts der stetig steigenden Weltbevölkerung und globaler ökologischer Probleme ist ein *Weitermachen wie bisher* keine Option. Wir müssen der Verschwendung und dem Raubbau an den Ressourcen den Kampf ansagen. Was das mit der Idee von »Smart Home« und »Smart Cities« zu tun hat? Eine Menge. Denn mitdenkende, intelligente Wohnungen und Städte können die Lösung sein.

Beginnen wir zu Hause. Wir verlieren in den eigenen vier Wänden schnell den Überblick. Mit auf den ersten Blick nicht gerade dramatischen Konsequenzen. Aber gerade das führt zum permanenten Raubbau an den Ressourcen. Beispiele? Wir vergessen, das Licht auszumachen. Es brennt den ganzen Tag ohne erkennbaren Sinn. Wir übersehen das Marmeladenglas im Kühlschrank so lange, bis das Verfallsdatum weit überschritten ist. Wir kaufen regelmäßig zu viel Brot, Joghurt oder Käse und produzieren unglaublich viel Müll. Die täglichen Müllberge sind ein Sündenfall unserer Gesellschaft. Wir sind hilflos, wenn die Heizung nicht funktioniert oder die Waschmaschine ihren Dienst einstellt.

Außerdem sind selbst umweltbewusste Menschen unsicher: Ist es gut, das Zimmer einmal kurz bei offenem Fenster durchlüften zu lassen? Oder ist es doch besser, das Fenster etwas länger auf Kippen zu stellen? Soll ich die Heizung herunterdrehen, wenn ich das Haus verlasse? Wenn ja, wie stark? Oder sorgt das anschließende Aufheizen für noch mehr Energieverlust? Niemand von uns kann in all diesen Fragen Experte sein. Natürlich gibt es unter Ihnen Handwerker und Techniker, die vieles richtig machen. Aber insgesamt sind wir uns wohl einig: Die Art, wie wir wohnen, führt zu einem untragbaren Energie- und Ressourcendesaster.

Was ist die Idee von »Smart Home«? Wir dilettieren nicht mehr vor uns hin. Intelligente Haushaltsgeräte helfen uns, diese Verschwendung zu stoppen. Sie übernehmen nicht, wie Kritiker polemisieren, die Kontrolle über unseren Haushalt, sondern orientieren sich im Gegenteil genau an unseren Bedürfnissen.[62] Ein intelligentes Thermostat erkennt, ob wir das Haus oder das Zimmer verlassen haben, und reguliert die Temperatur so, dass sie den Energieeffizienzkriterien entspricht. Dasselbe Prinzip sorgt dafür, dass in Räumen, die wir länger nicht betreten, das Licht ausgeht. Wir kennen die Bewegungsmelder vor allem aus öffentlichen Gebäuden oder Hauseingängen. Das Prinzip übertragen wir auf die Wohnung, nur viel perfekter und intelligenter, als es sich viele derzeit vorstellen können.

Denn es geht nicht nur darum, einzelne Haushaltsgeräte intelligenter zu machen. Wir schaffen eine neue Form der Kommunikation. Was das bedeutet? Die einzelnen Geräte, ob Kühlschrank, Fenster oder Wohnungstür, tauschen sich aus und sorgen dafür, dass alles optimal aufeinander abgestimmt wird. Das hört sich seltsam an? Bei denjenigen unter Ihnen, die zum ersten Mal von »Smart Home« hören, ist das nachvollziehbar. Aber Sie sollten sich Folgendes vergegenwärtigen: Was machen wir, wenn wir uns in einer Gruppe von Menschen auf etwas einigen wollen? Wir stimmen uns ab. Genau das machen nun die Haushaltsgeräte, die uns immer besser kennenlernen und unser Wohnumfeld so perfekt auf uns abstimmen.

Für viele beginnt die Diskussion über »Smart Home« mit dem Elektroauto. Warum? Weil jeder einerseits gerne »seinen Strom« vom Solardach in seinem Auto zum Antrieb nutzen möchte und andererseits am Abend, wenn man nach Hause kommt und sein Auto an die Steckdose hängt, um für den nächsten Morgen wieder mobil zu sein, sehr schnell alle Lichter der Siedlung ausgehen und der Ofen – im wahrsten Sinne des Wortes – für das Abendbrot aus ist. Aus diesem Grund ist es wichtig, die Nutzer wie auch die Erzeuger miteinander zu vernetzen, um die Ressource Energie sinnvoll zu verteilen, nicht nur zur Vermeidung der sogenannten Blackouts – dem kompletten Stromausfall, sondern vielmehr zur effizienteren Nutzung unserer Ressourcen. Und hier setzt auch die gesamte Haussteuerung rund um Heizung sowie Lüftung / Klima wie auch alle anderen Haushaltsgeräte ein. Durch Sensoren im gesamten Haus, die Luftqualität, Temperatur und Aktivität messen – sprich, ob sich jemand im Haus befindet oder nicht – werden Heizungen hoch- und heruntergeregelt und die Belüftung optimiert. Es wird entschieden, ob die Waschmaschine oder der Geschirrspüler laufen soll und ob das Bügeleisen fälschlicherweise nicht ausgeschaltet wurde. Durch die Vernetzung lassen sich auch Alarmsysteme konfigurieren und von jedem Ort der Welt steuern. Es geht um Sicherheit, Energie, Klima, Haushalt – einfach um das Wohlfühlen im eigenen Wohnraum.

Was für unser Zuhause im Kleinen gilt, trifft genauso auch auf intelligente Städte im Großen zu. Ob Chicago, Barcelona, Kopenhagen oder Mailand – sie alle haben erkannt, dass nur eine »Smart City« modern und zukunftsfähig ist. Warum soll eine Straßenlaterne in Betrieb sein, wenn es noch hell ist? Dafür gibt es keinen plausiblen Grund. Im Gegenteil: Es ist Energieverschwendung pur. In einer intelligenten Stadt wird nur noch Energie verbraucht, wenn es wirklich nötig ist.

Haben Sie sich als Autofahrer nicht auch schon gefragt, warum Sie nachts auch dann an Ampelkreuzungen stoppen müssen, wenn niemand außer Ihnen unterwegs ist? Das sinnlose Halten an roten Ampeln kann und muss der Vergangenheit angehören. Aber damit nicht genug. In »Smart Cities« werden Sensoren an Mülleimern dafür sorgen, dass niemals mehr Abfall aus den Tonnen quillt. Gleichzeitig steuern Reinigungsfahrzeuge nur noch gezielt die Wohnbereiche an, in denen sie gebraucht werden. Sensoren in den Autos werden sofort melden, wenn eine Straßendecke beschädigt ist. Der Schaden wird behoben, bevor er größere Probleme und Kosten verursacht. Das Abwassermanagement wird optimiert. In öffentlichen und privaten Räumen wird es nie mehr leere Seifenspender geben. Das ressourcensparende, umweltfreundliche Leben wird Realität. Natürlich gibt es Nostalgiker, die sich Faltpläne und Urlaubsplanungen mit Atlas zurückwünschen werden. In einer ähnlichen Tradition stehen die Romantisierer des Lebens im Mittelalter. Sie verkennen aber die Härte des damaligen Alltags und die Tatsache, dass das Durchschnittsalter um 1300 bei ca. 30 Jahren lag.[63] Selbst Big-Data-Kritiker wie Evgeny Morozov erkennen, dass ein verklärtes Zurückschauen kontraproduktiv und den historischen Entwicklungen nicht angemessen ist:

»Heutzutage (…) ist die Sehnsucht nach einer analogen Stadt absolut verständlich, zumal nach dem NSA-Skandal. Doch diese Nostalgie ist historisch wenig tragfähig. Städte waren schon immer Versuchsfelder für revolutionäre Neuerungen, ob Kanalisation, Impfstoffe oder Untergrundbahn. Eine technikfreie Stadt kann nicht als Vorbild dienen.«[64]

Internationale Metropolen haben die Zeichen der Zeit längst erkannt. Die Städte Songdo in Südkorea und Masdar in Abu Dhabi werden zu intelligenten Modellstädten ausgebaut, die uns einen Blick in die Zukunft erlauben.

Eine intelligente Stadt geht übrigens nicht nur umweltschonend mit den eigenen Ressourcen um. Sie stellt sich auch effizient in den Dienst der Bürger. Niemand wird ernsthaft behaupten, dass der Besuch in deutschen Ämtern bürgerfreundlich gestaltet ist. Denken Sie nach: Wie lange haben Sie zuletzt warten müssen, um einen neuen Pass zu beantragen? Oder um eine einfache Auskunft zu erhalten? Ewige Wartezeiten haben in der »Smart City« ein Ende. Auch hier wird Big Data helfen, jedem Einzelnen einen effizienten und zeitsparenden Service zu bieten. In Hamburg ist ein virtueller Bürgerkiosk geplant, in dem jeder Bürger digital von Mitarbeitern zu allen relevanten Fragen Auskunft erhält und alle Anträge schnell und unbürokratisch auf den Weg bringen kann.[65]

Die Wirtschaft hat längst erkannt, dass »Smart Home« und »Smart Cities« Wachstumsmärkte sind. Für Hans Wienands beispielsweise, Vizepräsident von Samsung Deutschland, ist »Smart Home« »das nächste große Ding«.[66] Und davon sind viele Experten überzeugt. Kaum ein IT-Konzern, kaum ein Gerätehersteller oder

Energieversorger, der nicht in diese Entwicklungsperspektive investiert. Google war das Start-up-Unternehmen »Nest«, das in den USA intelligente Thermostate und Rauchmelder erfolgreich am Markt etabliert hat, 3,2 Milliarden US-Dollar wert.

Langsam wachen auch deutsche Städteplaner auf. In Bremen, Hamburg und Berlin werden Modellprojekte forciert. Das amerikanische Unternehmen »Cisco« ist in führender Rolle an zahlreichen Pilotprojekten in Hamburg beteiligt. So soll der Hafen mithilfe des Konzerns intelligent vernetzt werden (Kapitel 4.2). Der »Smart Port« ist der einzige Weg zu weiterem Wachstum. Eine Zielvorgabe: Die Anzahl der bewegten Container soll um mehr als ein Drittel steigen. Und dies bei konstanter Fläche.[67]

Aber auch für Sie persönlich wird das »Smart Home« zum lohnenden Geschäft. Die zur Vernetzung notwendigen Sensoren werden immer kleiner und kostengünstiger. Und Sie helfen Ihnen, in beinahe jedem Lebensbereich bewusster zu leben und damit kosten- und umweltbewusster zu agieren. Hinzu kommt ein Aspekt, der gerade in westlichen Industrienationen nicht zu unterschätzen ist. Die Gesellschaft wird immer älter. Durch selbstfahrende Autos (Kapitel 4.2) und einen intelligent organisierten Haushalt machen wir es Menschen bis ins hohe Alter möglich, zu Hause zu leben. Warum müssen Sie die Wohnung saugen, wenn auch ein Reinigungsroboter die Aufgabe erfüllen kann? Selbst die Pflege könnte in Zukunft von speziell dafür konzipierten Robotern übernommen werden. Das führt nicht zur Entmündigung, sondern im Gegenteil zu einem selbstbestimmteren Leben älterer Menschen in den eigenen vier Wänden. Zumal Errungenschaften flexibel miteinander verknüpft werden können. Wenn ein älterer Mensch sich im fahrerlosen Auto in einer verkehrsoptimierten »Smart City« seiner Wohnung nähert, wird die Kommunikation zwischen Auto und Haus dafür sorgen, dass selbst ein Mensch mit erheblichen körperlichen Problemen zu Hause mit den notwendigen Hilfestellungen in Empfang genommen wird. Und sollte es trotzdem passieren, dass ein allein lebender älterer Mensch stürzt, so werden die Fußbodensensoren dies sofort erkennen und umgehend für ärztliche Hilfe sorgen. Dies ist bereits heute möglich. IBM hat sich beispielsweise bereits entsprechende Bodenplatten patentieren lassen.[68] Die Tragik von tagelang hilflos in der Wohnung liegenden Menschen wird es im »Smart Home« zum Glück nicht mehr geben.

Intelligent, sicher, komfortabel und umweltschonend: »Smart Home« befreit uns von lästigen Tätigkeiten und schont gleichermaßen die Umwelt wie unsere Nerven. Es ist DIE Innovation, die uns hilft, unser Leben selbstbestimmt zu gestalten. Bis ins hohe Alter.

Das Risiko:
»Smart Home« – oder die Geschichte vom Trojanischen Pferd

»Smart Home« ist verlockend, zugegeben. Sich zu Hause um nichts mehr kümmern? Einfach nur ankommen, und der Rest wird für uns erledigt? Nie mehr staubsaugen, Heizungen regulieren oder lüften? Das klingt erst einmal gut. Siegt unsere Bequemlichkeit über Vernunft und Eigenständigkeit? Denn in Wahrheit werden Sie in Ihren eigenen vier Wänden intensiver beobachtet als in jedem Hochsicherheitstrakt des letzten Jahrhunderts. Es sind nicht mehr Spione mit hochgeschlagenem Mantelkragen, die um Ihr Haus streifen, um zu erkunden, was in Ihren vier Wänden vor sich geht. Sie selbst bringen Wanzen, Kameras und Tausende von Informationsquellen an, mit denen Sie das, was früher als Privatsphäre galt, komplett preisgeben.

Die Überwacher von heute kommen »smart« daher, das ist unbestritten. Tony Fadell, Jahrgang 69, tritt in Interviews engagiert und eloquent auf. Er wirkt nicht wie ein glatter Business-Typ, sondern wie ein von der Sache getriebener Überzeugungstäter. Fadell trägt in der Regel Jeans und Pulli, bezieht gern das Publikum mit ein und bleibt gleichzeitig unaufdringlich. Er ist einer, der sich Understatement leisten kann, denn seine Karriere ist beeindruckend. Er führte bei Apple das Team, das den iPod geschaffen hat, und wird in amerikanischen Medien als »Godfather« des iPods bezeichnet.[69] Auch an der Entwicklung des iPhones war er beteiligt. Viele sahen in ihm den legitimen Nachfolger von Mentor Steve Jobs, aber Tony Fadell zog es vor, erst einmal Urlaub zu machen und sich ein großzügiges Ferienhaus zu bauen. Er hasste all die Thermostate, die er in diesem Haus anbringen musste, und beschloss, die Art, wie wir leben und wohnen, zu revolutionieren. Er wollte zu Hause keine Knöpfe mehr drücken, alles sollte ihm abgenommen werden. So gründete er die Firma »Nest«, entwarf als erstes Produkt ein »intelligentes Thermostat« und machte sich auf die Suche nach Geldgebern für seine Idee. Fadell sprach bei »Kleiner Perkins Caufield & Byers« vor und präsentierte sein neues Produkt. Randy Komisar, einer der geschäftsführenden Partner der

Firma, erzählte dem Journalisten Adam Lashinsky, dass »seine Emotionen beim Anblick des runden Thermostats in den Keller gingen«.[70] Das sollte die große Innovation sein? Aber dann erklärte Fadell seine Vision: »After the thermostat we plan to do the same thing for every unloved product in the house and make them all maylcal.« Allen alltäglichen Gegenständen etwas Magisches verleihen? Komisar begriff und beschreibt diesen Moment rückblickend mit verräterischer Ehrlichkeit: »Then I got it. Nest was a Trojan horse into the home. In 48 hours we had a check for Tony.«[71]

Ein Trojanisches Pferd, um ins Haus zu gelangen. Und nicht nur dorthin. Auch ins Auto, ins Telefon, ins Fitnessstudio, in den Urlaub, ins Schlafzimmer. In die privatesten Winkel Ihres Lebens. Niemand hat ein treffenderes Bild für das gefunden, was derzeit passiert, als Randy Komisar, der uns unfreiwillig die wahren Hintergründe von Big Data preisgibt. All die Komforteinstellungen und scheinbaren Erleichterungen des Lebens sind der Köder, die Verschleierung, das Trojanische Pferd, mit dem sich die großen Datensammler Zugang zu Ihrem Leben verschaffen. Wenn sie erst einmal dort angekommen sind, werden Sie sie nicht mehr los. Wie die Soldaten, die in der griechischen Mythologie aus dem Pferd geklettert sind, um die Stadttore Trojas zu öffnen, werden sich die Sensoren in ihrem Leben ausbreiten und die Kontrolle übernehmen. Versuchen Sie all die verlockenden Komfort- und Sicherheitsangebote einmal als »Kriegslist« zu begreifen, und Sie wissen, was derzeit passiert.

Tony Fadell mag tatsächlich nur davon getrieben sein, bessere Thermostate zu bauen und zu Hause keine Knöpfe mehr drücken zu müssen. Aber hat Google deshalb im Jahr 2014 »Nest« für 3,2 Milliarden US-Dollar übernommen? Wohl kaum.

Wie genau sehen die Argumente und Verlockungen aus, die uns dazu bringen, das Trojanische Pferd ins Haus zu lassen? Zum einen sind es die Versprechen von Bequemlichkeit und Komfort. Das entscheidende Argument, das alle mundtot machen soll, ist jedoch: »Wir sparen Energie, und es ist gut für die Umwelt«. Darf da noch jemand widersprechen? Müssen wir uns alle widerstandslos dem Diktat des ressourcensparenden Optimierens durch Big Data unterwerfen? Müssen Privatsphäre, Freiheit und Selbstbestimmung dafür ohne weitere Diskussion geopfert werden? Die Autorin Carolin Wiedemann durchschaut das, was derzeit vor sich geht:

»Unter der Leitung von Google perfektionieren diese Firmen und ihre Vordenker die Überwachung aller menschlichen Regungen. In ihrer Logik ist das ein zivilisatorischer Auftrag. Sie helfen dem Menschen bei der permanenten Selbstoptimierung, über die er nicht einmal mehr nachdenken muss.«[72]

Kreative Köpfe wie Tony Fadell haben unbestritten ihre Qualitäten. Aber das, was sich in der Elite des Silicon Valley als erstrebenswerter Lebensentwurf etabliert hat und ohne weitere Reflexion propagiert und vorangetrieben wird, entspricht weder unseren kulturellen Traditionen noch ist es das Ergebnis einer gesellschaftlichen Diskussion. Eine kleine IT-Elite erhebt ihr Verständnis eines technisch optimierten und vereinfachten Lebens zur globalen Lebensmaxime. Denn selbst wenn Unternehmen wie Google nur edle Absichten verfolgen würden, so schaffen sie doch ein Instrument, das unbeherrschbare Folgen haben wird. Auch die Bundesregierung stützt in der »Digitalen Agenda« ausdrücklich »Smart Home«-Entwicklungen und sichert ihnen Förderungen zu.[73] Aus Angst, den Zug zu verpassen, wird eine Technologie gefördert, die Überwachung in noch nie gekanntem Ausmaß ermöglicht.

Im »Smart Home« weiß man exakt, wann Sie an welchem Wochentag das Haus verlassen und nach Hause kommen. Man weiß, was Sie zu welcher Tageszeit essen, wie lange Sie duschen, in welchem Raum Sie sich wann aufhalten. Man weiß, wann Sie Besuch bekommen, wie viele Gäste Sie empfangen und wo Sie sich aufhalten. Man weiß, welche Musik Sie hören, welche Filme Sie mögen, welche politische Einstellung Sie haben. Man weiß, wann, wo und wie oft Sie Sex haben. Das glauben Sie nicht? Es gibt mehrere Möglichkeiten, das herauszufinden. Tragen Sie eine Smartwatch? Dann erklären Sie, warum Ihr Puls in Ihrem Schlafzimmer sich in Anwesenheit einer weiteren Person so signifikant verändert hat. Aber auch die Luftfeuchtigkeit im Raum, die angeblich nur zur Optimierung von Raumtemperatur und Lüftung gemessen wird, gibt in Kombination mit anderen Daten untrüglichen Aufschluss über Ihre körperlichen Schlafzimmeraktivitäten.

Die Männer mit dem hochgeschlagenen Mantelkragen konnten Sie häufig nicht exakt identifizieren, wenn Sie das Haus betreten haben. Das »Smart Home« ist präziser. Es wird an Ihrer individuellen Schrittcharakteristik erkennen, dass Sie und kein anderer den Raum betreten haben.[74] Und je mehr Menschen sich der »Smart Home«-Logik unterwerfen, desto mehr Menschen werden ihre digitalen Fußabdrücke in der Welt hinterlassen. Obwohl man Sie eigentlich gar nicht braucht, denn Ihr Auto (mit individuellem Sitzabdruck), Ihr Smartphone (in das Sie sich mit Fingerabdruck einloggen) und Ihre Smartwatch schreiben ohnehin ein lückenloses Protokoll über Ihre Lebenswege.

Ich stelle Ihnen folgende Frage: Was weiß man im angeblich so »smarten« Zeitalter der Datenherrschaft nicht über Sie? Haben Sie eine Antwort auf die Frage? Fällt Ihnen irgendeine Tätigkeit ein, die sich noch in einem privaten, ungestörten Umfeld ereignet? Wird irgendeine Form der Kommunikation nicht dokumentiert? Wenn die Gesichtserkennung in Smartphones flächendeckend eingesetzt wird, werden Sie auch in den verwinkeltsten Straßen ferner Länder nicht mehr unerkannt sein. Sie werden gefilmt und fotografiert werden. Durch die Gesichtserkennung wird mit allen Fotos und Filmaufnahmen Ihre digitale Akte vervollständigt. Ihr Persönlichkeitsprofil wird so scharf wie noch niemals zuvor gezeichnet werden können.

Natürlich werden Versicherungen Interesse an Ihren Daten anmelden. Sie können aufgrund Ihrer Lebensführung genau eingestuft werden. Wenn Sie oder das Haus, in dem Sie wohnen, aus irgendeinem Grund ein erhöhtes Risiko aufweisen, liegt der Verdacht nahe, dass man Sie dann möglichst gar nicht versichern will. Auch die Polizei wird Interesse anmelden. Schließlich hat sie mit Big Data ein scheinbar perfektes Überwachungs- und Aufklärungsinstrument zur Verfügung (mehr dazu in Kapitel 4.6).

Fehlen noch die IT-Experten, denen es gelingt, in Ihr System einzudringen und die dann auch über alle Informationen verfügen. Dieser Aspekt wird leider selten intensiv diskutiert. Selbst »Nest«-Gründer und Google-Stratege Tony Fadell hört sich zu diesem Punkt eher kleinlaut an. Bei einem Interview anlässlich einer großen Google-Konferenz sagte er, sie machten bei der Verhinderung von Hacker-Angriffen einen »pretty good job«.[75] So klingt niemand, der überzeugt ist, dass Daten sicher sind. Was wiederum für Fadell spricht, denn Experten wissen, dass es diese Sicherheit nicht geben kann. Wenn es Hackern wie 2014 gelingt, an Nacktfotos von Prominenten zu kommen, wieso dann nicht auch an alle Informationen aus Ihrer Wohnung? Beispiele für Eindringlinge in »Smart Homes« gibt es bereits.[76]

Dies wiederum macht aus dem besonders sicheren Haus eine besonders unsichere Angelegenheit, denn mit allen Infos im Gepäck wissen Kriminelle genau, wann wer zu Hause ist, und haben alle Informationen beisammen, die sie für einen perfekten Einbruch benötigen. Die Sicherheit in Ihrem überwachten Zuhause ist also trügerisch.

Denken wir noch einen Schritt weiter. Wird das Überwachungsprinzip auch in die Familien einziehen? Eltern können im »Smart Home« auch aus dem Urlaub exakt sehen, ob ihre daheim gebliebene Tochter zur besprochenen Zeit ins Bett geht. Oder ob sie Besuch empfängt. Sie wissen, in welchem Zimmer sich der Sohn mit einer Freundin aufhält. Und was die beiden zu Hause veranstalten. So ganz nebenbei wird die umgangssprachlich als »sturmfreie Bude« bezeichnete Zeit abgeschafft.

Ist es denn so undenkbar, dass Sie selbst weiterhin die Rollläden hochziehen und lüften? Dass Sie selbst staubsaugen und einfach spontan entscheiden, welche Musik Sie wie laut hören wollen? Dass Ihre Wohnung auch mal zumüllt, weil es Ihrer Stimmung entspricht? Warum eigentlich nicht? Mal ganz davon abgesehen, dass der hochgelobte Reinigungsroboter auch mit all den Personen konkurriert, die bisher ihr Geld mit dieser Haushaltsarbeit verdient haben.

Sind das Veränderungen, die wir wollen? Noch ein Gedanke: Das »Smart Home« will Ihnen das anbieten, was Sie in der Regel wünschen. Die angenehme Raumtemperatur, die gewünschte Duschtemperatur, die richtige Musik, wenn Sie die Wohnung oder das Haus betreten. Sind wir solche Gewohnheitsmenschen? Gibt es nicht auch Personen unter uns, die mal Heavy Metal und mal Klassik hören? Ist es nicht wunderbar, dass es diese Menschen gibt? Wollen Sie immer wohltemperiert durchs Leben gehen? Sollen Ihnen alle diese Entscheidungen wirklich abgenommen werden? Wie langweilig, wie berechenbar, wie steuerbar sind wir dann!

In den letzten Kapiteln haben wir fokussiert auf einzelne Lebenssegmente diskutiert, welche Verheißungen Big Data bietet, aber auch welche dunklen Seiten sich auftun. Sie sollten sich eines vergegenwärtigen: Es geht dabei nicht um partielle Lebenserleichterungen. Ein Fitness-Armband hier, ein Auto-Navigationssystem dort. Jede neue Big-Data-Innovation ist Teil eines großen Plans.

Dies ist keine Verschwörungstheorie. Die großen IT-Konzerne wie Google und Apple sind, wie in den letzten Kapiteln aufgezeigt, führend beteiligt an den innovativen Entwicklungen im Bereich der Medizin, der Gesundheit, der Fitness, des Autos, des Verkehrs und des Wohnens. Aber sie wollen auch entscheidenden Einfluss nehmen auf die Konzeption der Stadt von morgen, bei Sicherheitskonzepten, im Konsum, in Industrie und Wirtschaft, Journalismus und Wissenschaft. Es geht um die lückenlose Erfassung Ihres Lebens. Warum sonst vernetzt sich Jawbone, der bis 2014 größte Hersteller von Fitness-Trackern, mit Google und Apple? Warum sonst werden alle Bereiche des Lebens miteinander vernetzt? Der stellvertretende Chefredakteur des ZDF, Elmar Theveßen, der mehrere Dokumentationen zum Thema Big Data gedreht hat, bestätigt diese Befürchtungen im Interview mit uns:

»Das Negativszenario ist die totale Kontrolle und die Manipulation von Realität. Shoshana Zuboff, eine Professorin aus den USA, hat das mal sehr klar auf den Punkt gebracht. Im Grunde versuchen die Internetfirmen, allen voran Google, eine Art zweite Realität zu erschaffen. Sie sammeln alle Daten, können so die Realität in ihren Servern abbilden, und wenn man das kann, alle Einzelheiten dazu hat, ist man auch in der Lage, einzelne Elemente dieser Realität mitzubestimmen, zu manipulieren und zu verändern. Die große Gefahr liegt darin, dass wir diese negative Seite gar nicht bemerken, weil es auch eine positive Seite gibt. Wenn unser Wohlbefinden gesteigert wird, weil uns alle Wünsche erfüllt werden, bevor wir sie ausgesprochen haben, dann kann es sein, dass wir nicht mitbekommen, dass wir tatsächlich wie Marionetten an Strippen geführt werden.«[77]

Die Akteure, die am »Smart Home« arbeiten, sind auch die Architekten der sogenannten »Smart Cities«. Das Ziel sind komplett vernetzte Städte, die im Zeichen von Umweltschonung und Ressourceneffizienz Ihr Leben lückenlos steuern und überwachen. Ach ja, sicherer soll es in diesen »intelligenten« Städten auch sein. Nur: Wer glaubt daran? Auch hier sind die Science-Fiction-Prognosen von digital gekaperten Städten längst Realität.

Was heißt das für das urbane Leben? Ulli Kulke hat einen klaren Blick auf die Veränderung: »Nicht mehr produktives Chaos, städtische Naturwüchsigkeit, Überraschung und Erstaunen (…) sollen die Stadt ausmachen. Stattdessen Effizienz, Nullverbrauch, null Emissionen sowieso. Kein Raum dem Zufall.«[78]

Bereits heute werden in zahlreichen Pilotprojekten Millionen von Sensoren an Häusern, Häfen, Containern, Mülleimern und allen nur denkbaren Dingen angebracht. Das »Internet of Things«, das Internet der Dinge, gilt als der Innovationsfaktor schlechthin. Denkt jemand darüber nach, wem die Daten gehören, die hier erhoben werden? Noch bevor juristische Fragen geklärt sind, werden Fakten geschaffen. Von Kommunen, die Angst haben, den Anschluss zu verpassen. Aber vor allem von der Industrie, die goldene Zeiten wittert.

Lassen Sie sich durch die schönen Fassaden der neuen Datenwelt nicht blenden. Schauen Sie hinter die Kulissen. Noch ein Beispiel? Besuchen Sie online den grafisch aufwendig gestalteten Auftritt des Hudson-Yards-Bauprojekts in New York.[79] Auf den ersten Blick wirkt alles fortschrittlich und durchdacht. Ein riesiger Komplex mit Büros, Wohnungen, Restaurants, Shops und Galerien, der sich über fünf Blocks an der Westside von Manhattan erstreckt. 5 000 Menschen sollen hier wohnen, in »Americas Biggest Real Estate Project – ever!«. Pro Jahr erwartet man 24 Millionen Besucher. Der komplette Komplex ist natürlich ökologisch vorbildlich und durch Big Data aufeinander abgestimmt. Vor allem die Wohnungen sind als »Smart Home« »perfekt« auf die individuellen Bedürfnisse ausgerichtet. Die richtige Beleuchtung zur richtigen Zeit. Frischluft und optimale Raumtemperatur. Aber Niklas Maak durchschaut in der »Frankfurter Allgemeinen Zeitung« die dunkle Seite des Projekts:

»Das Haus kontrolliert seinen Bewohner, es registriert die kleinsten Bewegungen – wann wird der Kühlschrank geöffnet? Was wird herausgeholt? Wann wird der Computer benutzt, was wird wann gegoogelt? Wann werden die Fenster geöffnet, wie viele Leute sind wann in welchen Räumen? (...) Das »Smart Home« könnte ein umfassendes Bild von der Persönlichkeit seines Nutzers erstellen, und es ist nur eine Frage der Zeit, bis Industrieversicherer und Polizei versuchen werden, an die personenbezogenen Daten von Wohnkomplexen wie Hudson Yards zu kommen.«[80]

Doch Maak hat nicht einmal die komplette Palette der Dateninteressenten aufgelistet. Wäre es nicht auch für ein Unternehmen von Vorteil, seine leitenden Mitarbeiter in der »smart« ausgestatteten Luxuswohnung unterzubringen? Schon hätte das Unternehmen als Eigentümer der Wohnung den kompletten Einblick in die Lebensführung ihrer Mitarbeiter.

Das alles realisieren Sie vielleicht nicht sofort, wenn Sie die Hochglanzbroschüren solcher Bauprojekte sehen. Aber jetzt, da Sie es wissen, sollten Sie es immer mitdenken. »Smart Home« und »Smart Cities« sind Teil eines großen Projekts, das nur eins will: ein komplettes Profil, die komplette Akte Ihres Lebens.

Selbst wenn Technologen wie Tony Fadell aus Enthusiasmus für das Entdeckte handeln und nichts Schlimmes im Schilde führen sollten (was natürlich nicht bewiesen ist), so dürfen wir den großen IT-Konzernen nicht die Umgestaltung unserer Gesellschaft überlassen. Die Sichtweise der Silicon-Valley-Unternehmen ist zu begrenzt und von eigenen biografischen Einflüssen und Interessen geleitet. Es bedarf einer breiten gesellschaftlichen Diskussion darüber, in welche Richtung wir wollen. Und man kann es nicht oft genug wiederholen: Wollen Sie sich diese Technologie in den Händen eines totalitären Regimes vorstellen? Ein solches Regime könnte einen Überwachungsstaat schaffen mit Mitteln, die bisher (zum Glück) noch kein absoluter Herrscher zur Verfügung hatte.

Aber vielleicht ist dies schon wieder altes Denken. Sind es noch Staaten, die Menschen unterdrücken? Oder sind es Konzerne, die Menschen kontrollieren, ohne dass diese es merken? Ja, noch perfider, die sich freiwillig in diese Abhängigkeit begeben und sich noch wohl fühlen dabei? Sind wir wirklich bereit, die Privatsphäre zu opfern (Näheres dazu in Kapitel 4.6)?

Dies kann und darf kein Vorwurf sein an die, die bis heute glauben, sie hätten »doch nichts zu verbergen«, und deshalb Big Data positiv gegenüberstehen. Aber noch einmal: Es geht nicht darum, ob morgen die NSA vor der Tür steht. Sie können beispielsweise von Banken, Versicherungen, Arbeitgebern, Finanzämtern, Krankenkassen, Medien und Konzernen aller Art eingestuft, eingeteilt und aufgrund Ihrer gemessenen Fähigkeiten einer Zukunft zugewiesen werden, die Sie nur noch sehr beschränkt selbst gestalten können. Ist dies das »Smart Home«, das Zuhause, das Sie wollen?

Überlegen Sie sich genau, welchen Preis Sie für das Versprechen von Komfort und Sicherheit zahlen wollen. Und ob eine angebliche Schonung der Umwelt alles rechtfertigt. Die einzig schlüssige Empfehlung lautet: Lassen Sie das Trojanische Pferd erst gar nicht ins Haus.

4.4: Konsum – Die neue, personalisierte Welt des Datenhandels

Warum entscheiden Sie sich für oder gegen den Kauf einer Ware? Wie gut haben Sie sich vorher informiert? Die Antworten auf diese Fragen werden von Person zu Person unterschiedlich ausfallen. Unser Konsumverhalten ist individuell. Das, was wir kaufen, war bisher jedoch in der Regel Massenware. Genau damit könnte es im Zeitalter der Datenrevolution bald vorbei sein. Sie kaufen dann Ihre ganz persönliche Ware, Ihr Einzelstück, aber ohne Aufpreis! Denn die individuelle Serienproduktion könnte in Zukunft die Regel sein.

Es könnte auch bald so weit sein, dass Sie sich nicht mehr selbst für eine Ware entscheiden müssen, denn Ihre Bedürfnisse und Gewohnheiten sind durch Ihr Datenprofil bestens bekannt. Ihr Kühlschrank weiß, was Sie mögen, und ordert Ihren Lieblingsjoghurt, bevor Sie ihn vermissen. Das ist die Big-Data-Vision. Doch wie viel Selbstständigkeit geben Sie dafür auf? Werden Sie zur Marionette der Industrie?

Um Ihnen das Urteil zu erleichtern, blicken wir kurz zurück. Der Handel von Waren ist ein seit Jahrtausenden bestehender Berufsstand. Er hat bisher alle Umwälzungen der Gesellschaft überlebt und sich an neue Gegebenheiten ständig angepasst. Der Kern des Handels ist vom Prinzip her nichts anderes, als die räumliche, zeitliche, qualitative und quantitative Spannung zwischen Produktion und dem Konsum auszugleichen. Der Händler ist somit Mittler zwischen dem Konsumenten – also Ihnen als Kunden – und dem Produzenten – dem Hersteller von Waren und / oder Dienstleistungen. Somit ist die Rollenverteilung geklärt, und es obliegt dem Händler, sich bestimmter Werkzeuge zu bedienen. So weckt er zum einen den Bedarf des Kunden, zum anderen versucht er, die Verfügbarkeit der Waren sicherzustellen.

Setzt ein neuer Trend ein, weshalb Sie unbedingt ein bestimmtes Produkt kaufen wollen, muss der Handel sofort reagieren. So haben beispielsweise technische Innovationen wie der sogenannte E-Commerce längst ihren Weg in die meisten Handelsunternehmen gefunden. Mit Big Data kommt eine neue revolutionäre Welle an Neuerungen für den Handel und den damit verbundenen Konsum auf uns zu.

Mithilfe von Big Data lassen sich alle Stufen des Konsumprozesses überdenken und mit innovativen Ideen neu gestalten. Bedenken Sie, welche Informationen Sie in Form von Spuren tagtäglich bei Ihren Internetbesuchen hinterlassen. All diese Informationen lassen sich über Big Data analysieren und mit anderen Kunden vergleichen, um daraus noch besser auf Sie zugeschnittene Angebote zu erstellen. Mit Kundenbindungsprogrammen werden Ihre Treue und Ihre Vorlieben gepflegt und gleichermaßen geschätzt, damit Sie beim Einkaufserlebnis noch personalisierter angesprochen werden können. All diese Informationen werden natürlich auch von den Händlern genutzt, um die Beschaffungs- und Lieferwege zu optimieren. Aus den Absatzinformationen können beispielsweise optimierte Warenkörbe geschnürt werden, damit im Laden auch wirklich die Produkte stehen, die Sie als Kunde konsumieren wollen.

Doch wollen Sie das? Wollen Sie Big Data und der Industrie mit ihren Algorithmen überlassen, was Ihnen angeboten wird? Unterwerfen Sie sich damit den auf Profit getrimmten Mechanismen der Industrie, ohne es zu merken? Oder werden Sie als Konsument profitieren und am Ende selbstbestimmter und individueller entscheiden, was Sie kaufen und welches Leben Sie führen möchten? Welche Verheißungen kann die Datenrevolution Ihnen als Konsument bieten? Und womit bezahlen Sie möglicherweise die Big-Data-Innovationen?

Oskar Wilde sagte schon im 19. Jahrhundert: »Heutzutage kennen die Leute von allem den Preis und von nichts den Wert.« Welche Werte sollen Ihr Leben bestimmen?

Die Chance:
Der personifizierte Konsum – ein maßgeschneiderter
Kundenservice

Das Wort »Konsum« hat für viele einen negativen Klang. Sind wir zu konsumorientiert? Oder haben wir uns gar zu einer »Konsumgesellschaft« entwickelt? Diese Perspektive beweist ein erstaunliches Defizit an geschichtlichem Bewusstsein. Konsum ist nicht nur Zeitvertreib und Selbstzweck. Waren, die zum Verkauf stehen, sind auch ein Symbol für Freiheit und Selbstentfaltung. Dort, wo Menschen nicht frei konsumieren konnten, hielt und hält sich oft auch ihre persönliche Freiheit in engen Grenzen.

Aber Sie haben recht: Konsum sollte nicht bedeuten, dass Sie sich fremdgesteuert einer kapitalistischen Eigendynamik hingeben. Sie sollten bewusst Ihren persönlichen Lebensstil wählen. Und selbst entscheiden, welchen Raum Konsum in Ihrem Leben einnimmt. Aber uns sollte bewusst sein, dass es ein Privileg unserer Zeit ist, reisen zu können. Es ist ein Privileg, eine Welt zu erleben, in der Grenzen weitgehend durchlässig gestaltet sind und globaler Konsum möglich ist.

Deshalb können wir alle ungeniert die Überzeugung vertreten: Die global vernetzte Welt ist etwas Fantastisches! Kunden, Lieferanten, Händler, Produzenten und Hersteller – alle können in Echtzeit miteinander kommunizieren. Dabei handelt es sich nicht mehr zwangsläufig um klassische Direktbeziehungen zwischen den einzelnen Akteuren, sondern um riesige Marktplätze, auf denen man in seiner Rolle agiert. Diese Marktplätze werden zum Treffpunkt und zum Ort des freien Austauschs. Beispielsweise können Sie bei eBay als Händler sehr einfach an dem Netzwerk teilnehmen und sind für Millionen von potenziellen Kunden mit Ihrem Angebot sichtbar. Diese Netzwerke haben eine unglaubliche Wirkung und Reichweite – denken Sie an das Handelsvolumen, das darüber abgewickelt wird. Ariba ist ein Beispiel eines solchen Marktplatzes, der den Handel mit B/C-Gütern (Bleistifte, Schreibbedarf, etc.) für Unternehmen organisiert. Das Handelsvolumen, welches 1,2 Millionen angeschlossene Unternehmen darüber generieren, liegt bei über 600 Milliarden US-Dollar pro Jahr – sprich, dieses virtuelle Netzwerk hat die Größe einer der Top-20-Volkswirtschaften der Erde.[81]

In dieser neuen Welt kann prinzipiell jeder von jedem kaufen und umgekehrt an jeden verkaufen. Es herrscht volle Transparenz über Produkte in all ihren Eigenschaften. Es herrscht aber auch volle Transparenz über die Kunden und Händler – über alle Akteure und ihr Verhalten; vom Konsum- bis zum Zahlungsverhalten. Wir leben bereits heute in einer technisch vollständig und quasi grenzenlos vernetzten Welt aus Angebot und Nachfrage in Echtzeit.

Wie oft waren Sie schon enttäuscht darüber, dass ein Produkt nicht das gehalten hat, was Sie sich von ihm versprochen haben? Über Jahrzehnte waren Sie den Werbeaktionen der Hersteller hilflos ausgeliefert. Was die Qualität anging, mussten Sie häufig »im Trüben fischen«. Der Einkauf wurde zum Glücksspiel. Das Ergebnis: Viele Kleidungsstücke haben den Kleiderschrank nie verlassen, viele Lebensmittel landeten schnell in der Mülltonne.

Heute müssen Warenanbieter nachhaltig überzeugen, sonst haben sie am Markt keine Chance mehr. Durch soziale Netze und Bewertungen der Teilnehmer über die gesamte Wertschöpfungskette ist das Risiko geringer, dass Sie einem Schurken auf den Leim gehen oder schlechte Produktqualität konsumieren. Und das Allerbeste an der neuen digitalen Handelswelt ist die Tatsache, dass Sie als Konsument endlich direkten Einfluss nehmen und mit Gleichgesinnten auch einem großen Hersteller direktes Feedback geben können. Sie werden als Konsument immer mündiger.

Es beginnt schon mit der Suche nach neuen Produkten. Durch die Big-Data-Welt hinterlassen Sie überall im Netz Ihre Spuren. Diese werden aufgegriffen, sodass Sie über gezielte Werbung auf die für Sie relevanten Angebote aufmerksam gemacht werden. »Datenspuren« haben einen ähnlich negativen Klang wie das Wort »Konsum«, aber lassen Sie sich von alten Denkstrukturen nicht irritieren.

Ist Transparenz für Sie ein positiver oder negativer Wert? Unsere Gesellschaft wird transparenter, offener, auskunftsfreudiger. Es ist keine Welt, die hohe, blickdichte Gartenzäune errichtet. Stattdessen öffnen sich Grenzen. Wir erlauben Einblicke in unsere private Welt. Und wir erhalten dafür Einblicke in die Welt von Menschen auf allen Kontinenten. Wir reden offen miteinander, nicht hinter vorgehaltener Hand. Das setzt das Vertrauen voraus, dass die Offenheit nicht missbraucht wird. Dass wir unser Leben und unsere Erkenntnisse teilen. Wir wollen nicht besitzen, sondern teilhaben an dem, was unsere faszinierende Welt zu bieten hat. Dafür können wir und können Sie ruhig Spuren hinterlassen. Ganz bewusst. Sie sollen gelesen werden. In dem Vertrauen, dass Sie dadurch für andere klarer erkennbar werden. Derjenige, der sich einfühlen kann und Sie gut kennt, macht Ihnen die besten Geschenke, oder nicht?

Sollten Sie also bei der Suche nach einem bestimmten Produkt Datenspuren hinterlassen haben, ist es ein Leichtes, von dort direkt im Online-Shop zu landen. Dort können Sie sich zielgerichtet das Angebot anschauen und erhalten alle relevanten Hintergrundinformationen. Wenn diese Informationen nicht ausreichend sind, ist es sogar möglich, mit einem Mitarbeiter des Anbieters in Kontakt zu treten – direkt und unmittelbar. Einfach nur kundenorientiert 24/7-Konsum von jedem – vernetzten – Ort der Welt. Dadurch, dass auch andere Kunden ihre Spuren hinterlassen, können die Anbieter von Online-Angeboten Ihnen auch Empfehlungen aufgrund Ihres Waren- und Produktkorbs machen und weitere Vorschläge unterbreiten, was andere zu Ihrer Wahl zusätzlich gekauft haben. Ganz wie im guten alten Tante-Emma-Laden – was die gute Emma noch wusste, weiß heute das Netz – nur digital und online – rund um die Uhr. Natürlich erhalten Sie an Ihrem Geburtstag auch ein kleines Geschenk und werden zu besonderen Anlässen wie am Valentinstag frühzeitig informiert, sich Gedanken für die Liebste oder den Liebsten zu machen.

Dies alles ist keine Science-Fiction oder Vision – es findet heute statt und kommt beispielsweise bei der sogenannten Omni-Channel-Bearbeitung vielfach zum Einsatz. Dabei werden über alle Kanäle wie Internetsuche, Online-Shop, soziale Netze oder das klassische Einkaufen in einem Geschäft sämtliche konsumrelevanten Daten zu einem Kunden zusammengetragen und einheitlich analysiert. Wenn Sie also abends auf dem Sofa durch das Internet surfen und sich neue Bohrmaschinen anschauen, werden diese Daten gespeichert. Betreten Sie am nächsten Tag einen Einkaufsmarkt, ist es möglich, Sie zu identifizieren. Dem Verkaufspersonal ist sofort bekannt, wofür Sie sich interessieren. Dadurch ist die Grundlage geschaffen, Sie zielgerichtet und ganz bewusst anzusprechen und Ihnen ein persönliches Angebot zu unterbreiten. Natürlich sind auch Sie vorbereitet, da Sie sich über das Produkt bereits selbst gut informiert haben – dank der Recherchen im Internet, durch die Sie sich ein Bild über Qualitätsrankings und Kommentare anderer Kunden gemacht haben.

Das Wissen und Ihre digitalen Spuren im Netz werden aber nicht nur von den Herstellern von Produkten und Händlern geschätzt und gleichermaßen genutzt. Auch wir Konsumenten nutzen die sozialen Netze, um uns auszutauschen und Feedback zu den einzelnen Angeboten zu geben – Empfehlungen und Erfahrungen zu teilen. Aber auch, um uns mal Luft zu machen, Luft, wenn wir uns über den Tisch gezogen fühlen und dies offen und transparent teilen wollen – natürlich auch mit offenem Visier und der Möglichkeit für die Betroffenen zu reagieren. Dies alles sind wertvolle Informationen, mit denen Ihr Konsumverhalten angereichert und noch schöner gestaltet wird. Zudem können die Hersteller und Anbieter mit diesem Feedback ihr Angebot noch persönlicher gestalten und Sie in einem Massenmarkt direkt und personalisiert ansprechen – ganz nach dem alten Grundsatz »Der Kunde ist König«. Sollten Bestellungen nicht Ihren Wünschen entsprechen, hat man natürlich die Möglichkeit, diese innerhalb vorgegebener Fristen zurückzuschicken oder auch umzutauschen.

Die neue Welt bietet Ihnen außerdem eine größere Auswahl: Immer alle Größen, alle Farben mit exakter Lieferzeit und Verfügbarkeit greifbar zu haben ist einfach angenehm und führt nicht zu der uns allen bekannten Enttäuschung, dass man endlich etwas Passendes gefunden hat und dann mit leeren Händen dasteht, da genau die passende Größe oder Farbe vergriffen ist.

Das neue globale Miteinander im Zeitalter der Datenrevolution schafft außerdem ein vollkommen neues, emotionales Einkaufserlebnis. Die neue Form des emotionalen Konsums können Sie nun 24/7 mit all Ihren Freunden rund um den Erdball zelebrieren – genauso wie früher, als man mit seinen besten Freundinnen und Freunden gemeinsam zum Shoppen gefahren ist, direktes Feedback austauschte und neue Ideen diskutierte. Genau das passiert heute rund um die Uhr. Und das Besondere ist, dass Sie am Shopping-Erlebnis anderer partizipieren können, deren Ideen und Vorlieben unmittelbar miterleben und dadurch inspiriert werden.

Eine ganz neue Rolle in dieser neuen Konsumwelt spielen Logistikunternehmen, die Ihre Bestellungen anliefern. Eben bestellt und innerhalb eines Tages geliefert. Mittlerweile sind auch die Logistikdienstleister rund um die Uhr zu erreichen – mit sogenannten Packstationen, die zentral aufgestellt und permanent in Betrieb sind. Eine Alternative für die Sorgloszustellung ist auch die Packstation am eigenen Wohnort – sprich ein größerer Paketkasten, für den auch der Postbote einen elektronischen Schlüssel hat, um zur Beladung (und natürlich auch zur Abholung der Retouren) den Kasten zu öffnen. Alles ist vernetzt und man wird in Echtzeit über den Status der Auslieferung und der Zustellung informiert. Mit anderen Worten – selbst im Online-Konsum haben Sie immer das Gefühl, in den gesamten Ablauf des Prozesses involviert zu sein.

Es entsteht eine Welt, die Sie gestalten können. Sie werden nicht nur Kunde sein, der aus einem begrenzten Sortiment auswählt. Sie werden in Zukunft individuelle Bestellungen vornehmen können. Sie designen Ihr Geschirr, entwerfen Ihren Schrank, bestimmen die Form Ihrer Couch. Welch ein neues, kreatives Potenzial wird hier entstehen! Die Kritiker, die glauben, Big Data mache Sie stromlinienförmig, haben die Datenrevolution nicht verstanden. Sie stehen mehr denn je im Mittelpunkt Ihres Lebens, das Sie endlich noch freier gestalten können. Gemeinsam mit Freunden, überall auf der Welt.

Das Risiko:
Der gläserne Mensch – Marionette der Industrie

Was haben Sie heute bis zu dem Moment, in dem Sie diese Zeilen lesen, gekauft? Sie können davon ausgehen, dass Ihr Kaufverhalten andere klüger gemacht hat. Mit weitreichenden Konsequenzen. Es geht nicht nur um den einzelnen Artikel, den Sie ausgewählt haben. Aus den letzten Kapiteln ist bereits deutlich geworden: Es geht um Ihr lückenloses Profil, das von den großen

Datenkonzernen erstellt wird. Es hilft ihnen, Sie in vielfacher Hinsicht einzustufen, um mit diesen Erkenntnissen Geld zu machen. Das ist das große Bild, das wir nie vergessen dürfen:

»Wenn z. B. Google eine web-basierte Brille anbietet oder an der Entwicklung autonom fahrender Fahrzeuge forscht, dann umfasst dies mehr als *nur* das Angebot eines selbstfahrenden Autos und mehr als *nur* das Angebot einer mit dem Internet verbundenen Brille. Beide Produkte erlauben einen beinahe schrankenlosen Zugriff auf teils intime und persönliche Daten. Ein einzelnes Unternehmen bekommt Einblicke in die täglichen Handlungsweisen der Menschen, deren Aktivitäten, Neigungen und Identitäten. (...) Die Begehrlichkeiten der großen Internetunternehmen, diese zusätzlichen Informationen für unterschiedliche Zwecke mehrfach zu nutzen, nehmen zu, während die gesellschaftlichen Folgen (bis jetzt) weitgehend unerforscht sind.«[82]

Das, was Dapp und Heine hier zutreffend beschreiben, ist die Basis der Diskussion über den Konsum im Zeitalter der Datenrevolution. Und unter diesen Vorzeichen können wir auch das Unverständnis nachvollziehen, das Frank Schirrmacher gegenüber denen geäußert hatte, die bereitwillig mitspielen:

»Menschen, die sich dauerhaft und freiwillig so offenbaren, Menschen, die ständig ihre Scheiben putzen oder vielmehr gleich die Fenster öffnen, damit man ihnen noch problemlos ins Wohnzimmer gucken kann: Solche Menschen kann man nicht überwachen. Dann gibt es auch keine anonyme Macht mehr, die sie ausbeutet. Sie selbst sind diese Macht. Sie beuten sich selbst aus.«[83]

Gehören Sie zu denen, die freiwillig die Fenster zum Wohnzimmer öffnen? Wenn Sie dies im umfassenden Bewusstsein der Konsequenzen tun, dann ist dies immerhin der von Ihnen reflektiert gewählte Weg. Falls nicht, sollten Sie dieses Kapitel aufmerksam lesen.

Worum geht es, wenn wir über Konsum im Zeitalter der Datenrevolution reden? Was verändert sich konkret? Und wer sind die Verlierer?

Eins vorweg. Wir verlieren auf fast allen Ebenen. Die global vernetzte Welt verändert Konsum und Handel grundlegend mit einem einzigen Ziel: mehr Absatz und Umsatz für Hersteller und Händler. Auf der Strecke bleibt neben den klassischen Händlern mit ihren kleinen Geschäften zum Beispiel die Umwelt, die eine Unmenge an Bestellungen und Retouren zu verkraften hat. Online-Shopping verursacht Verpackungsmaterial, Müll und Schadstoffe, die unsere Umwelt in einem größeren Maß schädigen als durch den klassischen

Handel. Die Rücklaufquote eines großen deutschen Mode-Online-Anbieters beträgt 50 Prozent — jedes zweite Päckchen findet seinen Weg zurück ins Lager — oder in Zahlen: Täglich werden 3,3 Millionen Pakete und Päckchen abgewickelt.[84] Doch damit nicht genug: Die meisten Kunden fahren noch mit dem eigenen PKW zur nächstgelegenen Packstation, da die meisten Logistikdienstleister nur einen Zustellungsversuch unternehmen. Wie schon der BUND feststellte, gilt: »Wer im digitalen Bazar impulsiv und schusselig herumklickt, vervielfacht die Umweltbelastung«.[85]

Hinzu kommt noch die Manipulation der Kunden durch persönliche Daten, um die Kaufentscheidung durch gezielte Werbung nachhaltig einseitig zu beeinflussen. Soziale Netze und Bewertungsportale werden manipuliert und damit die Konsumenten bewusst in die Irre geleitet. Unternehmen setzen gezielt Software und Agenturen ein, um das Feedback der Konsumenten frühzeitig abzufangen. So wollen sie die Diskussion steuern und für ihre Belange werben.

Schon, wenn Sie nach einem Angebot suchen, werden Sie manipuliert. Durch Big Data hinterlassen Sie überall im Netz Spuren, und diese werden im Sinne der Anbieter aufgegriffen, sodass Sie über gezielte Werbung von Beginn Ihrer Suche an in Ihrer Entscheidungsfähigkeit auf die Anbieterpräferenz eingeschränkt werden. Es geht weniger um die für Sie relevanten Angebote als vielmehr um die Prioritäten der Teilnehmer in der Wertschöpfungskette. Da wird schnell mal das margenträchtigste Produkt empfohlen und nicht das funktionalste. Hinzu kommt, dass Informatik und Medienexperten permanent darauf bedacht sind, die Algorithmen der Suchmaschinen so auszutricksen, dass die besten Treffer bei einer Suche nicht zwangsläufig der ursprünglichen Idee der Suchmaschinenhersteller nach maximaler Relevanz entsprechen. Sie landen also nicht unbedingt beim besten Online-Angebot. Sie landen bei den Produkten, die dem Anbieter nach Analyse Ihrer Datenspuren passend erscheinen. Ermittelt aus Ihren vorherigen Käufen, vorherigen Suchen oder auch Ihren Kommentaren in sozialen Netzwerken. Haben Sie dann eine Frage zu dem Produkt, wird sich ein speziell geschulter und über Ihre Präferenzen informierter Ansprechpartner darum kümmern und versuchen, Ihre letzten Zweifel in einem persönlichen Gespräch zu beseitigen.

Ihre digitalen Spuren verfolgen Sie ein Leben lang. Alles, was Sie jemals hinterlassen haben — egal ob Suchen, Wunschwarenkörbe, Bestellungen, Kommentare — alles wird verarbeitet. Die Warenanbieter versuchen permanent, speziell auf Sie zugeschnittene Angebote zu schnüren, sodass Sie ohne viel Zeit und lange Suche die Online-Bezahlung abschließen, am besten 24/7. Spannend wird das Ganze dadurch, dass Anbieter beginnen, Sie mit Vergleichsgruppen anderer Käufer mit ähnlichem Kaufverhalten abzugleichen, um Ihnen aus deren Kaufverhalten abgeleitet eventuell noch mehr verkaufen zu können. Alles, was hier in riesigen Datenmengen und für Sie anonym abläuft, gab es zwar schon im Tante-Emma-Laden — was die gute Emma noch wusste, war aber ehrlich und verifiziert. Da wurden die Empfehlungen personifiziert, beziehungsweise aus eigenen Erfahrungen glaubhaft weitergegeben.

Inwiefern wir uns als Konsumenten auf die Güte der Aussagen sozialer Netze verlassen sollten, ist fraglich. Immer wieder häufen sich Vorfälle, in denen sich bestimmte Menschen oder Firmen »Likes« kaufen, um die Wahrnehmung über die eigene Stärke zu manipulieren. Und noch einmal: Alle Daten, die Sie als Konsument und Verbraucher generieren, sind wertvolle Informationen und dienen in erster Linie der Profitmaximierung der Anbieter. Auf Ihre Kosten. Ganz nach dem alten Grundsatz »Der Kunde ist König — aber der Händler bleibt Kaiser«.

Ein ebenfalls äußerst interessanter Aspekt im Handel ist die immer größer werdende Vielfalt und Auswahl des Angebots. Wenige große Handelsplattformen bieten quasi alles an, aber nur die margen- und volumenträchtigsten Produkte kommen von den Händlern selbst. Alle kleinen Nischenprodukte werden von kleinen Unternehmen verkauft und direkt vertrieben. Da aber die Kunden kein Interesse haben, mehrere Einzelunternehmen zu kontaktieren und sich durch zig Shops und Bezahlungssysteme zu navigieren, ist die logische Folge, dass die Nischenanbieter in einer Art Schaufenster beim großen Marktplatz sitzen. Aus Konsumentensicht ist das hervorragend: nur ein Zugang, ein Einkaufserlebnis und ein Bezahlvorgang. Aus Nischenanbietersicht sieht das anders aus. Dieser muss sich in einen harten Vertrag mit einem großen Anbieter pressen lassen und entsprechend Gebühren abführen, da sein Nischenkanal oftmals nicht über die Technologie, die Plattform und die Besucherzahlen für einen erfolgreichen Fortbestand verfügt.

In Bezug auf die sozialen Netze bleibt bei der reinen Datensammlung und dem Miteinander immer das beklemmende Gefühl, dass Sie nie wissen, welcher Teil davon echt und welcher manipuliert ist. Der Kunde wird gläsern — und öffnet sich vollständig. Die Frage ist nur, zu wessen Vorteil? Beim Konsum in der digitalen Welt gilt für alle beteiligten Parteien: »Keine Geheimnisse mehr — no more secrets«. Es bleibt an dieser Stelle nur noch herauszufinden, wer mehr Macht an den Tag legt. Der Kunde, der in Communitys und sozialen

Netzwerken organisiert jeden Händler, jeden Anbieter, jedes Produkt öffentlich »hinrichten« kann, oder der Händler, der seine Angebote manipulativ an den Mann, die Frau oder gar das Kind bringt?

Selbst wenn Sie in einem gewöhnlichen Supermarkt einkaufen, schlägt die Macht von Big Data zu. Über die Funksignale Ihres Mobiltelefons können Sie eindeutig identifiziert werden. Ist doch nicht schlimm, denken Sie? Das hängt davon ab, wie weit Ihre Vorstellungskraft reicht. Denn mit heutiger Technik lässt sich jeder Ihrer Schritte im Supermarkt verfolgen. Dadurch wird ein Bewegungsprofil erzeugt, in dem neben Ihren Laufwegen auch die aller anderen Kunden im Markt zu einer Heatmap zusammengefügt werden. Und nun schlägt die Stunde des Händlers. Er kann speziell ausgerichtet auf seine aktuelle Auslastung und Kundschaft im Markt, angereichert mit weiteren kundenspezifischen Daten, zielgerichtet eine Promotion anpreisen, deren Zweck nur darin besteht, seinen Umsatz weiter anzukurbeln – nicht mehr – und nicht weniger. Eines wird deutlich – es gibt immer Verlierer!

Die Rolle der Logistikunternehmen, die unsere Bestellungen anliefern, ist ebenfalls fragwürdig. Handel ist im Prinzip eine reine Shopping- und Logistikherausforderung geworden. Durch die Logistik hat sich die letzte Meile zum Kunden verändert, der eben nicht mehr zum Marktplatz, Kaufhaus, Händler oder Tante-Emma-Laden geht. Diese Aufgabe übernimmt der Postbote. Der zunehmend weniger Briefe, dafür aber Pakete ausfährt und zudem wieder einsammelt für die Retouren. Alles, was sich früher in einem Prozess zentral um Geschäfte etc. abspielte, läuft heute individualisiert ab. Mit allen Nachteilen – vor allem was Umwelt und Verkehr anbelangt.

Das alles wird noch kombiniert mit dem Anspruch großer Konzerne wie Google, schon vor Ihnen zu wissen, was Sie als Nächstes brauchen. Was bedeutet es für unsere künftige Einschätzung der eigenen Willensfreiheit, wenn wir erkennen müssen, dass der Computer vor uns gewusst hat, was wir wollen werden? Frank Schirrmacher hat schon vor Jahren auf diese Gefahr hingewiesen. Wir werden gezielt zum Konsum geführt. Aber bleibt es dabei? Seine Warnung sollte nicht unvergessen bleiben:

»Was, wenn es irgendwann nicht mehr um Bademäntel, sondern um politische Entscheidungen oder das eigene Leben geht?«[86]

Es ist der Ausverkauf dessen, was wir unter Freiheit und Selbstbestimmung verstehen. Verramscht im fremdgesteuerten Konsumrausch.

Interview mit Shannon Poulin

»Wir glauben vor allem, dass jeder Einzelne in solchen Situationen die Möglichkeit haben sollte, eine eigene Entscheidung zu treffen«

 **Shannon Poulin** (geboren 1971) ist Vice President der Data Center Group und General Manager der Data Center Marketing Group bei der Intel Corporation. Er ist verantwortlich für alle Marketing-Aktivitäten inklusive Produkt-Positionierung, Preisgestaltung und externe Kommunikation für alle Geschäftsfelder im Bereich Rechenzentrum.

Wird Big Data die heutigen Geschäftsmodelle im Handel drastisch verändern?

Der Wandel hat bereits stattgefunden. Zum Beispiel verdienen online-Suchmaschinen oder Soziale-Netzwerk-Webseiten einen großen Anteil des Umsatzes durch Werbung. Es ist kein Zufall, dass Webseiten, die Sie besuchen, Werbung für einen Urlaubsort in Italien anzeigen, wenn Sie die Woche vorher nach Urlauben in Italien gesucht, und Ihr Rechner diese Suchanfrage gespeichert hat. Einzelhändler bieten ihren Kunden eine noch viel persönlichere Kundenerfahrung! In Verkaufsshows werden Datenkonzepte wie die dynamische Generierung von Preisen für die begehrtesten Produkte angewendet. Ein weiteres Beispiel ist zielgerichtete Werbung von Einzelhändlern in Echtzeit. Wenn mehr und mehr Menschen die GPS-Funktion verwenden, wenn Sie an einem Geschäft vorbeilaufen, erhalten Sie automatisch einen Gutschein von diesem Laden auf Ihr Handy.

Andererseits haben wir auch die Verantwortung, Einzelnen die Möglichkeit zu geben, dieses Angebot nicht zu nutzen, und ihnen die Möglichkeit einzuräumen, die Privatsphäre zu schützen. Die Möglichkeit zu sagen: »Nein, ich möchte diese Werbung nicht erhalten« oder »Ich möchte meine Bewegungsdaten nicht preisgeben«. Wir als Technologieanbieter müssen beiden Seiten die Möglichkeiten einräumen und beiden helfen; den Kunden und dem Handel.

Welche Chancen, aber vor allem auch welche Risiken sehen Sie durch Big Data für die Gesellschaft?

Sicherlich hat es in der Vergangenheit emotionale Ereignisse gegeben. In den USA hat der 9/11-Angriff eine veränderte Wahrnehmung von Sicherheit in der Gesellschaft bewirkt: eine andere Wahrnehmung der Gesellschaft, die nun einen Teil ihrer persönlichen Freiheit aufgibt, um sicherer zu leben. Ein weiteres Beispiel in manchen Ländern ist die immer weiter verbreitete digitale Observierung durch Kameras an öffentlichen Plätzen, die mit fast allem verbunden sind, mit jedem U-Bahn-Netz, mit jedem Bürogebäude und vielen weiteren öffentlichen Plätzen. Diese digitale Überwachung generiert eine extrem große Datenflut. Auch die Aufnahmen von sehr persönlichen Bildern, wie zum Beispiel Gesichtern, werden heutzutage in der Gesellschaft stärker akzeptiert. Das Beispiel zeigt, dass die Bevölkerung bewusst oder unbewusst einen Teil ihrer Privatsphäre aufgegeben hat, um ein Stück mehr Sicherheit zu erlangen.

Wir als Firmen müssen einen Weg für beides anbieten. Wir müssen Personen die Wahl geben, mitmachen zu wollen und gleichzeitig die Privatsphäre und Kontrolle der Daten zu sichern, sodass diese Daten nicht von den falschen Leuten verwendet werden.

Die Frage ist ja auch: Wie können sich Konsumenten vor Datenmissbrauch schützen und welche Technologien sind relevant?

Sobald Daten erzeugt werden, wie zum Beispiel die Daten eines Patienten, müssen diese geschützt werden. In der Forschung gegen Parkinson werden immer häufiger tragbare Geräte verwendet, um herauszufinden, wie stark eine betroffene Person zittert. Megabytes von Daten werden täglich von diesem getragenen Sensor an einer Person generiert. Dieser Sensor verbindet sich zu einer Schnittstelle, ob im eigenen Heim oder in der Klinik. Ich muss die Daten immer wieder schützen und verschlüsseln. Einmal, wenn sie beim Patienten generiert werden, dann, wenn sie an die Datenstation übermittelt werden, und ein drittes Mal, wenn sie gespeichert werden. Und wenn ich sie dann noch einmal nutzen will, muss ich sie wieder schützen. Das ist unsere Aufgabe als Technologen. Diesen ganzen Prozess müssen wir begleiten und sicher gestalten.

Wenn Sie Chancen und Risiken der Datenrevolution abwägen: Was muss die Gesellschaft tun, um den Entwicklungen gerecht zu werden?

Wir sind sehr begeistert von den Möglichkeiten der vielen generierten Daten. Wir glauben auch, dass daraus Chancen für die Gesellschaft entstehen. Diese Chancen bringen sicherlich auch Diskussionen in der Gesellschaft mit sich. Diskussionen darüber, wie viel Privatsphäre jemand gewillt ist aufzugeben, um ein gewisses Ergebnis zu erzielen. Wenn Sie von einer schweren Krankheit geheilt werden können, sind Sie wahrscheinlich eher bereit, Ihre Privatsphäre aufzugeben. Um personalisierte Werbung von einer Firma zu erhalten, sind Sie sicherlich weniger bereit, Informationen zu Ihrem Standort oder private Informationen preiszugeben. Und wir glauben vor allem, dass jeder Einzelne in diesen Situationen die Möglichkeit haben sollte, eine eigene Entscheidung zu treffen.

Vielen Dank für das Gespräch.

(Das Interview führten Rolf Schumann und Johannes Tulusan. Es wurde von den Verfassern gekürzt und redaktionell bearbeitet.)

4.5: Die Zukunft des Lernens – Ich weiß, dass ich nichts weiß

Was würde Sokrates von den Möglichkeiten durch Big Data halten? Ware er begeistert von diesem Mittel des scheinbar unstillbaren Erkenntnisgewinns? Schließlich war er es, der nicht als Lehrer, sondern als Schüler auftrat, um nicht andere zu belehren – sondern stattdessen von anderen belehrt zu werden. Er wollte seine Gegenüber in die Position der Wissenden bringen, um ihnen zu schmeicheln und sie dazu zu bringen, ihr vermeintliches Wissen auszubreiten. Das konsequente Nachfragen machte dann deutlich, dass sie selbst Unwissende waren. Dadurch wurde ein Erkenntnisprozess eingeleitet, um zu einem neuen Wissenshorizont zu gelangen.[87]

Eines können wir mit Sicherheit sagen – die Wissensgewinnung in einer Welt von Big Data würde definitiv anders aussehen! Neben den reinen Fakten aus den Daten besitzen wir durch Big Data die unglaubliche Fähigkeit, diese Daten zu korrelieren und in Bezug zu setzen – auch über vordefinierte Themenkomplexe hinaus. Wissen wird grenzüberschreitend – in der Tat grenzenlos.

Stellt sich die Frage, was dies für uns als Individuum bedeutet. Wie wollen wir mit unserer klassischen Auffassung von Wissen und Lernen in einer Zeit überleben, in der wir täglich die 12,5-fache Menge aller gedruckten Bücher an Daten erzeugen?[88] Wie lange ist unser Wissen eigentlich noch von signifikanter Bedeutung? Ist es notwendig, sich neue Methoden anzueignen, um früher oder später nicht »abgehängt« zu werden und am allgemeinen und öffentlichen Leben nicht mehr teilhaben zu können? Wie müssen wir in Zukunft lernen, damit uns Big Data nicht mit seinen zahlreichen unscharfen Inhalten die wesentlichen und wirklich wichtigen Dinge vernebelt?

Sind Big Data und die heutige Technologie das größte Geschenk, das man der Menschheit zuteilwerden ließ? Grenzenloses Wissen, zugänglich über das Internet ohne Einschränkungen der Herkunft, an jedem Ort zu jeder Zeit! Der reine Zugang zu Wissen zählt nicht mehr viel – es gilt nur noch, wie man Wissen zielgerichtet einsetzt. Big Data kann der Gesellschaft permanenten Zugang zu neuen Erkenntnissen ermöglichen und das Lernen damit demokratisieren.

Andererseits liegt hier auch die Gefahr von Big Data im Lernbereich. Denn beim Prozess des Erkenntnisgewinns hinterlassen Sie wieder überall Spuren. Big Data weiß ganz genau, was Sie wissen und was nicht. Der Lernprozess als solcher kann damit gnadenlos der Kategorisierung und Selektion jedes Einzelnen dienen. Mit diesen Mechanismen würde exakt das Gegenteil der Demokratisierung des Wissens praktiziert, da auf dieser Basis die personalisierte Kategorisierung der Gesellschaft eingeleitet werden kann. Außerdem vergisst Big Data nichts. Ihre Vergangenheit werden Sie niemals los. Ein Fehler kann Sie ein Leben lang verfolgen.

Sehen Sie in Big Data vor allem die großen Möglichkeiten der individuellen Talentförderung, oder befürchten Sie antidemokratische Lern-Ghettos?

Die Chance:
Ihre individuelle Talentförderung

Big Data wird die Art, wie wir lernen, revolutionieren. Wir haben heute die Möglichkeit, jeden Schüler, jeden Studierenden, jeden, der im Leben noch dazulernen möchte, individuell zu fördern. Wir haben durch Big Data die Möglichkeit, mehr über das Lernen zu lernen. Wir werden genaue Erkenntnisse darüber gewinnen, welche Lernmethoden zum Erfolg führen. Was falschläuft, können wir sofort korrigieren. Wir brauchen keine allgemeinen Lehrpläne mehr, sondern Sie erhalten einen, der genau auf Sie zugeschnitten ist. Der Sie inspiriert und motiviert. Der Sie fordert, aber nicht überfordert. Sie werden vieles schneller und besser begreifen. Sie sparen Energie, die Sie für das Leben brauchen. Die Potenziale sind riesig. Aber die traurige Erkenntnis ist: Nichts davon ist bisher im Bildungssystem angekommen.

Die Welt um uns herum hat sich in den letzten Jahrhunderten grundlegend verändert. Wir fahren nicht mehr mit der Kutsche umher. Vor allem die Industrialisierung hat nicht nur unsere Wirtschaft und Produktionsweise verändert, sondern vielen Menschen Wohlstand und weitgehende Teilhabe an der Gesellschaft ermöglicht. Im Zuge dieser Entwicklung ist Bildung immer wichtiger und immer komplexer geworden. Nur das Klassenzimmer sieht noch so aus wie seit ewigen Zeiten. Schon in Johann Amos Comenius' Werk

»Orbis sensualium pictus« aus dem 17. Jahrhundert entdecken wir ein Klassenzimmer mit einer mit Kreide beschrifteten Tafel.[89] Warum wir uns endlich von diesem Lernsystem verabschieden sollten?

In jeder Klasse gibt es das Dilemma von Unter- und Überforderung. Denken Sie an Ihre Schulzeit. Es gibt Schüler, die mit ihren Aufgaben komplett überfordert sind. Für sie wird häufig schon der Weg zur Schule zu einer psychischen Tortur. Wer stellt sich gern immer wieder Aufgaben, denen er nicht gewachsen ist? Gleichzeitig gibt es die Schüler, die sich wegen Unterforderung langweilen. Sie können nicht ansatzweise auf dem Niveau unterrichtet werden, das ihren Fähigkeiten gerecht würde. Sie erleben Schule nicht als Inspiration, sondern als lästige Pflichtübung. Nicht selten verlieren diese talentierten und intelligenten Schüler sogar den Anschluss, weil sie sich wegen fehlender Motivation geistig »abgemeldet« haben.

Aber das unnötige Leistungsgefälle ist nur *ein* Zeichen dafür, dass unser Bildungssystem überholt ist. In Zeiten, in denen Flexibilität sowie zeit- und ortsunabhängiges Handeln zum Maß aller Dinge geworden sind, zwängen wir die Schüler in ein festes Zeitkorsett und festgezurrte Lehrpläne. Dass Big Data Aufschluss darüber geben kann, wie ein zeitgemäßes und effektiveres Bildungssystem aussehen könnte, ist in den Klassenzimmern noch nicht angekommen.

Ein Wissenschaftler hat die Kritik am Bildungssystem in Zeiten der digitalen Revolution auf den Punkt gebracht. In seinem Buch »Lernen mit Big Data: Die Zukunft der Bildung« kritisiert Viktor Mayer-Schönberger, heute würden Daten zur Verbesserung der Bildung »auf dieselbe rudimentäre, ja primitive Weise verwendet, wie unsere Vorfahren Höhlenmalerei zur Kommunikation eingesetzt haben«.[90]

Wir treffen Viktor Mayer-Schönberger in seiner Heimat, in Zell am See in Österreich. Er hat international viel beachtete Publikationen über Big Data verfasst. Am Tag nach unserem Interview fliegt er zu einem Kongress nach Shanghai. Er ist weltweit gefragt, weil viele registrieren, dass die digitale Revolution unser Leben verändert.

Im Interview mit uns wird schnell deutlich, warum er das Schulsystem für überholt hält:

»Die Schule jetziger Prägung ist ein Auslaufmodell, weil sie in ihren Strukturen, in ihren Methoden, in ihren Prozessen, in ihren Institutionen auf den Vorstellungen, auf den Stereotypen und auf den Vorurteilen des 19. und 20. Jahrhunderts beruht.«[91]

Viktor Mayer-Schönberger hat recht. Warum muss das Lernen in den frühen Morgenstunden pünktlich beginnen? Warum müssen die Schulstunden immer exakt die gleiche Länge haben? Warum muss es überall eine genau definierte »große Pause« geben? Immer noch herrscht der Irrglaube, dass »wir am besten mit großen Landkarten Geografie lernen und dass es große Tafeln geben muss, an denen dann der Lehrer oder die Lehrerin immer noch mit der Kreide Formeln an die Wand schreibt.«[92] Sicher, in manchen Schulen gibt es Whiteboards, aber das gleicht dem Kurieren von Symptomen. Aus Angst vor Veränderung sperrt sich das Bildungssystem gegen echte Innovationen. Die Datenrevolution erlaubt uns eine völlig neue Perspektive. Warum sollen wir lernen, während 20, 30 andere Schüler neben uns sitzen? Fördert das die Konzentration? Wohl kaum. Deswegen wird es zu einer neuen Rollenverteilung kommen.

Die Schule wird ein Ort der Kommunikation, des Austauschs, des gemeinsamen Lösens von Problemen. Warum sind wir mit anderen Menschen zusammen? Doch nicht, um gemeinsam *einem* Menschen zuzuhören, der uns allen etwas erzählt. Nein, wenn wir schon zusammen sind, dann sollten wir uns austauschen, Gruppendynamik entfachen, miteinander reden, kreativ sein. All das könnte die Schule der Zukunft ausmachen. Es sollte ein Ort sein, auf den sich Schüler freuen. Der ihnen alle Medien zur Verfügung stellt und Orte schafft, die sie inspirieren.

Eine Vorlesung können wir uns auch am Tablet anschauen, besser als in jedem großen Hörsaal. Wir können vor- und zurückspringen, unser Tempo selbst bestimmen. Wir können auf dem E-Book Texte studieren. Tablets, E-Books und digitale Plattformen sind der Schlüssel zu einer neuen Form des Lernens. Endlich können wir die Daten erheben, die eine individuelle Förderung ermöglichen. Big Data kann Ihr Lesetempo registrieren und bekommt mit, welche Aufgaben Ihnen schwerfallen und welche Lerninhalte Sie intuitiv begreifen. Wenn die Daten aller Schülerinnen und Schüler ausgewertet werden können, ist die permanente Weiterentwicklung von

Lernmethoden garantiert. Durch Big Data können wir in Echtzeit erkennen, welche Form des Lernens bei wem zum Erfolg führt. Wenn Sie über Grafiken und Fotos schneller Zusammenhänge verstehen, werden Sie mehr Fotos und Grafiken erhalten. Wenn Sie zwischendurch Kreativaufgaben brauchen, um dazuzulernen, dann werden Sie auch die bekommen. Durch die digitale Revolution haben wir die Möglichkeit, Millionen von Lernenden miteinander zu vernetzen. Aus der Art und Weise, wie ein Schüler liest, ziehen wir einen Erkenntnisgewinn. Das wiederum führt dazu, dass sich die Lehre, die individuelle Vermittlung von Lerninhalten, stetig verbessert.

Beginnen Sie zu begreifen, was alles möglich ist? Welcher Lehrer kennt heute seine Schülerinnen und Schüler wirklich? Die Klassen sind überfüllt, Verwaltungsaufgaben warten, von persönlicher Betreuung kann keine Rede sein. Im Zeitalter von Big Data erhält jeder Lernende eine auf ihn persönlich abgestimmte Lernplattform. Dort erhalten Sie einen Überblick über anstehende Aufgaben, bisherige Fortschritte, langfristige Ziele. Die Lernplattform wird zu Ihrem ständigen Begleiter und kennt Sie intensiver, als Sie je ein Lehrer kennenlernen konnte. Wenn Sie kreativ sind, dann gibt es endlich die Möglichkeit, Ihre besondere Begabung früh zu fördern, anstatt Sie mit sturen Wiederholungen von stumpfen Stoffen zu langweilen. Bewertungen Ihrer Leistungen werden gerechter, weil Sie nicht mehr schlecht beurteilt werden, wenn Ihr Lehrer Ihre Art nicht mag. Das heutige Bildungssystem wirkt in großen Teilen willkürlich. Oder fühlten Sie sich immer objektiv benotet? Schüler lernen sich besser kennen und erhalten so auch ein Bewusstsein über ihre Stärken. Besser als jede analoge Berufsberatung können Sie im digitalen Zeitalter früh erkennen, welche Berufe am besten zu Ihren persönlichen Fähigkeiten passen. Natürlich ist das ein dynamischer Prozess. Stärken können sich verändern, es können Entwicklungsschübe eintreten. Aber seien Sie sicher: Auch dies erkennt die Lernplattform, sobald auch nur ein kleines Anzeichen davon sichtbar ist. Sie entwickeln eine besondere Gabe im analytischen Denken? Big Data kann sofort reagieren und Sie fördern.

Endlich gibt es nicht mehr nur einen Lehrplan für alle, sondern Millionen individuell angepasster Lehrpläne. Keiner wie der andere. Alle so analytisch, fantasievoll, strukturiert oder assoziativ, wie es Ihnen entspricht. Die Erfahrungen zeigen: Dieses System funktioniert. Auch weil es auf erfolgreiche Umsetzungen aus anderen Branchen zurückgreift. Ob Sie Games mögen oder nicht: Die Spieleindustrie hat unsere Gesellschaft weiterentwickelt. Auch spielerisch können wir Lernfortschritte erzielen. Das ist keine neue Erkenntnis. Doch eine Möglichkeit hat uns erst die digitale Revolution eröffnet: Jeder spielt sein Spiel! Wie das funktioniert? Das Ziel der Spieleindustrie ist folgendes Szenario: Jede Ihrer Spielbewegungen wird digital erfasst. Die Spielehersteller von Internet-Games wissen exakt, wie lange Sie mit welcher Intensität Ihr Spielerlebnis genießen. Und sie registrieren genau, an welchen Stationen des Spiels Sie aussteigen. Das heißt: Sie bekommen kein Einheitsspiel vorgesetzt, das Sie entweder mögen oder nicht. Nein, das Spiel interagiert, es passt sich Ihren Vorlieben an. Wenn Sie aussteigen, falls Ihr digitales Gefecht zu brutal war, dann werden Sie in Zukunft keine brutalen Kämpfe mehr in Ihrem Spiel präsentiert bekommen. Big Data erlaubt das individuelle Spielen, so wie es noch niemals zuvor möglich war. Wir sehen, was mit »lernenden Systemen« denkbar ist.

Dies ist kein Plädoyer für Videospiele. Hier sollten wir zu einer differenzierten und sachlichen Debatte kommen, die nicht von Vorurteilen beider Seiten geprägt ist. Wichtig ist das System, das dahintersteckt: Wenn wir Menschen durch ein individuelles Angebot motivieren können, warum nutzen wir es dann nicht für »edle« gesellschaftliche Zwecke? Warum helfen wir Schülern und Studierenden nicht, sich Lerninhalte mit Spaß und Leidenschaft zu erarbeiten? Es kann uns in eine Zukunft führen, in der kein Schüler mehr über »lästige Hausaufgaben« flucht, sondern sich freut auf sein individuelles Lernpensum. Dahin müssen wir kommen. Bereits erfolgreich etablierte digitale Lernprogramme weisen uns den Weg.

Warum außerdem nicht Schüler mit gleichen Leidenschaften zusammenbringen? Falls sich jemand bereits mit neun Jahren zum Experten für Astronomie entwickelt hat, wird er in Einheitsklassen wahrscheinlich wenige Mitschüler finden, die seine Leidenschaft teilen. Vielleicht wird er sogar belächelt und gemobbt. Mit Big Data ist es ein Leichtes, Gruppen zusammenzustellen, die sich in ihren Interessen bestärken, sich fordern, motivieren und gemeinsam neue Aufgaben angehen können. Die Zeit, in der sich die gleichen 30

Schüler über viele Jahre begleiten, kann eventuell sogar in neuer Form aufrechterhalten werden. Aber mit dreißig Schülern, die sich ergänzen und zueinander passen und sich nicht in der Entfaltung ihrer Fähigkeiten behindern.

Sie alle verbinden mit der Schule wahrscheinlich auch positive Erinnerungen. Spiele auf dem Schulhof, gelungene Klassenfahrten, Freundschaften und später auch erste Liebesbeziehungen. Diese Traditionen soll Big Data nicht zerstören. Ein Theaterstück können Schüler nur gemeinsam auf die Bühne bringen. Mannschaftssport werden wir ebenfalls auf Schulplätzen und in Sporthallen erleben. Aber das alte System des starren Klassenraums muss durchbrochen werden. Wir brauchen inspirierende Lernumgebungen, wie sie auch Viktor Mayer-Schönberger fordert. Die Schule sollte ein Ort sein, der Kommunikation und sozialen Austausch in den Mittelpunkt stellt. Kein stures Einpauken von Lerninhalten. Denn Wissen vermitteln, darin ist Big Data unschlagbar. Und das müssen die Traditionalisten laut Viktor Mayer-Schönberger endlich zur Kenntnis nehmen:

»Big Data ist imstande, unser Bildungssystem so zu erschüttern, dass es sich transformieren kann. Und genau das wird passieren.«[93]

Das Risiko:
Selektion im Lern-Ghetto

Die Verheißungen von Big Data im Bildungssystem klingen verlockend.

Individualisiertes Lernen, keine Über- und Unterforderungen mehr. Dazu Lerngruppen, die sich in ihren Interessen stärken. Keine schwachen Schüler, die leistungsstarke Schüler ausbremsen. Keine starken Schüler, die Schwächere demotivieren. Ist das nicht wunderbar? Nein, ist es nicht. Wir schaffen mit Big Data keine Kreativ-Teams, wir schaffen Lern-Ghettos.

Vorab: Niemand behauptet, das Bildungswesen sei nicht reformbedürftig. Es gibt sicherlich intelligentere und modernere Lernformen als den Frontalunterricht. Die technische Ausstattung der Schulen lässt oft zu wünschen übrig. Auch die Vermittlung technischer und naturwissenschaftlicher Fähigkeiten ist verbesserungswürdig. Sicher auch, weil viele Lehrer sich überfordert fühlen von der digitalen Revolution. Wie sollen sie technische Kompetenzen vermitteln, wenn ihre Schüler bereits kompetenter sind als sie? Dies ist ein Konflikt, den wir ernst nehmen müssen.

Datenkompetenz zu vermitteln ist ein wichtiges Ziel. Das bedeutet aber nicht, dass wir uns der Allmacht der Daten unterwerfen müssen! Viktor Mayer-Schönberger wird oft von den Befürwortern von Big Data im Bildungssystem zitiert. Dabei sieht er im Interview mit uns auch eine nicht akzeptable, bedrohliche Seite von Big Data:

»Die wohl dunkelste Seite ist, dass wir Big Data missverstehen. Dass wir Big Data nicht verstehen als ein Werkzeug, um zum Beispiel den Prozess des Lernens zu verbessern, sondern dass wir Big Data missbrauchen als ein Werkzeug der Kategorisierung, der Selektion, der Filtrierung, um zu entscheiden, wer guter Schüler, wer schlechter Schüler ist, wer Medizin studieren darf und wer LKW-Fahrer wird. Dann würden wir Big Data missbrauchen. Weil wir mithilfe von Big Data Vorhersagen machen über die zukünftigen Berufschancen und Berufsmöglichkeiten von Menschen und ihnen damit auch die Fähigkeit nehmen, selbst über ihre Zukunft zu entscheiden.«[94]

Kategorisierung, Filtrierung, Selektion – genau das ist das Charakteristische von Big Data! Deshalb können wir sehr bewusst von »Lern-Ghettos« sprechen. Unter dem Vorwand, Lernteams mit gleichen Interessen zusammenzustellen, werden Ihre Kinder bereits als Schüler kategorisiert. Zukünftige Medizinstudenten in die eine Gruppe, kommende LKW-Fahrer in die andere. Verdrängen wir für einen Moment, dass es LKW-Fahrer durch die Automatisierung im Datenzeitalter nicht mehr geben wird. Hier findet etwas zutiefst Antidemokratisches statt. Die Daten, die präzise dokumentieren, wie schnell Ihr Kind lernt, können in Kombination gesetzt werden mit den körperlichen Voraussetzungen Ihres Kindes, zum Beispiel mit der Wahrscheinlichkeit einer frühen Tumorerkrankung. Aber auch mit allen anderen Daten, die Interessen, Lebensgewohnheiten, vermeintliche Stärken und Schwächen Ihres Kindes dokumentieren. Daraus entsteht das alles entscheidende Profil. Ihr Kind wird eingestuft. Der Algorithmus wird Ihnen erklären, welcher Lebensweg für Ihr Kind »am besten« wäre. Es klingt wie ein gutes Angebot, aber die Wahrheit ist: Es ist kein Vorschlag, es wird dann die einzige Möglichkeit sein.

Denn auch dies ist eine Marketingmethode der digitalen Revolution: Alles wird so formuliert, als schaffe man neue Alternativen. Aber dies ist eine Lebenslüge des Big-Data-Zeitalters. Das Angebot, auch bargeldlos zu zahlen, ist längst zum Zwang mutiert. In den Niederlanden ist es gar nicht mehr möglich, analog mit dem Zug zu fahren. Jeder Passagier muss seine Bewegungsdaten hinterlassen.[95] Ein kurzer Aufschrei von Datenschützern, aber der verhallt und wird übertönt von neuen, lautstark verkündeten »Angeboten«. So werden Schritt für Schritt in allen Lebensbereichen Fakten geschaffen.

Angeblich bekommen Sie durch Big Data die perfekte Berufsberatung. Nach unserem alten Bewusstsein konnte man meinen, diese Big-Data-Empfehlung sorge dafür, dass Ihnen alle Möglichkeiten offenstehen. Aber die Wahrheit ist: Wenn das Profil Ihrem Kind einen schmalen, vorbestimmten Korridor im Leben zuweist, wird es diesen Korridor nie verlassen können. Immer wenn Ihr Kind an Türen klopft, die davon abzweigen, werden sie verschlossen bleiben. Denn hinter den Türen befinden sich Menschen, Institutionen, Arbeitgeber, Versicherungen, die alle die Einstufung Ihres Kindes kennen. Warum sollten sie ein Risiko eingehen? Der Algorithmus hat gesprochen, er hat gerichtet über die Zukunft Ihres Kindes.

Auch wenn Viktor Mayer-Schönberger in unserem Interview beschreibt, wie hilfreich E-Books sein können, um das Lernverhalten von Schülern präzise zu messen und daraufhin die Lehrmethoden zu individualisieren[96], hat dies einen hohen Preis. Die totale Überwachung in unseren Klassenzimmern. Möchten Sie, dass jede Bewegung, jeder Buchstabe, jede Notiz Ihres Kindes lückenlos dokumentiert wird? Diese präzise Form der Dokumentation wird den Leistungsdruck massiv erhöhen. Jede kleine Träumerei kann sofort abgestraft werden und sich negativ auf die Benotung auswirken. Möchten Sie, dass Big Data quasi in die Gehirne von Schülern schaut? Schüler sollten doch Freiheiten genießen und sich keiner Totalüberwachung unterziehen müssen. Außerdem ist unser Leben mehr als das, was sich in Zahlen ausdrücken lässt. Deshalb sollten wir nicht zulassen, dass Datenprogramme unsere Kinder bewerten. Was erfasst der Algorithmus wirklich? Wo bleibt die Möglichkeit, auch einmal aus rein pädagogischen Gründen zu handeln? Zum Beispiel in familiären Krisensituationen der Schüler, in denen sie Aufmunterung und keine kalte Daten-Abstrafung brauchen? Sind wir ausschließlich das, was der Computer misst?

Wie will man Überzeugungskraft und Charisma quantifizieren? Wie erfasst man eine freundschaftliche Geste oder das Trösten nach Schicksalsschlägen? Nun kommt das Argument, dass persönliche Eigenschaften von Schülern keinen Einfluss auf das Urteil von Lehrern haben sollten. Aber warum eigentlich nicht? Gehört soziales Verhalten nicht auch zu dem, was wir erlernen müssen? Und das belohnt werden sollte?

Diese Verantwortung müssen wir spüren und nicht stupide abarbeiten. Oder wird die Plattform als reines Kontrollsystem fungieren? Als Instrument eines großen Konzerns oder Staates, dessen Wertmaßstäben sich alle unterwerfen müssen? Der vergibt dann Punkte für jede Aktion, die vordergründig der Gemeinschaft dient. Die in Wahrheit aber nur das Leben der Einzelnen kontrollieren und normieren soll, damit Sie sich und Ihr Leben komplett der Organisation unterwerfen.

Der schmale Korridor, den Big Data uns lässt, bestimmt auch die Menschen, mit denen wir zu tun haben. Denn was ist der Effekt der vordergründig reizvollen Lerngruppen mit gleichem Interesse und Niveau? Alles wird gleichförmig und steril. Wo sind die Typen, die sich streiten, reiben, aufeinanderprallen? Wo treffen wir noch Menschen, die komplett anders sind als wir? Ist nicht gerade das auch eine Aufgabe von Schule? Dass wir lernen, mit ganz unterschiedlichen Menschen umzugehen? Auch mit denen, die völlig konträre Interessen haben? Ist Schule nicht gerade der Ort der gesellschaftlichen Integration statt »algorithmischer« Klassifikation?

Und noch etwas kommt hinzu. Big Data vergisst nichts. Genau dies identifiziert Viktor Mayer-Schönberger im Interview mit uns als ein zweites »ganz wesentliches« Problem mit weitreichenden gesellschaftlichen Folgen. Die Gefahr: Alles, was Schülerinnen und Schüler tun, kann im Big-Data-Zeitalter aufgezeichnet werden:

»Und zwar nicht, weil wir die Lernprozesse und Lernmethoden verbessern wollen, sondern weil wir ein möglichst umfassendes und vollständiges Archiv anlegen wollen aller Lernerfolge und Misserfolge der Einzelnen. Und das würde dazu führen, dass jeder Fehler, den wir in unserer Schulzeit gemacht haben, uns viel später vorgehalten würde. Und das wäre eine große Katastrophe, denn Lernen bedeutet experimentieren, Lernen bedeutet auch, Grenzen austesten, Lernen bedeutet letztendlich auch, Grenzen überschreiten. Und das können wir nur in einer Umgebung, die uns das zulässt. Und die dann auch sagt, wir sehen dir dieses Austesten der Grenzen bis zu einem gewissen Grad auch nach. Wenn wir beginnen, den jungen Menschen alle Fehler vorzuhalten, über Jahrzehnte hindurch, dann ist die beste Strategie für die Zukunft dieser jungen Menschen, möglichst nichts zu tun, möglichst nicht an die Grenzen zu gehen und möglichst zu kuschen. Und damit würden wir unserer Gesellschaft nicht nur die Lebendigkeit ihrer Auseinandersetzung und ihrer demokratischen Fundierung nehmen, sondern auch ihre Innovationskraft.«[97]

Ist das unser Modell für die Zukunft? Eine Daten hortende, selektierende und entsolidarisierte Gesellschaft? Besser nicht. Geben Sie der Datenrevolution und ihren Profiteuren nicht die Macht über eine der wichtigsten Phasen in der Entwicklung des Menschen: die Kindheit und Jugend.

4.6: Mehr oder weniger Sicherheit durch Big Data?

Der 11. September 2001 hat nicht nur in den USA eine Zeitenwende eingeleitet. Wie konnte es einer solchen Großmacht passieren, dass Terroristen Anschläge dieser Dimension vorbereiteten und verübten? Hatten die Sicherheitsbehörden die Daten potenzieller und bereits identifizierter Terroristen nicht systematisch genug ausgewertet?

Es verwundert Sie nicht, dass eine exzessive Nutzung von Big Data von der politischen Führung der USA als Möglichkeit gesehen wurde, solche Terrorakte zukünftig zu verhindern. Aber gibt es so etwas wie eine hundertprozentige Sicherheit? Spätestens, seitdem Edward Snowden uns die Augen geöffnet hat, fragen sich viele: Welche Überwachungsmaßnahmen sind noch angemessen, welche sind ein Angriff auf das demokratische Fundament eines Staates? Und geklärt werden muss auch die Frage, ob Big Data die Welt überhaupt sicherer macht. Oder sorgen Cyber-Wars und Sicherheitssysteme, in die offensichtlich immer wieder eingedrungen werden kann, eher für neue Sicherheitsprobleme?

Big Data wird nicht nur in der Terrorismusbekämpfung eingesetzt. Auch in der Bekämpfung anderer Formen von Kriminalität versprechen sich die Befürworter einen Zeitenwandel. Warum nicht die Daten nutzen, um die Orte, an denen in Kürze Verbrechen verübt werden könnten, zu identifizieren und dort die polizeiliche Präsenz verstärken? Manche wünschen sich sogar, dass man Menschen, die laut Algorithmus in Kürze ein Verbrechen begehen, schon inhaftiert, bevor sie die Tat begangen haben. Was, wenn sich solche Gedanken durchsetzen? Wie kann man sich verteidigen für eine Tat, die man noch gar nicht begangen hat? Dient Big Data nicht vor allem dazu, die Bürger möglichst lückenlos zu überwachen?

Macht Big Data Ihr Leben sicherer oder unsicherer? Es lohnt sich, Chancen und Risiken der Datenrevolution auch in dieser Hinsicht abzuwägen.

Die Chance:
Ein sicheres Leben – dank Big Data

Seien Sie offen für sachliche Argumente und lassen Sie sich auf eine kurze erdachte Rede eines fiktiven Politikers ein. Er will Sie mit guten Argumenten davon überzeugen, dass Big Data keine Bedrohung für Sie darstellt. Im Gegenteil: Big Data sorgt für Ihre Sicherheit. Stellen wir uns vor, dieser fiktive Politiker, dessen Parteizugehörigkeit hier keine Rolle spielt, hält eine Rede im Bundestag:

»Sehr geehrter Herr Präsident, liebe Kollegen, sehr geehrte Damen und Herren, seit Jahrzehnten kämpfen wir gegen Kriminalität und gegen Angriffe auf unser Rechtssystem. In Deutschland, in Europa, auf der ganzen Welt. Im Kleinen, aber auch im Großen, wenn wir an den internationalen Terrorismus denken.

Wenn wir über Big Data und die Sicherheitspolitik der USA reden, dann gibt es in Deutschland eine einfache Denkweise. Snowden ist der Gute, die NSA das Böse.

Ich bin mir mit allen Fraktionen in diesem Haus einig, dass das, was die NSA mit ihren Abhörpraktiken bis auf die höchste Ebene gemacht hat, nicht in Ordnung ist. So was macht man nicht unter Freunden, da bin ich mit der Kanzlerin einig.

Aber all das sollte uns doch nicht den Blick verstellen auf das, was die Fakten sagen. Die Gleichen, die heute über die NSA schimpfen, haben 2001 gefragt, warum eine Großmacht wie die USA den 11. September nicht verhindern konnte. Die USA haben reagiert. Sie versuchen, ein dichteres Netz zu knüpfen. Es muss so engmaschig sein, dass möglichst kein Terrorist unerkannt bleibt. Das ist ein Ziel, das alle demokratischen Staaten teilen, nicht nur die USA, auch die Bundesregierung.

Nun können Sie sich darüber beschweren, dass personenbezogene Daten gesammelt, gespeichert und ausgewertet werden. Ich gebe Ihnen recht! Das ist eine Debatte, die wir führen müssen. Aber eins wollen wir doch klarstellen: Kein Geheimdienst klopft bei Ihnen an, wenn Sie ein Leben führen wie Millionen andere auch. Dann interessieren sie sich nicht für Sie.

Außerdem geht es um mehr. Jeder Staat hat die Verpflichtung, die Sicherheit seiner Bürger zu schützen. Wir müssen auch hier, auch in Deutschland, das tun, was möglich ist, ohne die Freiheit der Bürger über Gebühr einzuschränken.

Die USA nutzen Daten, um zu erkennen, wo die Zentren der Kriminalität sind. Sie konzentrieren dort ihre Ressourcen. Es ist mit Big Data gelungen, die Kriminalität in den Großstädten signifikant zu senken. Weniger Einbrüche, weniger Gewaltdelikte. Ich kann nicht erkennen, meine Damen und Herren, was daran verwerflich ist.

Ändern Sie nur einen Moment Ihre Perspektive. Lassen Sie sich nicht irreleiten durch Vorurteile und verfestigte Feindbilder. Wenn Sie sachlich auf das Thema schauen, werden Sie erkennen, dass Transparenz, verantwortlich wahrgenommen, das Ziel von uns allen ist.

Der Staat wird mehr und mehr Daten offenlegen, ich unterstütze in diesem Zusammenhang zu großen Teilen die Open-Data-Bewegung. Wenn wir lernen, die Daten zu lesen, werden wir Einbrüche, ja Morde verhindern können durch Big Data. Wir reden häufig über Prävention. Nun haben wir ein Instrument, mit dem wir frühzeitig reagieren können, dann sollten wir auch die Möglichkeiten dieses Instruments verantwortlich erkennen und nutzen.

Wenn uns die Daten sagen, dass ein Jugendlicher mit hoher Wahrscheinlichkeit bald eine Straftat begehen wird, dann können wir in der Zusammenarbeit mit den zuständigen Institutionen, wie beispielsweise dem Jugendamt, reagieren, bevor der Jugendliche zum Straftäter wird. Wir können dem jungen Menschen helfen, die Weiche in die richtige Richtung zu stellen, bevor er die Justizvollzugsanstalt von innen kennenlernt.

Wir haben damit natürlich nicht nur eine wirksame Waffe zur Prävention gegen Jugendkriminalität, sondern groß gedacht auch gegen den internationalen Terrorismus. Und wir tragen dazu bei, dass sich jeder von Ihnen ein bisschen sicherer fühlen kann. In einer digitalisierten Welt geht das nur durch den Einsatz von Big Data.

Außerdem können wir durch Big Data die Überbelastung der Polizei lindern. Wir können sie viel effektiver steuern und einsetzen, weil wir wissen, wo unsere Polizeibeamten gebraucht werden und wo nicht.

Meine Damen und Herren, alle rechtschaffenen Bürger dieses Staates haben nichts zu befürchten. Erinnern wir uns gemeinsam an ein Zitat des amerikanischen Präsidenten Franklin D. Roosevelt: ›The only thing we have to fear is fear itself.‹ Das Einzige, wovor wir uns fürchten müssen, ist die Furcht selbst. Deshalb: Fürchten Sie sich nicht vor Big Data. Unterstützen Sie uns bei unserem Einsatz für eine friedliche, sichere Welt. Vielen Dank.«

Hat Sie die Rede überzeugt? Falls nicht: Haben Sie zumindest begonnen, über einige Argumente dieses fiktiven Politikers nachzudenken? Denn alles, was in dieser erdachten Rede vor dem Deutschen Bundestag zum Ausdruck gekommen ist, lässt sich durch Fakten untermauern.

Beginnen wir mit der polemischen Darstellung, durch Big-Data-Analysen werde unser komplettes Justiz- und Sicherheitssystem auf den Kopf gestellt. Der stetig wiederholte Vorwurf: Bei Sicherheitsbehörden setze sich neuerdings die Wahnvorstellung durch, man müsse Kriminalität dadurch verhindern, dass man durch Big-Data-Profile Täter schon vor der Tat verhaftet. Dieses neue Denken sei eine Gefahr für die Demokratie und unsere Freiheit und ende in der Datendiktatur. Fakt ist: Der Versuch, potenzielle Straftäter schon vor der Tat zu identifizieren, war schon vor vier Jahrzehnten ein selbstverständlicher Bestandteil der nationalen Polizeistrategie und Sicherheitspolitik.

Um das Thema wirklich zu verstehen, sollten wir uns eine Person der Zeitgeschichte der alten Bundesrepublik ins Gedächtnis rufen. Verstehen wir ihn, begreifen wir die Themen Big Data und Sicherheit. Horst Herold war von 1971 bis 1981 Präsident des Bundeskriminalamts. Er hat für seine Arbeit zahlreiche Auszeichnungen erhalten und wurde im Jahr 2004 gar mit dem »Großen Bundesverdienstkreuz mit Stern und Schulterband« ausgezeichnet. Selbst denjenigen, die mit solchen Auszeichnungen nicht viel anfangen können, sollte dadurch klar werden, wie groß der Respekt vor seiner Lebensleistung ist. Herold gilt als »Vorzeige«-Polizist der alten Bundesrepublik. In den 1970er-Jahren wurde er gemeinsam mit Helmut Schmidt zur Symbolfigur des Kampfes gegen den Terrorismus. Seine Vision: Lasst uns so viele Informationen über die Menschen in unserem Land sammeln, dass wir erkennen, von wem eine Gefahr ausgeht. Herold verordnete dem BKA einen technischen Innovationsschub. Sein Faible für Computeranalysen galt damals als neu und eher befremdlich. Der Spiegel schrieb beispielsweise 1978 über den BKA-Chef: »Horst Herold, der Informationen hortet wie ein Alkoholiker Schnaps«.[98]

So führte Horst Herold im November 1972 das Informationssystem der Polizei (INPOL) ein, in dem Informationen über Kriminelle zentral gespeichert und abgerufen werden konnten. Im Rahmen des INPOL-Systems wurde von Herold auch die negative Rasterfahndung etabliert, um RAF-Mitglieder aufzuspuren. Bei dieser Fahndungsmethode handelte es sich um das Erfassen des Täterverhaltens nach sozialen Mustern und nach Abweichungen zum vermeintlichen Normalverhalten, das als Datenbank diente. So landete, wer beispielsweise nicht polizeilich gemeldet war und Miete oder Strom bar bezahlte, in dem Raster. 1979 konnte durch diese Fahndungsmethode das RAF-Mitglied Rolf Heißler festgenommen werden. Da aber die vermeintlich verdächtigen, erfassten Personen ihr Verhalten dem der Normalbürger anpassten, wurde die negative Rasterfahndung Anfang der 1980er-Jahre eingestellt. INPOL selber wurde 2003 von dem modernen INPOL-neu abgelöst. Die Prävention von Straftaten durch Datenanalyse ist also keine Big-Data-Neuerfindung, sondern begleitet schon seit 40 Jahren die deutsche Sicherheitspolitik.

Nun fragen Sie: Wie kann ein solcher Mann, der in den 1970er-Jahren vielen politisch links Orientierten als Technokrat und Feindbild galt[99], plötzlich als Vorbild dienen?

Die damaligen Einschätzungen beruhten nachweislich auf Vorurteilen. Herold war alles andere als ein engstirniger Bürokrat. Er verstörte die konservativen Politiker durch mutige, reflektierte Aussagen zu den Ursachen des Terrorismus. Selbst diejenigen, die Herold zu seiner Zeit kritisch gegenüberstanden, haben rückblickend Respekt vor seiner Lebensleistung und seiner Integrität. So treffen wir in Berlin Dr. Thilo Weichert, Rechts- und Politikwissenschaftler und engagierter Datenschützer. Er kämpfte in den 1970er-und 1980er-Jahren gegen die von Herold erfundene Rasterfahndung. Auch heute glaubt er noch nicht daran, dass man Täter durch Datenanalyse schon vor der Tat identifizieren kann. Im Interview mit uns stellt er klar, der Mensch sei »doch zu spontan, zu beeinflusst von allen möglichen biologischen, sozialen und ökonomischen Faktoren, die eben doch nicht in Einsen und Nullen erfassbar sind.« Jedoch räumt er ein: »Horst Herold war der Zeit weit voraus.«[100] Warum? Weichert umreißt dies so:

»In den 70er-Jahren hat er im Prinzip die Grundlagen dafür geschaffen, dass die Polizei – in dem Fall das Bundeskriminalamt –

einen ganz massiven Schub in Richtung Digitalisierung, Anwendung und Nutzung von Informationstechnik gemacht hat. Die Idee von ihm war, so viele Daten über die Gesellschaft zu sammeln und zu analysieren, dass man Erkenntnisse erlangt über Kriminalität. Dass man vor dem Kriminellen am Tatort sein kann und ihn daran hindern kann, die Tat zu begehen. Das war seine Utopie, seine Wunschvorstellung. Und das Schöne bei Horst Herold ist, das haben wir ihm damals in den 80er-Jahren eben nicht abgenommen, aber das würde ich ihm heute abnehmen: Er war damals von einem humanen Menschenbild, von Menschenrechten und einer gerechten Gesellschaft ausgegangen.«[101]

Dies wird die Kritiker von Big Data nicht umstimmen. Aber sie sollten zur Kenntnis nehmen, dass über diese Thematik schon seit Jahrzehnten kontrovers diskutiert wird. Die Behauptung, all dies sei eine neue Begleiterscheinung von Big Data, ist schlicht falsch.

Das, was Horst Herold in den 1970er-Jahren in Deutschland eingeführt hat, wurde auch in den USA ständig weiterentwickelt und perfektioniert. Zum Wohle der Bevölkerung. Selbst, wenn die Bush-Regierung nach dem Trauma vom 11. September sicherlich mit einigen Aktivitäten den Bogen überspannt hat, so bleibt die Grundhaltung der Amerikaner doch nachvollziehbar. Sie haben agiert und die Verbrechensbekämpfung auf eine neue Ebene gehoben.

Nach dem Einsturz der Twin Towers nahmen die Aktivitäten für die innere Sicherheit in Amerika rasant zu. Von der Herstellung der Überwachungskamera bis zum Aufbau umfangreicher Datenbanken zur Terrorprävention. Sogar eine komplett neue Behörde, das Ministerium für Heimatschutz, wurde gegründet, die die Informationen der Geheimdienste zentral sammelt und sichtet.

In Deutschland nahm man von dieser Entwicklung zu lange wenig Notiz. So hätte der 10.12.2012 ein verheerender Dezembertag für die innere Sicherheit Deutschlands werden können. Am Mittag entdeckte ein Reisender eine herrenlose Tasche auf Gleis eins des Bonner Hauptbahnhofs. Er meldete seinen Fund der Bahn. Wenige Stunden später waren der komplette Bahnhof und große Teile der Innenstadt abgesperrt, denn in der Tasche lag ein Sprengsatz. Doch die Bombe explodierte nicht, und der Plan der vier jungen Männer, die den Terror nach Deutschland bringen wollten, scheiterte. Hätte nicht schon allein der Versuch durch Big-Data-Analyse im Keim erstickt werden können? »*Predictive* Policing« bezeichnet die datenbasierte präventive Polizeiarbeit, die in den USA bereits in einigen Städten praktiziert wird. Die Polizei beispielsweise in Santa Cruz, Los Angeles oder Seattle analysiert Informationen aus internen Datenbanken, aber auch den Wetterbericht und soziale Netzwerke, und sucht nach Korrelationen. Sprich: Die Computer suchen nach Mustern in den Daten, die auf potenzielle Kriminalitäts-Hotspots hindeuten. Als Resultat ergeben sich Wahrscheinlichkeiten, nach denen die Beamten beispielsweise ihre Streifen ausrichten. Bisher wurde »PredPol«, so die Abkürzung dieser datenbasierten Polizeiarbeit, als Erfolg gewertet. Im ersten Jahr sank beispielsweise in Santa Cruz laut dem Police Department die Zahl der Überfälle um neun Prozent, der Einbrüche um elf Prozent und der Raubüberfälle um 27 Prozent.[102]

In den Vereinigten Staaten gehört »Predicitve Policing« bereits zum Polizeialltag. Projekte wie in den USA starteten erst 2014 in Bayern und Nordrhein-Westfalen. So will man in Nordrhein-Westfalen beispielsweise – gerade im Raum Bonn – anhand der Kriminaldaten der letzten Jahre in Zukunft Einbrüche verhindern, bevor sie überhaupt verübt werden. Die Vorgehensweise der Polizei ist dabei denkbar einfach: Da, wo in der Vergangenheit viel eingebrochen wurde, soll bald der Polizeischutz verstärkt werden. Das ist Big Data für Anfänger. Einen fehlgeschlagenen Anschlag wie im Dezember 2012 hätte man so nicht verhindern können. Dabei ist die nötige Technik längst vorhanden. Wichtig ist dabei, dass auch Big-Data-Analysen nur ein Hilfsmittel bleiben, so wie es die Lupe zu Beginn der Kriminologie war. Wichtig ist außerdem, dass Datenerhebung und -auswertung für die Bürger möglichst transparent sind.

Warum sollten unsere Sicherheitsbehörden im analogen Zeitalter stehen bleiben, wenn Terroristen schon längst die Vorteile der digitalen Welt nutzen? Sollen sich Cyber-Kriminelle, die unsere modernen Technologien und Netzwerke zum Spielfeld von Betrug und Bedrohung machen, einfach ungehindert austoben? Sollen wir uns der Kriminalität schutzlos ausliefern? Einfach ein halbes Jahrhundert ausblenden und zurückkehren in die Zeit, bevor Horst Herold und das Bundeskriminalamt Daten zur gezielten Prävention von Straftaten genutzt haben?

Natürlich können wir uns eine analoge Welt zurückwünschen, in der wir noch nicht so globalisiert und vernetzt gelebt haben. Doch mit Nostalgie garantiert man keine Sicherheit. Der Blick zurück kann allerdings helfen, die aktuellen Entwicklungen in den richtigen Zusammenhang zu stellen.

Lange bevor der erste Computer erfunden wurde, haben Polizisten in allen demokratischen Staaten dort Präsenz gezeigt, wo Kriminalität zu befürchten war. Warum gibt es bei Volksfesten oder bei kontroversen Demonstrationen eine deutlich erhöhte Präsenz der Polizei? Warum fährt ein Polizist in Straßen, in denen sich pro Woche mehrere Raubüberfälle ereignen, häufiger Streife als in Wohnsiedlungen, in denen so gut wie nie etwas passiert? Weil die Polizei dort sein will, wo sie gebraucht wird. So wie bei dem Einsatz der Polizei im Umfeld von Fußballspielen. NRW-Innenminister Ralf Jäger erklärte auf einer Pressekonferenz im April 2014 dazu: »Um die Polizei aber dort weiterhin präsent zu halten, wo sie gebraucht wird, müssen wir den Kräfteeinsatz optimieren«.[103]

Das klingt wie eine Banalität, scheint aber noch einmal explizit erwähnt werden zu müssen, da dieses Grundprinzip bei Big-Data-Gegnern offensichtlich in Vergessenheit gerät.

Früher, als in Stadtteilen und kleinen Ortschaften noch jeder jeden kannte, funktionierte vieles von allein. Man wusste, wer Schwierigkeiten machen konnte. Wer trinkt häufiger einen über den Durst? Wer wird bei Volksfesten schnell mal gewalttätig? Wen muss man freundschaftlich »einfangen«, bevor er Ärger macht? Diese Form der sozialen Kontrolle mag aus heutiger Sicht nicht mehr jedem gefallen, wird aber nach wie vor mit großem Erfolg für die Sicherheit der Bürger überall auf der Welt in unzähligen Dörfern und kleineren Städten praktiziert. Die Bürger haben gemeinsam mit der Polizei über Jahrhunderte Mechanismen entwickelt, ein friedliches Zusammenleben zu ermöglichen.

Diese Strukturen haben wir in Großstädten mehr und mehr aufgelöst. In den Metropolen wissen viele nicht einmal mehr, wer nebenan in der Wohnung lebt. Hinzu kommt: Kriminalität findet heute räumlich »unsichtbar« im Netz statt. Kriminelle Gruppen treffen sich nicht zu konspirativen Treffen in Wohnungen oder abgelegenen Fabrikhallen, sondern online. »Viele Kriminelle verlagern ihre Aktivitäten ins Internet«, bestätigt auch Bitkom-Präsident Prof. Dieter Kempf.[104]

Will die Polizei Kriminalität wirksam bekämpfen, muss sie aber weiterhin dort Präsenz zeigen, wo Menschen sich finden, um das Leben anderer in Gefahr zu bringen. Wenn das nicht mehr in abgelegenen Fabrikhallen passiert, sondern in der digitalen Welt, kann man auch nicht mehr mit Razzien reagieren, sondern nur noch mit Big Data.

Wenn sich der internationale Terrorismus vernetzt, müssen Sicherheitsapparate darauf vernetzt reagieren. Wenn Menschen im Netz scheinbar anonym ihr Unwesen treiben, müssen Sicherheitsapparate so gründlich im Netz suchen können, dass sie die Täter ausfindig machen und identifizieren können. Internetkriminalität wird zu einem wachsendem Problem. So stiegen die Fälle von Cybercrime, wie etwa Computerbetrug oder das Ausspähen von Daten, laut der Polizeilichen Kriminalstatistik (PKS) von 2009 bis 2013 um 28 Prozent.[105]

Noch einmal: Natürlich dürfen demokratische Staaten den Bogen nicht überspannen. Die Sammlung von Daten darf nicht zum Selbstzweck werden, sondern muss nach klaren Regeln organisiert und optimiert werden. Dies ist nur möglich, wenn wir Big Data offen gegenüberstehen.

Aber Sicherheit ist nicht nur der Schutz vor Verbrechen vor der Haustür. Es geht auch um globale Sicherheit und Konstanz. Sie werden von Technologien profitieren – im Großen und im Kleinen: Die Zeit, in der Diebe das Auto »kurzgeschlossen« haben und davongebraust sind, werden der Vergangenheit angehören. Ihr Auto wird an Ihrem Sitzprofil erkennen, ob Sie oder Freunde von Ihnen im Auto Platz genommen haben oder jemand, der unerwünscht ist. Ihr »Smart Home« wird sofort registrieren, dass Einbrecher im Haus sind, und Alarm auslösen. In zahlreichen weiteren Lebensbereichen wird Big Data helfen, Ihr Leben bequemer und sicherer zu machen. Sie gewinnen Zeit, Sicherheit und damit Lebensqualität.

Noch einmal sei an das Zitat von Franklin D. Roosevelt erinnert: »The only thing we have to fear is fear itself«. Das Einzige, was wir fürchten müssen, ist die Angst selbst. Die Gesellschaft muss aktiv die Chancen von Big Data ausloten und nutzen. Sonst wird man der

Kriminalität und dem Terrorismus in einer hochtechnisierten Welt nicht mehr gewachsen sein.

Das Risiko:
Das trügerische Versprechen von Sicherheit – ein Angriff auf die Freiheit!

Im vorigen Kapitel hat ein fiktiver Politiker einer Regierungspartei eine flammende Rede gehalten. Mehr schlecht als recht hat er versucht zu erklären, warum ohne Big Data keine moderne Sicherheitspolitik möglich sei. Stellen wir uns vor, ein Politiker einer Oppositionspartei ergreift als nächster Redner das Wort. Energisch entgegnet er seinem Vorredner:

»Meine Damen und Herren. Wir waren soeben wieder einmal Zeuge einer heuchlerischen Rechtsverdrehung. Sie haben doch hoffentlich nicht auch nur einen Moment daran gedacht, den Scheinargumenten des Kollegen zu folgen. Frank Schirrmacher, der von uns geschätzte Journalist, hat es zu Recht wörtlich folgendermaßen formuliert:

›Das neue Zeitalter von Big Data erschafft die größte Überwachungsmaschinerie, die es je gab.‹

Das ist der Hintergrund von allem, worüber wir reden, meine Damen und Herren.

Und um nun direkt Bezug auf den Kollegen zu nehmen. Es kann doch nicht sein, dass wir, nur um bei der Polizei Ressourcen zu sparen, eines unserer elementaren Rechtsprinzipien opfern. Wir werden in Deutschland und in jeder Demokratie bestraft für Taten, die wir begangen haben, aber doch nicht für Taten, die wir möglicherweise begehen werden! Wohin führt das denn? Ich kann Ihnen die Antwort geben: auf direktem Weg in die Datendiktatur.

Das, was der Kollege als Prävention beschreibt, geht an der Realität, so wie sie bereits praktiziert wird, weit vorbei. Es geht dem Kollegen und seiner Partei nicht darum, junge Leute auf den rechten Weg zu führen. Es geht nicht darum, die Jugendämter effektiver einzusetzen. Es geht darum, Menschen wegzusperren, bevor sie angeblich Schaden anrichten.

Ich betone ›angeblich‹! Denn welche Möglichkeiten der Verteidigung haben Sie als Bürger, wenn der Algorithmus bestimmt hat, dass Sie in Kürze eine Straftat begehen? Wir können uns nicht wehren gegen diese Datendenunziation. Wir können in keinem rechtsstaatlichen Verfahren mit der Prämisse ›Im Zweifel für den Angeklagten‹ darlegen, dass wir die Tat nicht begangen haben. Weil es darum ja gar nicht mehr gehen kann. Die Daten werden zum Ankläger und Richter in einer Instanz. Das ist ein unglaublicher Angriff auf unser Rechtssystem, auf unsere Freiheit.

Wir liefern uns einer Technologie aus, die über unser Leben richtet. Das ist nicht akzeptabel! Ganz zu schweigen von der Frage: Was, wenn sie manipuliert ist?

Und haben Sie mal darüber nachgedacht, was in totalitären Systemen mit Big Data längst passiert? Wie die Überwachung der Stasi ausgesehen hätte mit den technischen Möglichkeiten von heute? Und was auch im heutigen Deutschland wieder möglich wäre, wenn der politische Wind ein wenig nach rechts dreht? Ich lasse jetzt mal bewusst ein paar Sekunden Pause, damit Sie sich das selbst ausmalen können.

Und ganz davon abgesehen: Ist unser Leben wirklich vorhersagbar? Welches Menschenbild, Herr Kollege, steht denn dahinter? Glauben Sie wirklich, man kann sicher vorhersagen, dass jemand in Kürze eine Straftat begeht? Noch gibt es so etwas wie den freien Willen. Die Entscheidung, die wir ganz bewusst und individuell treffen. Die Situation, die uns beeinflusst und uns einen anderen Weg einschlagen lässt.

Wir dürfen uns nicht verdummen lassen. Wir dürfen uns auch nicht einschläfern lassen. Wir müssen aufstehen und sagen: Mit uns nicht!

Enden möchte ich mit einem Zitat von Dirk Helbing, Professor für Soziologie in Zürich. Er sagt wörtlich im Zusammenhang mit Big Data: »Aus der Formel ›Wissen ist Macht‹ ergibt sich rasch die Folgerung ›Allwissen ist Allmacht‹. Das ist das, was Sie wollen, Herr Kollege, und nichts anderes. Dankeschön.«

Auch, wenn es sich hier um die Rede eines fiktiven Politikers handelt: Die Realität bestätigt ihn. Der Zorn ist berechtigt. Mittlerweile sind die schlimmsten Science-Fiction-Szenarien in Teilen bereits zur Realität geworden.

Ein Beispiel? Im Jahr 2002 kam die Hollywood-Produktion »Minority Report« in die Kinos. Dieser Film von Starregisseur Steven Spielberg spielte weltweit 358 Millionen Dollar ein und ist mittlerweile zu einem Science-Fiction-Klassiker avanciert. Warum?

Es liegt nicht in erster Linie an Tom Cruise, der in zahlreichen Filmen Hauptrollen spielte, die keinen bleibenden Eindruck hinterließen. Es liegt an der Story, die bereits im Jahr 2002 düstere Vorahnungen wachrief. »Minority Report« spielt im Washington des Jahres 2054, und doch dachte der Film nur Tendenzen weiter, die auch im Jahr 2002 schon spürbar waren. So schrieb damals Janis El-Bira in »Movie Maze«:

»Genau dies ist der Punkt, durch den der Film so bedrückend, so unangenehm wirkt. Während uns andere Science-Fiction-Filme wie hirngespinstige Vorstellungen endlos entfernter Zeiten vorkommen, wirkt Spielbergs Film erschreckend ›nah‹, kommt uns bekannt vor, wirkt zuweilen wie die Furcht einflößende Umsetzung dessen, was Wissenschaftler und Forscher als Wunder und Möglichkeiten der Zukunft anpreisen: Wenn etwa John Anderton (Tom Cruise) auf seiner Flucht durch eine Einkaufspassage läuft, werden seine Augäpfel von speziellen Kameras abgetastet, und von allen Seiten sprechen ihn gewaltige Werbehologramme von Firmen (...) mit Namen an und stellen ihm auf seine Person zugeschnittene Angebote vor; ebenso sind Zeitungen animiert, und die neuesten Nachrichten ›fließen‹ sofort ins Bild, und die häufig verregneten Straßenschluchten werden gesäumt von haushohen Videotafeln.«[106]

Die komplette, lückenlose Überwachung. Die Omnipräsenz von individualisierter Werbung. Hier wird Big Data beschrieben, bevor die Welt einen Namen für diese Diktatur des Digitalen hatte. Aber es ging noch weiter. Im Trailer zum Film hieß es: »The Future Can Be Seen. Murder Can be Prevented. The Guilty Punished Before the Crime is Committed. The System is Perfect. It's Never Wrong.« Verbrechen bestrafen, bevor die Tat begangen wurde?

Das Drehbuch basiert auf einer Kurzgeschichte, die Philip K. Dick bereits 1956 veröffentlichte. Aber Spielberg nahm sie nur als Ausgangspunkt, engagierte ein Team von amerikanischen Zukunftsforschern und erarbeitete eine Vision auf Basis ihrer Prognosen und Ideen. So nimmt die Abteilung Precrime der Washingtoner Polizei in Spielbergs Film Personen in Haft, bevor sie die Tat begangen haben. Was bedeutete dieses Szenario im Jahr der Filmpremiere?

Als »Minority Report« 2002 in den USA anlief, lag der 11. September gerade einmal ein Dreivierteljahr zurück. Die Bush-Administration startete ihre Offensive gegen den internationalen Terrorismus, verbunden mit massiven Einschränkungen der bürgerlichen Freiheitsrechte. Im Sog dieser Entscheidungen wurden die Programme entwickelt und die Gesetze erlassen, die in direkter Linie zum Überwachungswahn der NSA führten.

So trifft heute ein Großteil aller Bewährungsausschüsse in den USA die Entscheidung, ob eine Haftstrafe zur Bewährung ausgesetzt wird oder nicht, auf der Grundlage von Datenanalysen. Haben Sie schon einmal etwas von der Software »PredPol« gehört? Für viele Polizisten in den USA gehört sie schon zum Alltag. Was kann, was leistet »PredPol«? Die Software berechnet, mit welchen Verbrechen wann und wo zu rechnen ist, und die Polizei überwacht daraufhin Straßen, Gruppen oder sogar einzelne Menschen verstärkt, um dem Verbrechen zuvorzukommen. Aber die 1 und 0 des Computers berechnen Korrelationen und erkennen nicht zwangsläufig reine Zufälle. Solche Zufälle können schlimme Fehler sein, wie im Fall des 22-jährigen Robert McDaniel aus Chicago. Ihn suchten Polizisten auf, da er potenziell Täter oder Opfer eines Verbrechens werden könnte. Er stand auf der »Heat List«, einem Dokument, in dem 400 Menschen aufgelistet sind, die der Computer für besonders gefährdet hält, in Gewaltverbrechen involviert zu werden. Robert McDaniel tauchte wegen gewaltloser Delikte wie Cannabisbesitz in den Akten auf und hatte zufällig einen Freund, der im Vorjahr durch ein Verbrechen verstarb. Das korrelierte laut Computer mit der Wahrscheinlichkeit, jemanden zu töten oder getötet zu werden. Wie die »Chicago Tribune«, eine überregionale Tageszeitung, berichtete, mahnte die Polizei den jungen, vom Besuch äußerst irritierten Mann: »Begeh keine weiteren Straftaten, oder du musst die Konsequenzen dafür tragen«.[107]

Die Befürchtung, dass »Minority Report« zur Realität werden könnte, ist omnipräsent. Auch der Europa-Abgeordnete der Grünen, Jan Philipp Albrecht, sieht diese Tendenz. Deswegen spricht er sich dagegen aus, dass Menschen auf Grundlage von Algorithmen in Risikogruppen eingestuft und entsprechend stigmatisiert werden. Der »Minority Report«, das Einsperren von Menschen, bevor sie die Tat begangen haben, müsse Science-Fiction bleiben, so Albrecht in einem Gespräch mit der »Zeit«.[108]

Einen vordergründigen Unterschied zwischen dem Hollywoodfilm und der gelebten Praxis gibt es jedoch: In »Minority Report« werden Menschen nicht auf Basis einer Big-Data-Analyse festgenommen. »Precrime« vertraut auf die außergewöhnlichen, hellseherischen Fähigkeiten dreier Menschen, die bewusst in einem tranceartigen Zustand gehalten werden. Selbst wenn es unter ihnen abweichende Meinungen gibt, werden diese »Minority Reports« unter Verschluss gehalten. Zweifel am System dürfen gar nicht erst aufkommen. Aber hält dieser vordergründige Unterschied einer Prüfung stand? Nein!

Genau dieser Aspekt des Films wird im Allgemeinen übersehen. Die drei »hellseherischen Menschen« in der Filmvorlage sind genauso wenig frei von Fehlurteilen wie die Big-Data-Analyse. Auch Big Data trifft nur Vorhersagen, spielt das Orakel, kalkuliert mit Wahrscheinlichkeiten, trifft aber dadurch noch lange nicht die Realität! Und genau wie die »Minority Reports« unter den Teppich gekehrt werden, um die Glaubwürdigkeit von »Precrime« zu retten, so wird auch die Fehlbarkeit der Big-Data-Analyse heruntergespielt, um den Anschein zu erwecken, Big Data sei unfehlbar. Dies ist und bleibt eine Lüge.

In »Minority Report« fliegt sie auf. »Precrime« scheitert. Zu viele Menschen wurden unschuldig eingesperrt. Auch die Big-Data-Analyse, die potenzielle Straftäter identifizieren soll, muss gestoppt werden. Und das nicht nur, weil Prognosen nichts über Realitäten aussagen.

Big Data genießt den Charme des Panopticons – Sie erinnern sich an das Panopticon aus Kapitel 2? Für viele auf den ersten Blick ein gewöhnlicher Wachturm – in Wahrheit jedoch eine architektonische Konstruktion, um zahlreiche Gefangene im Gefängnis mit genau einer Wachperson »in Schach zu halten« und ihnen das Gefühl zu vermitteln, immer und jederzeit beobachtet zu sein. Durch den zentralen und höher angeordneten Wachturm spüren alle in den darum angeordneten Zellen immer diesen unterschwelligen Druck der Augenpaare, die auf sie gerichtet sind – unabhängig, ob sie irgendetwas auszuhecken versuchen oder einfach nur in Ruhe ihre »Privatsphäre« genießen wollen. Und genau das ist es, was viele im Hinterkopf haben, wenn sie an Big Data denken. Und weshalb sie es aus dem Rechtssystem heraushalten wollen.

Der stellvertretende Chefredakteur des ZDF, Elmar Theveßen, warnt ebenfalls vor der Annahme, dass Algorithmen am Ende genauso viel gesunden Menschenverstand hätten wie ein Mensch selbst: »Man wird nicht erreichen, dass ein Algorithmus am Ende immer auch zu den richtigen Schlussfolgerungen kommt. Beispiel: Wenn ich Zusammenhänge herstelle zwischen Einzelpersonen und nur, weil einer über drei oder vier Ecken irgendwas mit jemanden zu tun hat, der mal unter Terrorverdacht geraten ist, dann kann diese Person auch ins Visier der Sicherheitsbehörden geraten. Das würde man mit gesundem Menschenverstand, wenn man sich das betrachtet, dann nicht als Grundlage nehmen, um gegen einen Menschen vorzugehen. Aber wenn der Algorithmus als das Absolute angesehen wird, dann wird gesunder Menschenverstand einfach ausgeschaltet, und da liegt die große Gefahr.«[109]

In Deutschland steckt »Predictive Policing« noch in den Kinderschuhen. Doch das Bundeskriminalamt interessiert sich bereits für die entsprechende Software. »Predictive Policing« ist eine Revolution in der inneren und äußeren Sicherheit, eine Revolution, die vor allem eines braucht: Daten, sehr viele Daten. Wie groß die Datengier der Sicherheitsbehörden ist, lassen die Snowden-Enthüllungen erahnen. Allein der britische Geheimdienst GCHQ sammelt mit seinem Spähprogramm »Tempora« bis zu 21,6 Petabyte am Tag. Noch einmal zur Veranschaulichung: 1 Petabyte entspricht 1 Million Gigabyte. Genug, um über 31 Millionen Stunden auf einem digitalen Videorekorder aufzuzeichnen.[110]

Hat der Staat das Vertrauen in seine Bürger verloren? »Es ist nicht unbedingt ein neuer Gedanke. Sicherheitsbehörden haben immer mal gedacht, was man alles mit Big Data anstellen könnte«, erklärt Markus Beckedahl, ein netzpolitischer Aktivist und Journalist aus Berlin, im Gespräch mit uns. Es gehe jedes Mal darum, die Grenzen zu definieren, wie viel Freiheit wir bereit sind aufzugeben, um Sicherheit zu bekommen. Beckedahl fragt: »Wo sind die roten Linien in unserer Gesellschaft? Welche Grundrechte wollen wir aufgeben? Wofür?«[111] Immer häufiger wird Freiheit gegen vermeintliche Sicherheit eingetauscht. Da wirkt es wie eine Ironie der Geschichte, dass es im Umkreis von 200 Metern um die ehemalige Londoner Wohnung des Autors von »1984«, George Orwell, bereits 2007 schon mehr als 30 Überwachungskameras gab. Orwell sah voraus, dass wir überwacht werden. Orwell sah voraus, dass wir manipuliert werden. Was Orwell nicht ahnte: Es ist nicht nur der Staat, es ist nicht nur »Big Brother«, der uns überwacht. Das erledigen wir heute selbst. Die sozialen Netzwerke haben sich, natürlich von den Usern unbeabsichtigt, zu einer schier unerschöpflichen Informationsquelle für Geheimdienste entwickelt.

Der Journalist Elmar Theveßen beschäftigt sich seit zwei Jahrzehnten mit internationaler Sicherheitspolitik und Terrorismus. Er war ZDF-Korrespondent in Washington und hat 2014 zwei große Dokumentationen über die sicherheitspolitischen Gefahren durch Big Data gedreht. Als wir den stellvertretenden ZDF-Chefredakteur im Mainzer Sendezentrum zum Interview treffen, betont er, dass nach seiner Einschätzung »Cyber-Attacken« bereits zur beinahe alltäglichen Begleiterscheinung in der Auseinandersetzung zwischen konkurrierenden oder verfeindeten Staaten gehören. Auf unsere Frage, ob analog zu »Minority Report« auch die Hollywood-Produktionen, in denen Terroristen oder Geheimdienste die Verkehrsströme großer Metropolen lahmlegen, Kernkraftwerke kapern, die Kontrolle über die komplette Infrastruktur übernehmen und ein Land ins Chaos stürzen, Realität werden könnten, antwortet er:

»Die sind schon Realität. Wir brauchen nur mal ins Jahr 2007 nach Tallinn in Estland zu gucken, wo durch eine Hacker-Attacke die Stadt, das Regierungssystem und die Wirtschaft lahm gelegt worden sind.«[112]

Hacker hatten damals die Webserver der Stadt mit einer Welle unsinniger Datenanfragen überflutet, bis sie unter der Last der Spams kollabierten. Fast die gesamte online organisierte, staatliche Infrastruktur brach drei Wochen lang durch die DoS-Attacke (Denial of Service – deutsch: Dienstverweigerung) zusammen: Internetseiten des Präsidenten, der Behörden, von Schulen, Geldinstituten, Energieversorgern und Zeitungen waren zeitweise nicht mehr zu erreichen. Das Parlament konnte nicht arbeiten. Der Zugang zum

Onlinebanking der zweitgrößten Bank des Landes wurde mehrere Stunden lang blockiert. Als Reaktion auf den bis dahin schwersten Cyber-Angriff auf einen Staat wurde in Tallinn das »Gemeinsame Exzellenzzentrum für Computer-Verteidigung« der NATO gegründet. Der Leiter des Computer Emergency Response Teams (Cert) und damaliger Sicherheitschef der Sampo Bank, eines der größten Geldinstitute Estlands, Anto Veldre, formulierte gegenüber der »Süddeutschen Zeitung« die Ausmaße des Schreckens, welches durch den Cyber-Angriff verursacht wurde: »Vor allem herrschte Panik, denn je heftiger die Angriffe wurden, desto größer wurde die Wahrscheinlichkeit, dass die Angreifer die Kontrolle über Strom-, Wasser- und Kommunikationsnetze übernehmen.«[113]

Ein Ausnahmefall? Keineswegs. Elmar Theveßen lässt uns die Dimension des möglichen Schreckens erahnen:

»Es ist durch die Vernetztheit möglich, beliebige Ziele in unserer modernen Wirtschaft anzugreifen. Sei es nun, Züge zum Stillstand oder zum Entgleisen zu bringen oder Flugzeuge durch Apps abstürzen zu lassen. Dass das mittlerweile möglich ist, wurde schon in der Theorie nachgewiesen.«[114]

Aber auch jeder Einzelne kann durch den persönlichen Eingriff gefährdet sein. Was ist zum Beispiel mit dem Hacker-Angriff auf einen Herzschrittmacher?

Sind Sie immer noch der Meinung, die Digitalisierung der Sicherheitssysteme führe uns in eine sicherere Welt? Die Vorstellung, Kriege »digital« führen zu können, hatte die amerikanische Regierung zum ersten Mal im ersten Golf-Krieg durch entsprechendes Propagandamaterial suggeriert. Damals erweckten die Bilder von startenden Kampfflugzeugen in Kombination mit Aufnahmen von digital berechneten Zielbombardements in Videoästhetik den Eindruck, als sei ein schnelles Kriegsende aufgrund der Präzision des Militäreinsatzes so gut wie garantiert. Heute ist es der Einsatz von Drohnen, der höchst kontrovers diskutiert wird. Journalismus und Bevölkerung tun gut daran, diese militärischen Entwicklungen genau zu verfolgen. Denn selbst der von Militärs gesteuerte Drohneneinsatz ist nur als Übergang gedacht.

In nicht allzu ferner Zukunft könnte Big Data dazu führen, dass Sicherheit nicht mehr die Sache der Polizei, der Armee oder der Geheimdienste ist, sondern Algorithmen diese Aufgabe übernehmen. 1983 war es noch anders. Auch damals gab es natürlich schon Technik. Am 26. September des Jahres musste Stanislav Petrow, ein sowjetischer Oberst, eine Entscheidung für oder gegen diese Technik treffen. Denn ein Computer, das satellitengestützte Raketenwarnsystem »Oko«, schlug in der Frühwarnzentrale von Oberst Petrow

Alarm: Start einer amerikanischen Rakete. Mitten in der heißen Phase des Kalten Krieges meldete der Spionagesatellit Kosmos 1382, dass Russland noch 25 Minuten bis zum Einschlag einer Atomrakete blieben. 200 Mitarbeiter warteten, wie Oberst Petrow reagieren würde. Immerhin hätte mit einem Knopfdruck ein vernichtender Gegenschlag gestartet werden können. Die Sowjets hatten selber Hunderte Raketen des Typs SS-20 »Saber« auf Westeuropa ausgerichtet. Jede Rakete verfügte über eine Sprengkraft, die um ein Vielfaches stärker war als die 1945 über dem japanischen Nagasaki abgeworfene Atombombe. Sie hätten Hunderte Millionen Todesopfer fordern können. Petrow berichtete später gegenüber dem Magazin »Der Spiegel«, er habe damals an Teelöffel gedacht: »Niemand löffelt einen Wassereimer langsam mit einem Teelöffel aus, (...) niemals würden die USA einzelne Raketen auf die UdSSR feuern. Ein nuklearer Angriff würde mit der Vernichtungskraft von Hunderten Raketen gleichzeitig erfolgen.[115] Deswegen rapportierte er seinem Vorgesetzten telefonisch, es habe sich um einen Fehlalarm gehandelt. Unmittelbar danach aber meldete Kosmos 1382 den zweiten Raketenstart und kurz darauf den Anflug drei weiterer Raketen. Dennoch misstraute Stanislav Petrow dem Computerfrühwarnsystem. Er erklärte im Gespräch mit der Zeitschrift: »Wir sind klüger als die Computer. Wir haben sie geschaffen.«[116] Stanislaw Petrow behielt recht: Nach wenigen Minuten meldeten die Radarsysteme, dass es sich um einen Fehlalarm gehandelt hatte. Dieser Computerfehler hätte den dritten Weltkrieg auslösen können, denn wäre Petrow oder ein anderer dem Computer gefolgt und hätte Raketen abgefeuert, hätte er damit einen tatsächlichen Nuklearschlag der USA provoziert.

Die Vision der Zukunft sieht ein menschliches Einschreiten nicht mehr vor. Wie so eine Zukunft aussehen könnte, präsentierte das Rüstungsunternehmen BAE Systems im Frühjahr 2014. Mit der Drohne »Taranis« stellte der Rüstungsgroßlieferant der amerikanischen Regierung eine Drohne vor, die nicht mehr von Menschenhand gesteuert werden muss. Ein »fully autonomous, intelligent system« oder, wie der Internetintellektuelle Sascha Lobo in der »Frankfurter Allgemeinen Zeitung« schreibt: ein »schwiemeliger Euphemismus für den kybernetischen Horrorklassiker«[117]. Denn für ihn handelt es sich bei »Taranis« um nichts anderes als eine »digitale Todesschwadron, bei der aus einem Bug ein Zufallsmord werden kann«. Denn ob die Drohne einen Unschuldigen oder einen Terroristen tötet, hängt ganz davon ab, wie verdächtig sich die jeweilige Person verhält. SMS und Anrufe an verdächtige Personen oder der Aufenthalt in einem verdächtigen Gebiet — all das steigert für die Drohne die Wahrscheinlichkeit, dass es sich um einen Terroristen handeln könnte. Und wenn die Wahrscheinlichkeit nur hoch genug ist, dann handeln Drohnen oder Kampfroboter.

Die deutsche Informatikerin, Sachbuchautorin und Sprecherin des Chaos Computer Clubs Constanze Kurz und ihr Kollege Frank Rieger, deutscher Hacker, Sachbuchautor und Technikpublizist, schrieben in ihrem Buch »Arbeitsfrei« dazu: »Wenn die individuelle Gewissensentscheidung und das typisch menschliche Einschätzen einer Situation aus dem Bauch heraus der durch Roboter ersetzten Soldaten und Polizisten als Korrektiv wegfallen, ist ein Abgleiten in Strukturen möglich, die eher einem Raubrittertum als modernen demokratischen Gesellschaften ähneln.«[118]

Nein, Big Data macht unser Leben nicht sicherer. Es handelt nur mit der Illusion von Sicherheit. Und hinter der Verkaufsoberfläche erkennen wir unschuldig ins Visier der Strafverfolgung geratene Big-Data-Opfer, freiheitsberaubende Totalüberwachung und ausspähbare Sicherheitssysteme, die jederzeit von außen gehackt werden können. Elmar Theveßen zitiert zu Recht im Interview mit uns den amerikanischen Staatsmann Benjamin Franklin, der 1776 die Unabhängigkeitserklärung der Vereinigten Staaten mit entwickelt und unterzeichnet hat:

»Wer wesentliche Freiheit aufgeben kann, um eine geringfügige bloß jeweilige Sicherheit zu bewirken, verdient weder Freiheit noch Sicherheit.«[119]

Verteidigen Sie die Freiheit, solange es noch möglich ist.

Interview mit Elmar Theveßen

»Marionetten an Strippen«

Elmar Theveßen (geboren 1967) ist stellvertretender Chefredakteur des ZDF und Geheimdienstexperte des Senders. In mehreren Dokumentationen hat er sich mit dem Thema Datensicherheit und dem Ausmaß der Zusammenarbeit zwischen Sicherheitsbehörden und IT-Branche befasst.

Wofür, Herr Theveßen, steht Big Data im Sinne von Verheißungen, im Sinne von Versprechungen?

Also das Erste, was uns ja versprochen wird, ist Sicherheit. Das heißt, je mehr Daten man hat, desto mehr kann man daraus analysieren, wo Gefahren drohen, und diese Gefahren dann verhindern. Quasi präventiv. Wenn ich weiß, welche Netzwerke miteinander in Kontakt stehen, wer Kontakt zu Terroristen oder mit Waffenhändlern hat, dann kann ich natürlich auf dieser Basis handeln. Doch wenn diese Analysewerkzeuge an alle Daten angelegt werden, dann kann eigentlich jeder ins Visier geraten. Mehr Sicherheit klingt also erst mal nach einer Verheißung, schränkt aber die Freiheit massiv ein.

Sie haben jetzt Licht und Schatten in der Antwort angesprochen. Doch wenn Sie mal den Science-Fiction-Autor spielen: Wie sieht ein Negativszenario aus, das auf uns zukommen könnte?

Das Negativszenario ist die totale Kontrolle und die Manipulation von Realität. Shoshana Zuboff, eine Professorin aus den USA, hat das mal sehr klar auf den Punkt gebracht. Im Grunde versuchen die Internetfirmen, allen voran Google, eine Art zweite Realität zu erschaffen. Sie sammeln alle Daten, können so die Realität in ihren Servern abbilden, und wenn man das kann, alle Einzelheiten dazu hat, ist man auch in der Lage, einzelne Elemente dieser Realität mitzubestimmen, zu manipulieren und zu verändern. Die große Gefahr liegt darin, dass wir diese negative Seite gar nicht bemerken, weil es auch eine positive Seite gibt. Wenn unser Wohlbefinden gesteigert wird, weil uns alle Wünsche erfüllt werden, bevor wir sie ausgesprochen haben, dann kann es sein, dass wir nicht mitbekommen, dass wir tatsächlich wie Marionetten an Strippen geführt werden.

Haben Sie dafür ein konkretes Beispiel?

Nach dem 11. September sind in den USA viele Menschen ins Visier der Sicherheitsbehörden geraten. Menschen, die mit Gewalt, mit Extremismus, Terrorismus nichts zu tun hatten. Da wurden beispielsweise Oppositionelle der Bush-Administration mit geheimen Operationen vom FBI ausgespäht und dann auch Menschen festgenommen. Man hat versucht, politisch Andersdenkende mundtot zu machen, nur weil man dachte, man müsse das tun angesichts der Gefahren, die Amerika bedrohten. Und das innerhalb kürzester Zeit in einem der demokratischsten Systeme der Welt. Das zeigt, wie schnell so etwas umschlagen kann und wie diese Massendaten missbraucht werden können.

Ist es Missbrauch oder eine Big Data immanente Logik? Je mehr Informationen ich habe, desto besser funktioniert das System, desto mehr Schlussfolgerungen kann ich auch daraus ziehen?

Wer davon ausgeht, dass Algorithmen am Ende genauso viel gesunden Menschenverstand haben wie Menschen, der liegt meiner Meinung nach falsch. Man wird nicht erreichen, dass ein Algorithmus am Ende immer zu den richtigen Schlussfolgerungen kommt. Beispiel: Wenn ich Zusammenhänge zwischen Einzelpersonen herstelle, kann eine Person, die über drei oder vier Ecken irgendetwas mit jemandem zu tun hat, der mal unter Terrorverdacht geraten ist, ins Visier der Sicherheitsbehörden geraten. Mit gesundem Menschenverstand betrachtet, wäre das keine Grundlage, um gegen einen Menschen vorzugehen. Aber wenn der Algorithmus als das Absolute angesehen wird, dann wird gesunder Menschenverstand einfach ausgeschaltet, und da liegt die große Gefahr.

Es gibt Leute, die fragen: »*Kann man ohne Big Data dem internationalen Terrorismus denn überhaupt noch beikommen? Werden wir dann nicht andauernd so etwas wie den 11. September erleben? Was ist überhaupt die Alternative?*«

Es gibt keine Alternative dazu, Daten zu sammeln und sie auch auszuwerten. Die Frage ist: Kann man sie gezielter sammeln, und kann man sie gezielter auswerten? Was für einen Sinn macht es, von allen Menschen auf längere Frist hin die Daten zu sammeln, wenn man doch konkreter nach bestimmten Verdächtigen suchen könnte? Und hier ist eigentlich unsere Gesetzeslage sehr klar und eindeutig. In Deutschland ist es verboten, mal eben von allen Menschen die Daten zu sammeln, und das, was der Bundesnachrichtendienst im Ausland macht, darf er auch nicht gegenüber deutschen Staatsbürgern. Es gibt einige Verfassungsrichter, die gehen sogar noch einen Schritt weiter. Deutsches Recht, das hier gilt, gilt auch für Menschen aus anderen Ländern. Das heißt, wenn nicht ein Verdacht besteht, ist eine anlasslose Speicherung von Daten verboten. Dann dürfte der Bundesnachrichtendienst überhaupt nicht mehr im Ausland abhören, geschweige denn diese Daten an Dritte, wie beispielsweise die USA, weitergeben.

Noch einmal zurück zu den Zielen des Datensammelns. Können Daten Sicherheit schaffen? Oder suggeriert Big Data eine Sicherheit, die nie erreicht werden kann?

Das ist ein ganz wichtiger Punkt. Wir werden niemals 100-prozentige Sicherheit haben, und je mehr Überwachungsmaßnahmen stattfinden, desto mehr gibt es auch den Antrieb bei Terroristen, diese Überwachungsmöglichkeiten zu umgehen, indem sie direkt miteinander kommunizieren oder geschickter in der Art und Weise sind, wie sie im Internet unterwegs sind. Es wird sich nie verhindern lassen, dass Einzelpersonen oder Kleinstgruppen Terroranschläge vorbereiten und ausführen, ohne dass die Öffentlichkeit, Regierungsbehörden, Geheimdienste oder Polizei rechtzeitig davon erfahren haben. Mit diesem Risiko müssen wir in einer freien Gesellschaft leben.

Zum Schluss noch eine Frage: Wenn wir über Big Data und Sicherheit sprechen, dann ist der Name Edward Snowden omnipräsent. Ist er ein Held, ein Verräter oder irgendetwas dazwischen?

Ich war am Anfang sehr skeptisch gegenüber Edward Snowden und war eher auf der Seite derer, die gesagt haben, dass er ein Verräter ist.

Warum?

Weil er ganz klar Daten selbst gestohlen und dann veröffentlicht hat. Er hat das, was er vertraglich unterschrieben hat, durch das, was er getan hat, verletzt. Und insofern war es ein krimineller Akt, den er da begangen hat.

Sind wir nicht bei dem Unterschied zwischen legal und legitim?

Ja, und da kommt genau der Punkt. Wir hatten ja auch in den USA den Fall der Pentagon Papers vor vielen Jahren, wo man auch sagen kann, es gibt eine besondere Situation, unter der so etwas legitim ist, auch wenn es illegal ist. Und ich glaube, hier haben wir es mit so einer Situation zu tun. Edward Snowden ist in meinen Augen tatsächlich am Ende ein Held, der uns alle wach gerüttelt hat gegenüber einer Problematik, die für die Zukunft sehr, sehr wichtig ist. Jetzt ist der Zeitpunkt, darüber zu diskutieren, jetzt ist der Zeitpunkt, Druck auch auf Politik auszuüben, um Regeln einzuziehen für diese neue digitale Welt, mit der wir es zu tun haben. Wenn wir diesen Zeitpunkt verpassen, dann kann das passieren, was Edward Snowden sagt, nämlich, dass wir es nachher mit totalen Überwachungssystemen zu tun haben.

Vielen Dank für das Gespräch.

(Das Interview führte Michael Steinbrecher. Es wurde durch die Verfasser gekürzt und redaktionell bearbeitet.)

4.7: Wie verändert die Datenrevolution den Journalismus?

Der Medienbranche und der Journalismus befinden sich in einem gewaltigen Umbruch. Die Zeiten, in denen die Zeitung am Morgen und die Tagesschau am Abend für die meisten zum täglichen Ritual gehörten, sind vorbei. Sie kommen auch nicht zurück. Das Internet hat alles verändert: Die Art, wie wir mit Medien umgehen, die Orte, an denen wir Medien nutzen, und die Form, in der wir miteinander kommunizieren. Journalismus ist keine Einbahnstraße mehr. Auch Sie können mediale Inhalte produzieren und damit potenziell die ganze Welt erreichen.

Das Fernsehen ist nicht mehr das »Lagerfeuer«, um das sich die Familie versammelt. Zum einen, weil sich das Medienangebot vervielfacht hat. Zum anderen, weil Medien heute zeit- und ortsunabhängig genutzt werden. Ehemals starre Mediengrenzen lösen sich auf. Die Zeit, in der Verlagshäuser nur Zeitungen und Printmagazine produzierten und in Rundfunkanstalten ausschließlich Fernsehen oder Hörfunk gemacht wurde, ist längst vorbei.

Welche Veränderungen sind nun noch durch die Datenrevolution zu erwarten? Die Hoffnung liegt in einer neuen Blüte des Journalismus. Kompetenter, innovativer Datenjournalismus könnte beispielsweise in einer Welt, in der Daten immer wichtiger werden, eine sehr bedeutende Funktion übernehmen. Außerdem erlangen Medienkonzerne durch Big Data eine genaue Vorstellung von den Medienangeboten, die Sie interessieren. Zum Glück, meinen die einen, denn endlich sei nicht mehr entscheidend, wie den Redakteuren ihr eigenes Produkt gefällt. Jahrelang konnten sie sich unabhängig von der Qualität darauf verlassen, dass ihre journalistischen Produkte gekauft werden. Endlich rücken Sie in den Mittelpunkt. Das schafft die Grundlage für völlig neue Geschäftsmodelle. Erfolgreiche Unternehmen wie der Video-on-demand-Anbieter Netflix zeigen das Potenzial dieser Entwicklung.

Aber was passiert, wenn Ihnen nur noch das angeboten wird, was Ihnen sehr wahrscheinlich gefällt? Könnte Big Data dazu führen, dass Ihnen inhaltlich nur noch »nach dem Mund geredet wird«? Das wäre das Ende des unabhängigen Journalismus. Welche mediale Zukunft wollen Sie?

Die Chance:
Eine neue Blütezeit durch Datenjournalismus, Transparenz und Dialog

Nate Silver ist ein amerikanischer Statistiker. Vor 20 Jahren hätte man jemandem mit dieser Profession eher keine Promi-Qualitäten zugewiesen. Aber Nate Silver ist prominent, im positiven Sinne des Wortes. Er hat Herausragendes geleistet und wird deswegen geschätzt. 2009 zählte ihn das »Time-Magazin« zu den 100 weltweit einflussreichsten Persönlichkeiten. Warum ist der 1978 in Michigan geborene Nate Silver nun eine amerikanische Ikone? Weil er Stück für Stück den Zufall abschafft. Und nebenbei dem Journalismus einen neuen Weg weist.

Wie kann es sein, dass jemand präzisere Wahlprognosen trifft als alle demoskopischen Institute? Dass er bei der US-Präsidentschafts-Wahl 2008 nur in einem Staat, in Indiana, knapp danebenliegt, vier Jahre später dann aber in allen Bundesstaaten präzise den Wahlausgang vorhersagt? Nate Silver nutzt Big Data. Er stützt sich nicht nur auf die üblichen Befragungen, sondern setzt das Wahlverhalten mit vielen anderen Faktoren in Beziehung. Wie war die Dynamik bei vergangenen Wahlen, welche Muster lassen sich erkennen und anwenden?

Die korrekten Wahlprognosen waren kein Zufall. Den gibt es bei Nate Silver wie schon erwähnt nicht mehr. Er hat zahlreiche Spielerkarrieren im amerikanischen Baseball vorhergesagt, indem er sie mit Tausenden von anderen Spielerdaten korreliert hat. Er glaubt, auch Pearl Harbour und der 11. September hätten mit Big Data vorhergesagt werden können.[120]

Nate Silver ist kein Blender, er setzt nicht auf übersinnliche Eingebung, sondern auf die Aussagekraft der Daten. Seine Bücher wurden zu Bestsellern, denn sie ermöglichen uns aus der Perspektive des Statistikers einen völlig neuen Blick auf die Welt. Er erklärt auch, welche Vorhersagen durch Big Data noch nicht getroffen werden können. Aber insgesamt ist er überzeugt von den Möglichkeiten: Warum sollten wir nicht Katastrophen, die sich uns nähern, stoppen, solange wir es noch können?[121]

Es wundert nicht, dass seine Blogs für die »New York Times« und den Fernsehsender ESPN seit 2010 zu den populärsten des

Landes gehören. Nate Silver zeigt, dass man die Qualitäten der Datenrevolution nur erkennen muss, um erfolgreich zu sein.[122] Und er zeigt, dass Big Data dem Journalismus helfen kann, an Relevanz zu gewinnen.

Wenn Unternehmen nach Datenlage entscheiden, ob sie Arbeitsplätze abbauen, sollte ein Journalist dann die Datenlage kennen? Wenn der Bundestrainer seine Taktik auf Basis von Datenanalysen entwirft, sollten Sportjournalisten dann kompetent die Daten interpretieren können? Nach journalistischen Maßstäben müsste man urteilen: Das sind rhetorische Fragen, denn die Antwort ist eindeutig: Ja.

Je relevanter Daten in unserer Gesellschaft werden, desto bedeutender wird der Datenjournalismus. Dabei geht es nicht darum, Ihnen als Leser, Hörer, User oder Zuschauer Zahlenkolonnen zu präsentieren und Sie damit allein zu lassen. Die Datenrevolution braucht neue Darstellungsformen und schafft neue Recherchemöglichkeiten, mehr Transparenz und neue Erwerbsquellen. Wenn wir einen starken Journalismus wollen, dann geht an Big Data kein Weg vorbei.

Sollte Sie das nicht überzeugen, spielen Sie eine Welt ohne Datenjournalismus durch. Stellen Sie sich vor, der Journalismus überließe dem Staat und den Unternehmen allein die Analyse und Interpretation der Daten. Dann würde der Journalismus schlicht die Welt nicht mehr begreifen. Damit verlören Journalisten etwas Entscheidendes: ihre Kompetenz. Ohne Kompetenz gehen Glaubwürdigkeit und Integrität verloren. Sie würden dem Urteil von Journalisten nicht mehr trauen. Das wäre das Ende eines Journalismus, der den gesellschaftlichen Diskurs über wichtige Themen anstoßen will.

Nate Silver zeigt: Statistik und Journalismus können ein unschlagbares Team werden. Dazu müssen Qualitätsmedien alte redaktionelle Strukturen aufbrechen. Wir stehen am Beginn einer neuen Ära. In der Big-Data-Zukunft werden Informatiker und Statistikspezialisten genauso zum Qualitätsjournalismus gehören wie klassische Redakteure. Nicht jeder Journalist muss ein IT-Experte sein. Aber das (informations)technische, statistische, grafische Wissen sollte ausreichen, um sich mit Experten der jeweiligen Disziplinen produktiv austauschen zu können. Innovative Grafiker werden dafür sorgen, dass eine neue Ära von Infografiken, Animationen und Studiodesigns medienübergreifend Daten visualisieren. Und der Journalismus kann viele seiner Stärken ausspielen: analysieren, filtern, visualisieren, Komplexität reduzieren. Der Journalismus muss Ihnen anschaulich erklären, warum welche Daten wichtig für Ihr Leben sind. Das kann die Straßenqualität in Ihrer Nachbarschaft genauso betreffen wie globale Zusammenhänge.

Dabei gewinnt der Journalismus auch Vertrauen zurück. Dann nämlich, wenn er seine Quellen offenlegt und Ihnen dokumentiert, aufgrund welcher konkreten Daten welche Schlussfolgerungen gezogen wurden. Bei ständig steigender Datenkompetenz in unserer Gesellschaft stärken Journalisten so ihre Glaubwürdigkeit und Unabhängigkeit. Sie machen ihr Vorgehen transparent und für Sie nachvollziehbar. Ihre journalistischen Produkte haben sie sich durch ihre Analysekompetenz und die Qualitäten ihres Story-Tellings erarbeitet. Denn nach wie vor müssen Journalisten Geschichten erzählen können. Sie sind nicht mehr so abhängig von Informationen der sogenannten »Whistle-Blower«, den teilweise dubiosen anonymen Quellen. Sie müssen sich auch nicht mehr allein auf die Pressemeldungen der Politiker und großen Konzerne stützen. Die kompetenten Kreativteams aus klassischen Journalisten, Statistikern und Grafikern werden demonstrieren, dass Journalismus seine besten Tage noch vor sich hat. Der unabhängige Journalismus könnte eine Renaissance erleben. Und er sorgt dafür, dass Sie sich selbst eine Meinung bilden können. Ob Nutzungsdaten bei Auto-Tests oder Daten, die Korruptionsfälle dokumentieren – alles steht für Sie bereit und motiviert Sie, sich ein eigenes Bild zu machen.

Und noch etwas ist endlich vorbei: Sie müssen sich nicht mehr durch 1 000 schlechte Sendungen zappen, bis Sie das Fernsehprogramm gefunden haben, das Sie interessiert. Im Zeitalter der Datenrevolution können Ihre persönlichen Vorlieben treffsicher vorausgesagt werden. Stellen Sie sich eine Medienwelt vor, in der Sie keine für Sie wichtige Meldung oder Sendung mehr verpassen, weil die Suche zu aufwendig war. Auch keinen Film, der Sie interessiert. Passend zur Tageszeit und zu Ihren Seh-, Hör- und Lesegewohnheiten erhalten Sie eine Auswahl, die auf Sie persönlich abgestimmt ist. Natürlich haben Sie auch die Möglichkeit, traditionell zu suchen. Aber Sie werden feststellen: Zapping war gestern. Der

Erfolg von Amazon mit seinen individuellen Produktempfehlungen beweist, dass diesem Weg der bequemen und individuellen Mediennutzung die Zukunft gehört. Und welche Möglichkeiten eröffnen sich plötzlich für die Medienwelt! Jahrzehntelang haben Journalisten und Verlage das produziert, was ihnen gefällt. Dann haben sie mühsam versucht, ihre Leser, Hörer, Zuschauer und User durch Medienforschung besser kennenzulernen. Aber die konnte nur sehr grobe Bilder der Zielgruppen entwerfen. Mit Big Data kennen Medien ihre Nutzer persönlich. Sie wissen genau, was sie ihnen bieten müssen. Endlich werden Ihre Interessen in den Mittelpunkt gestellt. Auch die Werbung ist exakt auf Sie abgestimmt. Warum sollen junge Menschen mit Werbung für dritte Zähne gelangweilt werden? Diese Entwicklung hat schon begonnen und wird sich fortsetzen, was dem Journalismus neue Geschäftsfelder eröffnet. Diejenigen, die Sie und Ihre Bedürfnisse ernst nehmen, werden die Gewinner sein. Das betrifft nicht nur den Journalismus, sondern die Medienindustrie insgesamt.

Das amerikanische Unternehmen »Netflix« wurde 1997 mit einem Startkapital von 2,5 Millionen Dollar gegründet. Ursprünglich war das Ziel der Gründer Reed Hastings und Marc Randolph, sich im Videoverleihgeschäft zu etablieren. Aber seit 2007 bietet Netflix mithilfe von Big Data individuelle Filmempfehlungen an, die online on demand abrufbar sind. Damit startete eine große Erfolgsgeschichte. Für internationales Aufsehen sorgte Netflix dadurch, dass es die Serie »House of Cards« mit großem Aufwand produzierte und damit das jahrzehntelange Monopol der großen US-Fernsehstationen durchbrach. Die Serie wurde ein großer Erfolg und sorgte für weiteres Wachstum und Renommee. Netflix hat mittlerweile einen Marktwert von mehr als 20 Milliarden Dollar und ist ein weiteres Beispiel dafür, dass die Unternehmen, die sich die Möglichkeiten der digitalen Revolution erschließen, den Wettbewerb um die User, Leser, Hörer und Zuschauer der Zukunft gewinnen werden.

Das zeigt aber auch, was nötig ist, um zukunftsfähig zu sein. Medienunternehmen sollten wissen, was Big Data leisten kann. Diese Kompetenz muss vermittelt werden. Auch auf die Ausbildung kommen große Herausforderungen zu. Das alte System existiert nicht mehr. Und genau dies ist eine Chance für junge, technikaffine

Kreative, denn sie können zu Pionieren einer neuen Zeit avancieren.

Im Zuge dessen werden sich Redaktionsprozesse verändern. User können heute früh in Recherchen eingebunden werden. Durch transparente Recherchen und Berichterstattung können Journalisten die Schwarmintelligenz ihres Publikums (und in der vernetzten Welt auch von dessen Freunden, Bekannten und Verwandten) nutzen. Gerade bei aufwendigen Datenrecherchen ist dies auf vielen Ebenen denkbar und wird zum Teil auch schon genutzt. Zum Beispiel akquirierte die britische Zeitung »The Guardian« schon vor Jahren über ihr »Datablog«[123] Leser, die Hunderttausende Dokumente maschinenlesbar machten, um daraus eine Datenbank britischer Parlamentarier zu erstellen.[124]

Datenjournalismus ist kein schönes neues Spielzeug, sondern eine zukünftige Kernaufgabe von Journalisten. Der Journalismus wird Ihnen helfen, all die neuen Erkenntnisse, die Big Data liefert, zu begreifen. Aber Journalisten werden dabei Ihre Partner sein, nicht Ihre Lehrer. Denn auch Sie können sich einbringen. Wenn Journalisten und Medienschaffende offen sind für die Möglichkeiten der digitalen Revolution, dann werden sie auf der Gewinnerseite stehen. Oder, wie Bradshaw und Rohumaa es in ihrem Buch »The online journalism handbook. Skills to survive and thrive in the digital age« formulierten: »Be curious. Be creative. The chances are that the results will stick out a mile from 99 percent of everything else on the subject – and what's more: you'll enjoy it.«[125]

Wenn Journalisten das annehmen und beherzt umsetzen, werden wir die Welt besser verstehen. Es ist ein Weg zu mehr Wissen, zu mehr Transparenz und Beteiligung. Und ein Weg in ein großartiges, neues mediales Zeitalter.

Das Risiko:
Big Data oder: Der letzte Journalist macht bitte das Licht aus

Was halten Sie von Menschen, die Ihnen immer »nach dem Mund reden«? Die versuchen, Sie ständig zu bestätigen, sich in Ihre Argumentation einzuklinken, zu ahnen, was Sie als Nächstes sagen, um Ihnen schon vorab recht zu geben? Solche Menschen, die Ihnen nie widersprechen, nie anecken, sich nur angepasst und glatt Ihren Positionen anpassen, sind vielen Menschen zu Recht suspekt. So jemanden möchten Sie nicht zum Freund haben. Weil so jemand keine eigene Meinung hat, keine strittigen Positionen vertritt und es nicht wirklich ehrlich mit Ihnen meint. Er führt in der Regel etwas im Schilde. Genauso müssen Sie sich den Journalismus in Zeiten von Big Data vorstellen.

Zunächst versuchen Medienunternehmen über Ihre Daten herauszufinden, was Sie mögen. Je näher man Sie kennenlernt, desto mehr werden nur noch Ihre Vorlieben bedient. Theoretisch könnten mit Big Data auch die relevantesten Inhalte ausgewählt werden. Aber die müssten ja nicht Ihren Vorlieben entsprechen. Und deswegen werden Angebote auf Sie zugeschnitten. Sie sollen nicht irritiert werden, sondern weiterlesen, -schauen oder -hören. Es gibt keinen Widerspruch, keine Sendung, die Sie nicht mögen könnten, keinen Online-Artikel, der Sie aufregt oder Ärger provoziert. Nein, Ihr Medienunternehmen schaut Sie nur an und nickt. Es will Geld verdienen. Das ist das Einzige, was es im Schilde führt. Aber einen Journalismus, der zum obersten Prinzip erhebt, Ihnen nach dem Mund zu reden, brauchen wir nicht mehr. Er macht sich selbst überflüssig und degeneriert zum reinen Entertainment.

Big Data fördert nicht den Journalismus, Big Data macht ihn kaputt. Wir müssen uns nur die Entwicklung der letzten Jahre ansehen. Wie ist Amazon erfolgreich geworden? Zunächst einmal wollten sie »nur« Bücher verkaufen. Sie stellten hoch qualifizierte Redakteure ein, die Buchrezensionen verfassten. Dann merkten sie, dass mit zielgerichteten, persönlichen Empfehlungen auf Basis von Big-Data-Analysen mehr Geld zu machen ist. Was war das Ergebnis? Die Buch-Rezensenten wurden entlassen. Der Journalismus, der auf Basis menschlicher Kompetenz und Erfahrung Bücher bewertet, hatte ausgesorgt. Der Algorithmus war kommerziell erfolgreicher, also weg mit den anspruchsvollen, aber nicht so effizienten Redakteuren. Dieses Beispiel weist uns den Weg.

Zugegeben, kein Redakteur kann jedem Leser so zielgerichtet nach dem Mund reden wie ein Algorithmus. Es ist auch nicht seine Aufgabe, es jedem nur recht machen zu wollen. Genau das passiert aber mit Big Data. Wenn Sie etwas stört, hat der Algorithmus etwas falsch gemacht. Aber machen Sie sich einmal klar, was passiert, wenn nicht mehr Sie aus einem großen Angebot auswählen, sondern das bereits für Sie erledigt wird. Vordergründig wird Ihr Leben erleichtert, aber in Wahrheit werden Sie sich Stück für Stück daran gewöhnen, nicht mehr selbst Entscheidungen zu treffen. Und der Algorithmus, der Ihnen nun Ihr mediales Menü serviert, übernimmt das Regiment. Wenn

Menschen sich nicht für Auslandsnachrichten interessieren, dann werden ihnen keine mehr begegnen. Auslandsnachrichten abgeschafft! Wenn Ihnen Politik insgesamt zu sperrig ist, dann weg damit! Kanufahren ist Ihr größtes Hobby? Dann doch lieber zunächst einmal die neuesten Nachrichten aus dem Kanusport. Sie haben einen großen Garten? Dann direkt danach das Magazin: »Was gibt's Neues in der Gartenwelt?« Das klingt vielleicht sogar zunächst einmal verlockend für Sie. Aber wir werden uns verlieren in all unseren kleinen und kleinsten Einzelinteressen. Wir werden uns austauschen mit denen, die auch Kanu fahren und sich für Gartenarbeit interessieren. Aber wir werden in der Gesellschaft keine gemeinsamen, großen Themen mehr haben. Wir verlieren uns in Teilöffentlichkeiten, in der sogenannten segmentierten Gesellschaft.

Aber es gibt eine noch größere Gefahr. Wenn ein Algorithmus über Ihr mediales Angebot entscheidet, können Sie nach Belieben manipuliert werden. Inhalte, die denjenigen, die über den Algorithmus bestimmen, nicht angenehm sind, werden einfach gar nicht thematisiert. Mit Big Data kann eine ideale mediale Propagandamaschine für Diktaturen entwickelt werden. Aber auch in demokratischen Gesellschaften können Sie damit gesteuert werden. Ist es so positiv, wenn Parteien Ihnen nur noch die Passagen aus ihrem Wahlprogramm präsentieren, die Ihnen gefallen? Genau das ist durch Big Data möglich und bereits im Obama-Wahlkampf praktiziert worden.[126] Lassen Sie sich nicht von Bequemlichkeit »einlullen«! Es geht hier um Ihre mündige Teilnahme an dieser Gesellschaft.

Hofstetter bringt die Entwicklung, die schon längst eingesetzt hat, auf den Punkt: »Als *Informationskapitalismus* (Hervorhebung im Original) etabliert Big Data die Diktatur von Informationseliten, weil sie über unsere Daten und über Schlüsseltechnologien zu deren Analyse verfügen.«[127]

Das, was Sie medial erreicht, wird dann nicht mehr von Millionen von Journalisten entschieden, sondern nur noch von den Informationseliten. Aber wer genau sind diese Eliten? Wissen Sie, wer die Kontrolle über Ihren Algorithmus hat? Wer nach welchen Kriterien entscheidet, was man Ihnen anbietet? Nein? Wird es Ihnen hier zu kompliziert? Auch das sieht Hofstetter als Teil des Problems:

»Denn Big Data, Algorithmen, mathematische Modelle und künstliche Intelligenz sind Themen, die uns zu abstrakt und komplex erscheinen, als dass wir uns damit beschäftigen wollen.«[128]

Aber wir müssen uns kümmern. Und Fragen stellen: Wie kommunizieren die Medienkonzerne die Datennutzung? Sind sie transparent? Habe ich als

Nutzer Einflussmöglichkeiten? Der Journalismus übernimmt in demokratischen Gesellschaften eine besondere Rolle. Als sogenannte vierte Gewalt soll er auch eine Kontrollfunktion ausüben, gesellschaftliche Missstände aufdecken und natürlich auch die »Mächtigen« kritisieren. Kommt diese Funktion im Big-Data-Zeitalter unter die Räder? Geben wir unser gesellschaftliches Wohl komplett aus der Hand? Lassen wir uns irgendwann auch von Maschinen regieren? Steht die Kontrolle der User in Zukunft an Stelle der Kontrolle von Gesellschaft und Staat?

Marc Elsberg entwirft in seinem Roman »Zero« bereits dieses düstere Szenario.[129] Ein großer Konzern, der zu den omnipräsenten Datensammlern gehört, bietet seinen Usern eine »ActApp« an. Eine Art Coaching für alle Lebenslagen. Dieser Konzern beginnt damit, das Leben seiner User besser zu organisieren. Sie werden erfolgreicher, weil Sie sich zum Beispiel effizienter auf Prüfungen vorbereiten. Außerdem nimmt die App ihren Usern sehr viel Verantwortung ab und erleichtert ihr Leben. Das klingt alles gut und macht die ActApp populär. Aber im zweiten Schritt erkennt der Konzern das Manipulationspotenzial und beginnt, gesellschaftliche Trends zu steuern und die Wahlentscheidungen der Bürger zu manipulieren. Vor allem dadurch, dass die App bestimmt, welche Informationen die Einzelnen bekommen. Legen wir ein solch mächtiges Instrument in die Hände von kleinen Eliten, kann dies unsere demokratische Gesellschaft untergraben und auf direktem Weg in totalitäre Strukturen führen.

Heißt das, dass Medien und Journalismus allen technischen Innovationen gegenüber skeptisch sein sollten? Natürlich nicht. Gegen eine Stärkung des unabhängigen Datenjournalismus ist überhaupt nichts einzuwenden. Im Gegenteil: Er hilft, Eliten zu kontrollieren, und schafft mehr Transparenz. Außerdem müssen Journalisten natürlich ständig neue Darstellungsformen entwickeln und sich den modernen Kommunikationsformen anpassen. Dazu gehört auch die Erkenntnis, dass der Journalismus nur im Dialog mit den Nutzern eine Zukunft hat.

Aber überall dort, wo Maschinen unkontrolliert Aufgaben übernehmen oder gar Entscheidungen treffen, ist Vorsicht angebracht. Schreibroboter werden bereits in Redaktionen eingesetzt.[130] Die Reaktion aus dem journalistischen Umfeld ist durchaus positiv. Warum sollen Roboter nicht einfache Artikel und lästige journalistische Pflichtaufgaben erfüllen? Dieses Denken ist getragen von der Vorstellung, dass die »edle Feder« natürlich nicht von Robotern ersetzt werden kann. Aber auch hier ist Vorsicht geboten. Die Potenziale der künstlichen Intelligenz sind nicht zu unterschätzen. Das, was der Computer Watson kann (vgl. Kapitel 2), wird im Zuge des technischen Fortschritts bald zum Massenprodukt. Der Schreibcomputer für einfache Aufgaben kann zu einer Art »Einstiegsdroge« werden. Wenn das funktioniert, warum sollte man dem Roboter nicht Schritt für Schritt auch komplexere Aufgaben übertragen. Zumal er in Zeiten von Big Data einen entscheidenden Vorteil hat: Er hat keine Angst vor großen Datenmengen. »Je mehr Daten zur Verfügung stehen, desto intelligenter kann eine Maschine agieren.«[131] Doch welche Aufgaben bleiben noch für die Redakteure, wenn Maschinen die Texte schreiben und andere Automatismen die Nachrichtenauswahl auf die Kunden zuschneiden? Noch einmal: Der Roboter braucht keine Kantine, keinen Urlaub, wird nicht demonstrieren oder aufbegehren. Wenn er einmal da ist, werden Unternehmen schnell registrieren, dass er sich umso besser amortisiert, je mehr Aufgaben er übernimmt.

Die Redaktionen werden leerer werden. Nicht umsonst ist in den USA bereits 2011 ein Buch erschienen mit dem Titel: »Will the last Reporter please turn out the lights?«[132] Dieser Titel ist gut gewählt. Denn wenn Medien auf Big Data setzen, dann geht für den Journalismus bald das Licht aus. Das sind finstere Perspektiven, auch für unsere Demokratie.

4.8: Auf dem Weg in die vierte industrielle Revolution

Können Sie sich eine Welt vorstellen, in der wir ALLES vernetzen? Alle Gegenstände des täglichen Lebens, alle Menschen, alle Maschinen, alle Pflanzen? In der jede kleinste Veränderung in der Welt irgendwo registriert wird? Können Sie sich die Chancen, aber auch die Risiken ausmalen, die eine komplette Vernetzung der Welt bietet?

Sie haben bereits in anderen Kapiteln erfahren, dass heute zum ersten Mal die Möglichkeit existiert, jeden Gegenstand des täglichen Lebens mit Sensoren auszustatten. Diese Sensoren kommunizieren miteinander. In der neuen Welt unterhalten sich nicht nur Menschen, sondern auch Gegenstände und Materialien. Die Straße wird den Autoreifen erzählen, dass es glatt wird. Das Fenster signalisiert der Heizung, dass die Temperatur in Ihrer Wohnung abgesenkt werden kann. Wasserrohre machen uns darauf aufmerksam, dass sie in Kürze repariert werden müssen. Windräder fordern ihre eigene Wartung bei der Instandhaltungsfirma an. Ein Paket aus den USA meldet in Echtzeit dem Paketdienst in Deutschland, an welcher exakten Position über dem Atlantik es sich gerade aufhält und wann das wahrscheinlich bald fahrerlose Auto es wo in Empfang nehmen kann. Das Internet der Dinge ist also eine neue Form der Kommunikation.

Dies alles sorgt im Zusammenspiel mit Big Data für die vierte industrielle Revolution, auch Industrie 4.0 genannt. Dabei leiten intelligente, miteinander vernetzte technische Systeme diese neue Epoche ein. Die Erfindung der Dampfmaschine markiert den Beginn der ersten industriellen Revolution. Menschliche Arbeitskraft in den Fabriken wurden erstmals durch mechanische Produktionsanlagen ersetzt. Der Zugang zu elektrischer Energie und die Einführung des Fließprinzips stehen für die zweite industrielle Revolution. Der Beginn der dritten industriellen Revolution lag in den frühen 1970er-Jahren. Hier hielt die Automatisierung Einzug in die Produktion, ermöglicht durch den Einsatz von Elektronik und Informationstechnologien. Heute befinden wir uns an der Schwelle zur vierten industriellen Revolution. Aber welche Folgen hat diese Revolution? Wenn Maschinen miteinander kommunizieren können und immer komplexere Zusammenhänge verstehen, dann braucht man in vielen Arbeitsbereichen den Mensch nicht mehr. Welche Chancen stecken in der Automatisierung? Kritiker befürchten eine Massenarbeitslosigkeit mit verheerenden sozialen Konsequenzen. Viele Berufe sollen schon in den nächsten Jahren wegfallen. Ist die vierte industrielle Revolution eine große Chance für die Menschheit? Oder führt sie in die Katastrophe? Und welche kurz-, mittel- und langfristigen Konsequenzen hat die Industrie 4.0 für Sie persönlich?

Die Chance:
Maschinen als Partner – der Mensch im Mittelpunkt!

Big Data verändert die Welt. Wir reden nicht nur über eine neue technologische Epoche. Wir reden über eine Zeit, in der sich unsere

Art, die Welt zu betrachten, verändern wird. Irgendwann haben wir begriffen, dass die Welt keine Scheibe ist. Jetzt ist das Zeitalter gekommen, in dem wir begreifen, dass in der digitalen Welt alles mit allem zusammenhängt. Wir besitzen mehr Informationen über sie denn je.

Und alle diese Informationen senden eine klare Botschaft: Wir dürfen nicht weitermachen wie bisher. Wenn wir so weitermachen, zerstören wir diesen Planeten und entziehen den nächsten Generationen die Lebensgrundlage. Lange haben Umweltschützer, Wissenschaftler und Politiker auf die globale ökologische Bedrohung mit Vorschlägen der Reduktion, wenn nicht des Verzichts reagiert: Ressourcen schonen, Energie sparen, weniger herstellen usw. So hat sich seit den 1970er-Jahren eine Frontstellung zwischen Umweltschützern und Industrie etabliert. Doch heute wird immer mehr ein anderes Szenario diskutiert: Die Stichworte lauten: grünes Wachstum, grüne Technologie. Was das mit Big Data zu tun hat? Big Data kann uns in die Lage versetzen, Ressourcen nur noch nachhaltig einzusetzen, Reibungsverluste zu vermeiden, die Verteilung von Gütern und Waren auf die Bedürfnisse jedes Einzelnen zuzuschneiden, Überproduktionen zu vermeiden, Müllberge praktisch abzuschaffen und durch »smarte« Netze erneuerbare Energien zur einzigen Energiequelle auf der Welt zu machen. Wenn Sie sich heute gut fühlen, dann sollen Sie sich durch die vierte industrielle Revolution nicht schlechter fühlen. Haben Sie keine Angst vor der Veränderung. Versuchen Sie stattdessen, das Positive daran zu begreifen. Denn wir können nicht weitermachen wie bisher.

Was müssen wir stoppen? Wir brauchen eine Welt, in der wir nicht nur nach staatlichen oder sogar regionalen Interessen entscheiden. Mit der »Kirchturmpolitik« vergangener Jahrhunderte muss es vorbei sein. Wir brauchen ein neues Kohlekraftwerk in unserem Bundesland? Gut, dann bauen wir es direkt an der Landesgrenze, damit der Dreck beim Nachbarn runterkommt. Damit muss Schluss sein. Wir brauchen keine Welt der Partikularinteressen. Wir brauchen eine Welt globaler Vernunft. Und dafür kann Big Data eine große Hilfe sein.

In den Fabriken der Zukunft werden die Maschinen miteinander abstimmen, wie die Arbeit am effizientesten erledigt werden kann. Es geht aber noch weiter. Es sind nicht nur die Dinge, die zu kommunizieren beginnen. Wir reden selbstverständlich auch noch mit. Es geht also nicht nur um das Internet der Dinge, das »Internet of Things«, sondern um das »Internet of Everything«, das »Internet von allem«. Klingt das für Sie noch sehr nach Zukunftsmusik?

Im Jahr 2014 existierten je nach Schätzung 6–8 Milliarden vernetzter Dinge. Im Jahr 2020 werden es voraussichtlich 50 Milliarden sein. Und noch einmal: Dinge sind alles – vom kleinsten Sensor für die Messung der Temperatur an einer Weintraube bis zum Auto oder ganzen Maschinen. Durch die totale Vernetzung ist jeder Inhalt, jede Ressource, jedes Unternehmen, jeder Mensch prinzipiell in der Lage, auf alles zuzugreifen.[133] Und zwar sofort, in Echtzeit. Jeder ist Teil der globalen Fabrik. Jeder kann das vernetzte Wissen nutzen. Welch unglaubliche Möglichkeit!

Die Vernetzung von Dingen ist kein Selbstzweck. Sie verändert unsere Sichtweise. Plötzlich können wir die dabei generierten Daten, die es so noch nie gab, analysieren. Und noch mehr: sie miteinander kombinieren, in Bezug zueinander setzen, Korrelationen herstellen. Sie werden die Früchte von Big Data jeden Tag ernten. Oder vielleicht werden Sie sich irgendwann nur vage daran erinnern, dass Sie sich schon lange nicht mehr über alltägliche Ärgernisse aufgeregt haben. Wie oft waren Sie schon in öffentlichen Toiletten und konnten sich die Hände nicht vernünftig waschen, weil der Seifenspender leer war? Im Big-Data-Zeitalter werden Sie das nicht mehr erleben. Versprochen! Wie das geht? Ein Beispiel ist die Firma Hagleitner. Zunächst packte sie Sensoren in die Waschräume. Aus den Sensoren wurden Erkenntnisse gewonnen. Dadurch konnte das Reinigungspersonal optimiert eingesetzt werden. Die Behälter sind nicht mehr leer. Die Lagerbestände und Routen werden optimiert und im nächsten Schritt die Geschäftsmodelle verändert. Hygiene im 21. Jahrhundert.

Eine Pionierstimmung hat die weltweite Ökonomie erfasst.[134] Jeder Konzern spürt, dass die Welt in Bewegung geraten ist. Es werden neue große Unternehmen entstehen und alte »Big Player« vom Markt verschwinden, weil sie sich nicht rechtzeitig umorientiert haben. Dies alles wird in großer Geschwindigkeit passieren. Müssen Sie Angst haben, unter die Räder zu geraten?

Blicken wir einige Jahrzehnte zurück. Im Jahr 1969 drehte ein später sehr bekannter deutscher Kinoregisseur einen frühen Dokumentarfilm, mit dem er den Großen Preis beim Kurzfilmfestival in Oberhausen gewann. Der Jungfilmer Adolf Winkelmann hatte die Idee, einen Mann bei der Fließbandarbeit in einem Autowerk zu beobachten. Wenn man sich dieses auf Film und in schwarz-weiß gedrehte Werk ansieht, dann hat es nach wie vor eine eindringliche Wirkung. Winkelmann hatte sich damals dazu entschieden, die Kamera an einer festen Position zu belassen. Der Zuschauer hat also die Möglichkeit, ohne auch nur einen einzigen Filmschnitt 30 Minuten lang in die Abläufe und Atmosphäre dieses Werks einzutauchen. Der Mann beherrscht die immer wiederkehrenden Handgriffe. Er steht am Fließband und zieht Zylinderkopfmuttern fest. Jeden Tag. In der Fabrikhalle herrschte ohrenbetäubender Lärm. Winkelmann erinnert sich noch Jahrzehnte später an die Reaktion des Kinopublikums: »Das hat dann richtig Ärger gegeben. Die Zuschauer empfanden den Film als Körperverletzung.«[135]

Monotonie, Stumpfsinnigkeit, der Mensch im Takt der Maschinen, ohne eigene Entfaltungsmöglichkeit, bei ohrenbetäubendem Lärm. Auch Sie hätten sicher Schwierigkeiten, sich das eine halbe Stunde im Kino anzuschauen. Aber es gibt noch entwürdigendere Arbeiten. Das von Winkelmann dokumentierte Beispiel zeigt nur die Spitze des Eisbergs. Denn für viele würde Fließbandarbeit sogar eine Erleichterung darstellen. Weltweit arbeiten Menschen, auch Kinder, unter wesentlich unwürdigeren Bedingungen als die Fließbandarbeiter im Deutschland der 1960er-Jahre. Sie sind in vielen Ländern giftigen Substanzen, unerträglichen Temperaturen und unsäglichen hygienischen Zuständen ausgeliefert. In vielen Staaten gibt es keine Lobby, die sich für eine Verbesserung dieser Zustände einsetzt.

Diese menschenunwürdige Arbeit sollte es nicht mehr geben. Deshalb haben sich völlig zu Recht Initiativen wie »Fair Trade« etabliert, die eine Stimme für fairen Handel erheben. Im Zeitalter von Big Data können Maschinen diese unwürdige Arbeit übernehmen. Sie erlösen Menschen von Tätigkeiten, die sie krank machen.

Was passiert nun mit all den Menschen, die dann keine Arbeit mehr haben? Geht es ihnen anschließend noch schlechter? Das ist natürlich eine berechtigte Frage. Aber wer sagt, dass sie anschließend keine neue Arbeit finden?

Constance Kurz, als Sprecherin des Chaos Computer Clubs sicher nicht verdächtig, als Lobbyistin von Großkonzernen aufzutreten, hat sich in den letzten Jahren intensiv mit der Zukunft der Arbeit beschäftigt. In ihrem Buch »Arbeitsfrei«[136] hat sie beispielsweise Landwirtschaftsbetriebe, Öl-Raffinerien und moderne Mühlen besucht. Dort zieht sie gemeinsam mit Mitautor Frank Rieger folgendes Fazit: »Die Automatisierung hat in der Mühle eine Vielzahl von Berufen abgelöst, die anstrengend, gleichförmig und langweilig oder gesundheitsgefährdend waren. Diese werden jetzt von Maschinen übernommen, und Menschen machen dafür andere Arbeiten.«[137]

Wir müssen uns mit dem Gedanken anfreunden, dass Maschinen immer klüger werden. Und vieles einfach besser können als wir. Jahrzehntelang galt der Wettbewerb, das Sich-Messen der weltbesten Schach-Großmeister, als ein Gipfeltreffen menschlicher Intelligenz. Manche Duelle, wie die zwischen Bobby Fischer und Boris Spasski, wurden als legendäre gesellschaftliche Ereignisse über den Sport hinaus wahrgenommen.

Am 12. Mai 1997 kam der IBM-Computer Deep Blue. Er forderte den Schach-Weltmeister Gerri Kasparow heraus – und gewann! Wurde damit der Mensch entzaubert? Keineswegs! Schließlich hatten Menschen Deep Blue entwickelt und programmiert. Der Sieg über Kasparow war im Gegenteil ein weiteres Zeichen dafür, dass von Menschen initiierter Fortschritt immer neue Ebenen erklimmt.

Nach Deep Blue kam Watson. Erneut vor den Augen einer großen Öffentlichkeit erklomm er, benannt nach dem langjährigen IBM-Vorsitzenden Thomas J. Watson, die nächste Stufe maschineller Intelligenz. Die Fernsehshow »Jeopardy« war über viele Jahre eine der populärsten Quiz-Sendungen weltweit. Am 16.02.2011 kam es erneut zu einem Showdown zwischen Mensch und Maschine. Die »Jeopardy«-Legenden Ken Jennings und Brad Rutter, über Jahre unbesiegt, waren siegessicher. Wie auch viele Experten. In einem Schachspiel mit seinem klaren Regelwerk könne man als Maschine gewinnen, aber wie soll dies bei komplexen Fragestellungen zu diversen Themenbereichen gelingen? Bei Fragen, die nicht nur Wissen prüfen, sondern auch auf ein oft hintergründiges Verständnis in Rätseln gesprochener Formulierungen beruhen? Watson schlug die beiden langjährigen Sieger der Quizshow. Und wieder war eine neue Stufe erreicht. Wer genau hingesehen hatte, wusste, dass die Maschine auf dem Weg war, gänzlich neue Dimensionen von Fähigkeiten zu entwickeln.

Doch das Entscheidende ist: Sehen Sie die Maschine anders als Kasparow und die »Jeopardy«-Legenden nicht als Konkurrent, sondern als Partner – und Sie erkennen die grenzenlosen Möglichkeiten. Maschinen sind unglaubliche Organisationstalente. Ehemals kompliziert zu organisierende und fehleranfällige Verteilvorgänge in Lagern können mittlerweile komplett von Maschinen übernommen werden. Gut programmiert, verrichten sie rund um die Uhr fehlerfrei ihren Job.

Der Fließbandarbeit entsprechend war jahrhundertelang die Massenproduktion das Maß aller Dinge. In Fabriken wurden in immer größerer Stückzahl die immer gleichen Produkte produziert. Stellen Sie sich eine Welt vor, in der in der gleichen Geschwindigkeit etwas hergestellt wird, das es so nur einmal gibt. Eine, wenn man so will, individuelle Massenproduktion. Die Losgröße 1, die kleinste Bestellmenge, wird zur Massenfertigung. Ganz speziell für Sie. Ein innerer Widerspruch? Nicht im Zeitalter von Big Data.

Unternehmen haben es nicht mehr nötig, die Produktion in Länder zu verlegen, die ihre Arbeiter mit symbolischen Löhnen abspeisen. Sie können nun auch wieder ohne moralisch angreifbare Geschäftspraktiken konkurrenzfähig sein. Dies ist ein weiterer Paradigmenwechsel der Big-Data-Ära. Und noch etwas: Wir werden die Arbeiten ausführen, die Maschinen nicht erbringen können. Wir werden zu einer Neubewertung in der Wertschätzung für Berufe kommen. Kreativität, überraschende Ideen, querdenken – diese Eigenschaften werden nicht unterdrückt, sondern noch wertvoller sein als heute! Die Maschinen als Partner können älteren Menschen im Haushalt zur Hand gehen und dafür sorgen, dass sie länger in den eigenen vier Wänden leben können. Für viele von Ihnen stecken Chancen in dieser Entwicklung. Denn wir alle wissen: Wir dürfen, wollen und werden nicht so weitermachen wie bisher!

Das Risiko:
Rollentausch – Die Übernahme unseres Lebens durch Maschinen

Die Folgen der vierten industriellen Revolution können verheerend sein. Die durch Big Data mögliche Automatisierung wird die Arbeitskraft von Menschen in großer Dimension ersetzen. Aber reden die Big-Data-Befürworter offen über die Konsequenzen? Nein. Stattdessen wiederholen sie gebetsmühlenartig die Vorzüge der Datenrevolution. Das Interessante an der neuen Welt sei, dass wir alles in irgendeiner Form messen, vernetzen und kommunizieren können. Außerdem sei es möglich, hochwertige Simulationen und Prognosen zu erstellen.

Aber erkennen Sie, was gerade passiert? Wie wird die Fabrik der Zukunft aussehen? Zuerst ersetzen wir Menschen durch Maschinen, die rund um die Uhr das tun, was man ihnen anweist, und weder krank werden noch Urlaub benötigen. Die erste Konsequenz ist, dass wir nicht mehr in der Lage sein werden, allen Menschen Arbeit zu geben. Wir entziehen vielen Menschen die Lebensgrundlage.

Wir reden nicht über abstrakte Vorgänge, sondern über das konkrete Schicksal von Menschen. Geben wir ihnen einen Namen. Nehmen wir an, Jürgen arbeitet als Lagerarbeiter in einer Fabrik. Seine Frau Petra jobt als Reinigungskraft für ein großes Unternehmen. Die beiden haben zwei Kinder. In einigen Jahren wird Jürgen, das steht heute schon fest, seinen Job verlieren. In der Fabrik der Zukunft übernehmen Maschinen die komplette Logistik. Kein Arbeiter wird mehr Gegenstände von A nach B befördern. Das übernehmen Roboter, und zwar 24 Stunden am Tag, sieben Tage die Woche. Die Rechnung ist einfach. Je günstiger immer leistungsfähigere Maschinen und Roboter werden, desto enger wird es für Arbeitskräfte wie Jürgen. Er ist 38 Jahre alt. Früher wäre er auch gerne Fernfahrer geworden. Das stand einmal für lange Fahrten ins Ausland und ein Stück Freiheit. Aber davon ist schon lange nichts mehr übrig. Es gibt kaum einen Beruf, der kontrollierter ist als der des Fernfahrers. Logistikunternehmen wissen heute bis auf die Sekunde genau, wie lange der Fahrer gearbeitet hat, und bis auf den Meter genau, wo er sich aufhält. Schluss mit dem großen Freiheitstraum. Aber immerhin galt der Job des Fernfahrers als zukunftssicher. LKWs, die Waren transportieren, werden doch immer gebraucht. Dies mag in der Tat auch noch für die Zukunft gelten. Nur: Der Fahrer wird überflüssig. Auf den Autobahnen wird sich das automatisierte und später fahrerlose Fahren als Erstes durchsetzen. Autobahnen sind für Rechner des Big-Data-Zeitalters leicht zu kalkulieren. Kein Gegenverkehr, keine Kreuzung. Und in der Konsequenz: keine Fahrer. Auch dies ist also keine Alternative für Jürgen. Das gleiche Schicksal wird übrigens Lokomotivführer ereilen. Genau wie Taxifahrer. Jürgens Frau Petra wird ihren Job ebenfalls verlieren. Schon heute nehmen viele in ihrem Privathaushalt Reinigungsroboter in Anspruch. Günstig, praktisch, und immer leiser werden sie auch. Warum sollen in Zukunft noch Reinigungskräfte den Boden wischen? Auch diese Jobs werden in absehbarer Zukunft von Robotern übernommen.

Soll Jürgen eine Umschulung zum Sachbearbeiter machen? Mit 38 ist er ein bisschen spät dran. Und auch hier wird er immer weniger zukunftsfähige Jobs finden. Denn Maschinen können besser Routen planen, Listen vergleichen, Termine überblicken, große Textmengen analysieren und Korrelationen herstellen.

Die Revolution der Arbeitswelt betrifft dabei aber nicht nur die Industrie. Vielmehr hält Big Data in jedem Berufszweig Einzug: Dass Ärzte heute schon nicht mehr selber mit Skalpell dem Patienten zu Leibe rücken, sondern per Telearbeit einen Roboter steuern, ist nur ein Beweis dafür. »Dank eines Durchbruchs im Bereich der chirurgischen Technik gibt es nun eine neue Kategorie minimalinvasiver Chirurgie (...). Dabei handelt es sich um eine effektive, minimalinvasive Alternative zur offenen Chirurgie und zur Laparoskopie. Durch den Einsatz des da Vinci®-Chirurgiesystems sind Chirurgen nun in der Lage, eine minimalinvasive Möglichkeit für komplizierte operative Eingriffe anzubieten. (...) Sie profitieren von den Vorteilen einer zuverlässigen Behandlung und zudem von der Möglichkeit, signifikant weniger Schmerzen zu haben, weniger lang im Krankenhaus sein zu müssen, schneller wieder Ihren täglichen Aktivitäten nachgehen zu können, sowie von einem potenziell besseren klinischen Ergebnis.«[138] So wird für die Teleroboter auf der da-Vinci-eigenen Homepage geworben.

Was aber bei der Aufzählung so vieler Vorteile in Vergessenheit gerät, bringen Constanze Kurz und Frank Rieger in ihrem Buch »Arbeitsfrei« auf den Punkt: »Ein häufiger Kritikpunkt an solchen Chirugierobotern ist, dass bedingt durch die hohen Kosten des Systems viele Operationen durchgeführt werden müssen, damit sich ein solches System amortisiert.«[139] Führt dies dann dazu, dass möglichst viele chirurgische Eingriffe vorgenommen werden, obwohl eine andere Art der Behandlung geeigneter wäre?

Constanze Kurz und Frank Rieger schließen aber einen weiteren wichtigen Gedanken an: »Wer denkt, sein Arbeitsplatz sei zukunftssicher, weil er Denkleistungen erfordert, die nicht ohne Weiteres von einem Computer übernommen werden können, befindet sich möglicherweise in einem großen Irrtum.

Die Automatisierung des Geistes, die Ablösung menschlicher Hirntätigkeit durch Software und Algorithmen, hat das Potenzial, die Arbeits- und Lebenswelt noch stärker zu verändern, als es durch die Robotisierung und Automatisierung der Produktion bereit eingeleitet worden ist.«[140]

Ein anschauliches Beispiel? Smartphones sind mittlerweile in der Lage, gesprochene Texte in guter Qualität auszudrucken. So könnten Sekretärinnen, die Texte abtippen, Fremdsprachenkorrespondentinnen, die Texte übersetzen, oder sogar Journalisten, die Texte generieren, zukünftig durch Maschinen ersetzt werden. Aber auch Anwälte bekommen Konkurrenz von Computern. »Armies of Expensive Lawyers, Replaced by Cheaper Software« titelte die »New York Times« schon 2011.[141]

In eine Studie der Oxford Martin School von 2013 wurden 903 Berufe auf die Wahrscheinlichkeit der Automatisierung analysiert. Ergebnis: Besonders gefährdet ist der Job der Verkäufer und Kundenberater am Telefon.[142] Der Sprachcomputer Siri von Apple zeigt, in welche Richtung die Entwicklung geht. Und schon heute wird man beim Gespräch mit der Service-Hotline zumeist als Erstes von einer Computerstimme statt von einem echten Menschen begrüßt, die abfragt, ob das Gespräch aufgezeichnet werden darf und ob es eher um Kontofragen oder neue Produkte geht.

Aber auch andere Verkäufer könnten bald ihren Job verlieren: McDonald's Europa hat im Frühjahr 2013 Tausende Touchscreen-Computer eingeführt, die nach und nach die Arbeit von Kassierern und Kassiererinnen übernehmen sollen. Bestellen am Touchscreen und bargeldlos bezahlen — in einigen Jahren möglicherweise auch mit dem Smartphone.[143]

Dirk Helbing spricht im Interview mit uns Klartext. Er sagt voraus, dass in den europäischen Industrienationen 50 Prozent aller Jobs verloren gehen: »Letzten Endes müssen wir für 50 Prozent der Leute neue Jobs schaffen.«[144] Die Hälfte aller Arbeitnehmer verlieren ihren Job? Auf diese Perspektive, so Helbing, »sind wir nicht vorbereitet«.

In der Tat. Wer redet heute über ein solches Szenario? Schon über die Dimension und die Folgen der Automatisierung schweigen Politiker sich aus. Aber was wird nun aus Jürgen, Petra und ihren beiden Kindern? Und den Millionen von Arbeitskräften, die ebenfalls ohne Jobs dastehen? Hätten sie es nicht verdient, dass man ihnen früh andeutet, dass ihre Jobs nicht zukunftsfähig sind? Sollte man ihnen nicht zumindest die Chance geben, sich frühzeitig umzuorientieren?

Stattdessen wird »Industrie 4.0« zum neuen Zauberwort erkoren, zur großen Chance für die deutsche Wirtschaft. Die Motivation ist klar. Zu groß ist die Angst, international den Anschluss zu verlieren. Wenn die deutsche Wirtschaft nicht mehr konkurrenzfähig ist, dann befürchtet die Politik schwerwiegende gesellschaftliche Folgen. Diese Haltung ist durchaus nachvollziehbar. Und wenn Politiker schon Schwierigkeiten haben, die Denkstrukturen und technologischen Hintergründe der Datenrevolution zu durchdringen, dann wollen sie zumindest der Wirtschaft nicht im Wege stehen. Dort gibt es die Kompetenz im Umgang mit Daten. Wenn man kurzfristig nichts gegen die Automatisierung unternehmen kann und will, dann forciert man sie erst einmal. Aus Angst, den Anschluss zu verpassen.

Augen zu und durch? Aber mit welchen mittelfristigen Folgen? Die Rechnung ist einfach. Je klüger und kostengünstiger Maschinen werden, desto flächendeckender werden sie menschliche Arbeitskraft ersetzen. Und die Maschinen lernen schnell. Sie werden immer qualifiziertere Tätigkeiten ersetzen. Sie kosten Jobs in der Industrie, im Dienstleistungssektor und in der Wissenschaft. Auch Constanze Kurz und Frank Rieger weisen in ihrem Buch »Arbeitsfrei« auf diese Problematik hin. Auch sie haben festgestellt, dass die Politik sich mit diesem Thema nicht beschäftigt oder, besser gesagt, sich nicht beschäftigen will. Wir können nur hoffen, dass diese Ignoranz der Politik in einigen Jahrzehnten nicht als eine große, historische Fehleinschätzung gewertet werden muss.[145]

Kommen wir zum nächsten großen Big-Data-Irrtum. Richtig ist, dass die digitale Revolution die Welt verändern wird. Aber in welcher Welt bewegen wir uns in Zukunft? Haben wir nicht in der Finanzkrise die negativen Auswirkungen der totalen Vernetzung im Negativsinne kennengelernt? Warum glauben wir Menschen eigentlich, dass wir diese Komplexität beherrschen können? Wir haben es nicht mehr geschafft, in der vernetzten Finanzwelt die Risikospielereien einiger Banker abzuschätzen, geschweige denn zu kontrollieren oder gar zu verhindern! Die Welt ist komplexer, als einige Technologen annehmen, die glauben, die Welt als Ganzes betrachten zu können. Die Realität ist nicht einfach – sie ist komplex! Und das ist gut so.

Aber der Fantasie des Silicon Valley ist die Überzeugung immanent, die Welt besser zu machen. Zumindest tragen die Konzerne diese Haltung vor sich her. Was mit Skepsis zu genießen ist. Dirk Helbing hat Zweifel an der nach außen vertretenen Maxime:

»Letzten Endes geht es den Unternehmen nicht um die Rettung der Welt, nicht um uns, sondern es geht ums Geld. Nehmen Sie Google. Es versucht sich ja auch als das Unternehmen darzustellen, das versucht, die Krankheiten zu eliminieren, uns unsterblich zu machen, die Verkehrstoten zu beseitigen, die

Verkehrsstaus und all diese Ärgernisse quasi aus unserem Leben zu entfernen. Aber es gibt keine Anzeichen dafür, dass dieses Unternehmen trotz all seiner Daten, die es hat, die Ambition oder die Fähigkeit hat, die Weltprobleme nachhaltig zu lösen.«[146]

Wenn die Weltprobleme von den großen Konzernen nicht gelöst werden, könnten sich dann vielleicht sogar ihre zentralen Versprechen in Luft auflösen? Was tragen die großen Konzerne bei fast jeder Innovation als Argument vor sich her? Wir sparen Ressourcen! Wir leben endlich wieder umweltbewusst! Wir brauchen das »Smart Home«, wir brauchen die »Smart City«, wir brauchen alles, was »smart« ist, damit wir keine Wege mehr umsonst machen. Damit keine Heizung mehr Energie verbraucht als unbedingt nötig. Wir bestellen nur den Bedarf, den wir wirklich benötigen. Keine Überproduktion. Keine falschen Absatzprognosen. Keine unnötigen Müllberge mehr. Was, wenn diese Argumentation zusammenfällt wie ein Kartenhaus?

Denn leider sind dies mehr oder weniger Lippenbekenntnisse und geschönte isolierte Einzelperspektiven. Wenn wir uns das viel komplexere Gesamtsystem anschauen, führt das die angeblichen Verheißungen des umweltbewussten Lebens ad absurdum. Denken Sie einfach nur an folgendes Beispiel: Die klassischen Produktionsstrukturen der bekannten Massenfertigung mit zentraler Steuerung verschieben sich in eine Selbstorganisation mit dezentraler Steuerung. Das bedeutet, dass die Maschinen miteinander kommunizieren und eine zentrale Steuerung nicht mehr gebraucht wird. Das ist ein zentrales Element der Industrie 4.0. Bisher wurden Artikel in möglichst hoher Stückzahl mit optimiertem Ressourcenaufwand produziert. Das heißt: hohe Stückzahl, maximierte Maschinenauslastung, minimale Unterbrechungszeiten. Das alles für eine überschaubare Zahl an Distributoren, das heißt an Abnehmern, die die Waren weiterverteilt haben. Was verändert sich?

Aus zentral definierten, hochskalierbaren und optimierten Produktions- und Lieferketten, die die gefertigten Aufträge und Güter verteilen, werden nun viele Einzelaufträge aus der ganzen Welt verteilt gesammelt, just-in-time hergestellt und natürlich schnellstmöglich verschickt. Dabei werden auch die zur Herstellung benötigten Produktionsgüter aus zahlreichen, mit hoher Dynamik wechselnden Lieferanten ausgewählt. Damit erhöht sich die Gesamtkomplexität um ein Vielfaches. Mit welchen Auswirkungen?

Man erkauft sich Flexibilität und angebliche Optimierung aus Kunden- sowie Ressourcensicht durch eine Zunahme an Logistikleistungen oder, deutlicher formuliert, massiv gesteigerten Emissionen durch den Transport. In der Gesamtbetrachtung werden die wirklichen Herausforderungen der Grenzen des Wachstums aus Umweltsicht nicht adressiert, sondern nur verschoben und verschlechtert, um im globalen Wettbewerb nicht ins Hintertreffen zu geraten.

Was bleibt also von den Verheißungen der Industrie 4.0? Bei Licht betrachtet nicht viel. Die Veränderungen, die durch die vierte industrielle Revolution in Gang gesetzt werden, sind folgenreich. Aber Sie bringen Ihnen nicht die Verheißungen, die Ihnen versprochen werden. Sie erhalten vielleicht individualisierte Produkte. Sie können sich Turnschuhe in Ihren Lieblingsfarben bestellen, in Ihrem persönlichen Design, wenn Sie wollen, auch mit Ihrem Namen. Hier sind der Fantasie keine Grenzen gesetzt. Aber die Frage, wie Sie diese Turnschuhe in Zukunft in Zeiten von Massenarbeitslosigkeit bezahlen wollen, ist noch nicht beantwortet. Und was oft nicht erwähnt wird: Die Straßen werden durch Ihre individuellen Bestellungen, die ausgeliefert werden müssen, erheblich voller. Die Transportmengen werden größer, die Fahrbahnen mehr in Anspruch genommen. Das hat größere Ausgaben für den Straßenbau und die Instandhaltung zur Folge. Die Sie wiederum durch Umlagen auf Steuerabgaben finanzieren. Die Alternative könnten Drohnen sein. Dann allerdings müssen Sie sich daran gewöhnen, dass sich der Himmel in Innenstädten verdunkelt und das Zirpen kleiner Elektromotoren zu einem ständigen Begleiter wird.

Das macht in der Gesamtheit auch noch einmal Folgendes deutlich: Die Umwelt wird nicht geschont. Sie wird belastet, um im globalen Wettbewerb den wirtschaftlichen Führungsanspruch nicht zu verlieren. Das bedeutet, ein zentrales Argument der Big-Data-Befürworter löst sich in der Tat in Luft auf. Allerdings in emissionshaltiger Luft.

Interview mit Prof. Dr.-Ing. Thomas Bauernhansl

»Die Digitalisierung wird zu einer grundlegenden Veränderung von Geschäftsmodellen führen«

Prof. Dr.-Ing. Thomas Bauernhansl (geboren 1969) ist Industrie-4.0-Experte. Er leitet das Fraunhofer-Institut für Produktionstechnik und Automatisierung IPA und das Institut für Industrielle Fertigung und Fabrikbetrieb IFF der Universität Stuttgart.

Herr Bauernhansl, wenn man vor einigen Jahren gesagt hätte, dass ein Fenster mit einer Heizung redet und eine Straße mit einem Reifen, ich glaube, dann wäre man eigenartig angeschaut worden. Heute immer noch?

Wenn Sie mit mir darüber sprechen, dann sage ich, das ist eine ganz normale Technologieentwicklung, die zurzeit stattfindet. Das Internet der Dinge und seine Dienste durchdringen alle Lebensbereiche und machen natürlich auch nicht Halt vor dem Verkehr und auch nicht vor unseren Häusern und Wohnungen.

Wenn Sie das beschreiben könnten, wer wird in Zukunft mit wem beziehungsweise was alles wird miteinander kommunizieren?

Eigentlich sprechen wir vom *Internet of everything*. Schöner Ausdruck –

Das Internet von allem.

Alles wird im Internet sein, nicht nur wir Menschen. Heute sind ungefähr 3 bis 3,5 Milliarden Menschen im Internet – da gibt es verschiedene Analysen und Schätzungen. Aber nicht nur die Menschen nutzen das Internet, sondern eben auch die Dinge. Und mittlerweile sind mehr Dinge im Internet vernetzt als Menschen. Auch hier gibt es unterschiedliche Schätzungen, die liegen so zwischen 6,5 Milliarden bis über 10 Milliarden Dinge, die bereits heute miteinander kommunizieren.

Welche Chancen bieten sich Deutschland durch das Internet der Dinge, durch Big Data und Industrie 4.0?

Hier müssen wir differenzieren. Wir sind ganz ausgezeichnet im Bereich der Datenerzeugung und auch in der Datenanwendung. Wir sind die Weltmeister der *Embedded Systems*, also der eingebetteten technischen Systeme, die in der Lage sind, zu kommunizieren. Das schaffen wir beim Auto sehr gut, im Maschinenbau und in der Medizintechnik. Da sind wir exzellent aufgestellt. Das heißt, die Physis – man spricht ja da auch von *cyber-physischen Systemen* – ist fest in deutscher Hand. Wir statten die Fabriken dieser Welt aus. Auf der anderen Seite ist die ganze Elektronikhardware eher in der Hand der Asiaten. Und die Softwareproduktion, insbesondere die internetbasierten Themen, läuft zu großen Teilen in den USA. Und jetzt ist die spannende Frage, wer hat eigentlich die besseren Voraussetzungen, um das Wettrennen um die Fabrik der Zukunft zu gewinnen? Und das ist aus meiner Sicht noch völlig offen.

Wie wird denn die intelligente Fabrik im Jahr 2025 aussehen?

Aus meiner Sicht wird es so sein, dass sämtliche Fabrikobjekte vernetzt sein werden. Sie werden Kommunikationssysteme nutzen, die es ermöglichen, dass sowohl die Menschen als auch die Maschinen die Aufträge, die sich durch die Fabrik bewegen, die Lagerplätze, das Material, bis hin zu den Lieferanten und Kunden, komplett in Echtzeit miteinander kommunizieren. Und damit werden sie in der Lage sein, sehr schnell und flexibel auf alle möglichen Veränderungen zu reagieren. Die Daten, die dabei entstehen, können genutzt werden, um zu simulieren und damit sicherzugehen, dass man möglichst keine Fehler mehr macht.

Und sehen wir noch Menschen in den Lager- oder Fabrikhallen?

Wir werden immer Menschen in der Fabrik sehen. Allerdings werden das Menschen sein, die ein verändertes Qualifikationsprofil haben. Wir werden weiterhin in den Fabriken unsere Fertigkeitseliten haben. Schauen Sie sich einen Werkzeugmacher an, der mit unglaublich viel haptischen Auge-Hand-Koordinationstätigkeiten in der Lage ist, hochkomplexe Tätigkeiten auszuführen. So etwas mit einer Maschine zu machen wäre viel zu teuer und wird auch über lange Sicht noch zu teuer sein. Auf der anderen Seite werden wir Menschen haben, die ihre Intelligenz sehr stark in die Optimierung der Wertschöpfung einbringen werden.

Also derjenige, der in einer Fabrik etwas von A nach B gebracht hat, wird nicht mehr benötigt. Und wenn man automatisiertes Fahren hat, ist der Fernfahrer wahrscheinlich der Nächste, der nicht mehr gebraucht wird?

Der Fernfahrer, der Taxifahrer –

Der Taxifahrer, der Lokomotivführer – all das kommt auf uns zu. Es gibt aber sehr viele, die abhängig davon sind, dass es Arbeiten gibt, die keine hohe Spezialisierung erfordern. Was kommt da auf uns zu an sozialer Herausforderung?

Ich glaube, dass es eine gesellschaftliche Aufgabe ist, dafür zu sorgen, dass schon in der Schule, in der Ausbildung entsprechend so viel investiert wird, dass man allen Menschen die Möglichkeit gibt, in dieser neuen Welt einen Beruf zu finden. Wir müssen sehr viel mehr Geld in unsere Aus- und auch in Weiterbildung investieren. Wir müssen auch darüber nachdenken, neue Felder zu entwickeln. Ich denke, dass es gerade in der Pflege beispielsweise einen unglaublichen Bedarf an Menschen gibt, die sich in diesen Bereichen engagieren. Dazu müssen diese Berufe aber entsprechend aufgewertet werden, nicht nur finanziell, sondern auch in der gesellschaftlichen Anerkennung. Es gibt viele Themen, mit denen wir uns auseinandersetzen müssen, um diese Entwicklungen abzumildern. Es ist ja illusorisch zu glauben, dass wir weitermachen können wie bisher. Wenn wir die Augen verschließen und sagen, wir machen das jetzt einfach mal nicht, um unsere Arbeitsplätze abzusichern – dann werden wir irgendwann gar keine Arbeitsplätze mehr haben.

Wird es dabei auch zu einer Aufwertung von Eigenschaften kommen, die Maschinen nicht leisten können?

Ich bin überzeugt davon, dass die soziale Kompetenz, die Menschen aufgrund ihrer Emotionalität, ihrer Kreativität, ihrer sprachlichen Fähigkeiten, und aufgrund ihres Einfühlungsvermögens mitbringen, unverzichtbar sind. Nicht nur für Aufgaben im sozialen Bereich oder im Dienstleistungsbereich, sondern man wird sie auch weiterhin in der Industrie benötigen. Irgendjemand muss ja diese Geschäftsmodelle und Produkte entwickeln, und das wird nicht maschinell erfolgen, sondern dafür braucht man den Menschen mit seinen Fähigkeiten und seiner Kreativität.

Industrie 4.0 hört sich manchmal an wie ein Angebot an Unternehmen. Aber was passiert mit denen, die sagen, ich mache da nicht mit?

Was ist mit denen passiert, die gesagt haben, ein Auto brauche ich nicht? Ich glaube, es gibt einfach Entwicklungen, die man nicht aufhalten kann, und dazu will ich die Digitalisierung generell zählen – und dann im Besonderen eben auch die Möglichkeiten, die das Internet bietet. Wir sind da mittendrin. Es stellt sich für Unternehmen nicht mehr die Frage, ob sie da mitmachen wollen oder nicht, sondern es stellt sich nur noch die Frage, in welcher Form sie mitmachen.

Es gibt also einen faktischen Zwang, mitzuziehen, ansonsten ist man draußen?

Man ist auf jeden Fall über kurz oder lang draußen, wenn man sich nicht damit beschäftigt. Ich kann Ihnen erläutern, welche Risiken es da gibt an dieser Stelle: Die Digitalisierung wird zu einer grundlegenden Veränderung von Geschäftsmodellen führen. Man spricht hier von *XaaS* (*Everything as a Service*, dt. *alles als Service*, Anm. der Verfasser). Alles wird zum Service. Das ist ein Begriff aus der IT-Welt – dieser Begriff diffundiert mehr und mehr in unsere Geschäftsmodelle, mit denen wir physische Produkte verkaufen. Das bedeutet, dass wir zukünftig zum Beispiel Mobilität als Service anbieten werden. Sie werden eben kein eigenes Auto mehr haben, sich auch kein Taxi rufen, sondern einfach auf Ihrem Smartphone auf die Taste drücken, dass Sie jetzt zum Bahnhof fahren möchten. Und dann gehen Sie raus, und dann steht da ein autonom fahrendes Fahrzeug. In das steigen Sie ein, das fährt Sie zum Bahnhof, Sie steigen aus, und das wird automatisch über Ihre Kreditkarte abgerechnet. Wenn Sie in diesem Auto sitzen, werden Sie Internetdienste verwenden, Sie werden telefonieren, Sie werden Mails schreiben.

Das bedeutet, dass diejenigen, die diese Services anbieten, am Ende des Tages mehr über Ihr Verhalten als Kunde wissen als derjenige, der das Auto gebaut hat. Und damit drängen sich unter Umständen Firmen, die in der Lage sind, die Daten zu verarbeiten, in die Wertschöpfungskette zwischen Kunden und Lieferanten – in diesem Fall dann Kunde und Automobilhersteller. Über diese Services verdient dann derjenige, der den Service anbietet, mehr Geld als derjenige, der das Auto gebaut hat. Und wenn er es dann richtig geschickt macht, ist er vielleicht irgendwann in der Lage, auch diese Mobilität als Service zu bündeln und zu sagen, dann kaufe ich jetzt eine Million Autos, verteile die in den Städten und biete Mobilität als Service an.

Vielen Dank für das Gespräch.

(Das Interview führte Michael Steinbrecher. Es wurde durch die Verfasser gekürzt und redaktionell bearbeitet.)

Interview mit Prof. Dr.-Ing. Siegfried Russwurm

»Einfache Verwaltungstätigkeiten werden wegfallen, doch der Kreativität gehört die Zukunft«

Prof. Dr.-Ing. Siegfried Russwurm (geboren 1963) ist seit 2008 Mitglied im Vorstand der Siemens AG, wo er seit 2014 für Personal und Technik zuständig ist. Der studierte Ingenieur beschäftigt sich dabei unter anderem auch mit den Veränderungen durch Big Data und Industrie 4.0.

Professor Russwurm, wenn Sie an die Beschäftigungssituation in Deutschland in 10 oder 15 Jahren denken, sind Sie optimistisch oder pessimistisch?

Ich bin eher optimistisch. Und zwar aus dem historischen Vergleich, was uns im Rahmen der Automatisierung der deutschen Industrie gelungen ist. Damals gab es ähnliche Diskussionen. Würden diese Maschinen und Roboter alle Arbeitsplätze wegnehmen? Wenn das eingetreten wäre, müssten wir heute deutlich zweistellige Arbeitslosenraten haben – was nicht der Fall ist, weil auch neue Berufe, beispielsweise Mechatroniker, entstanden sind. Wir haben das als gesamtgesellschaftliche Aufgabe geschafft. Das macht mich optimistisch, dass wir das in dieser sogenannten vierten industriellen Revolution auch schaffen werden. Auch da werden Arbeitsplätze wegfallen und neue entstehen. Ich glaube daher, diese gesellschaftliche Aufgabe ist lösbar, wenn man bewusst damit umgeht. Also: Ich bin eher Optimist.

Ein Roboter wird nicht müde, braucht keine Ferien, keine Kantine, ist auch nicht emotional, weder als Autofahrer, wenn wir an das automatisierte Fahren denken, noch in anderen Bereichen. Müssen wir uns einfach damit abfinden, dass er viele Dinge besser kann als wir?

Sowohl der physische Roboter als auch der virtuelle Roboter im Web können einige Dinge sehr gut. Insbesondere die Dinge, die repetitiv sind. Er kann heute noch nichts bewusst tun, obwohl in der Forschung heftig daran gearbeitet wird, ihn zu mehr Autonomie zu erziehen. Aber er ist schon jemand, der angelernte Tätigkeiten verrichten kann und das sehr zuverlässig. Damit ist auch klar, wo das Veränderungspotenzial liegt. All das, was man einem Menschen in relativ kurzer Zeit beibringen kann, das können auch Roboter tun.

Wird es in Zukunft noch Menschen geben, die in Fabrikhallen Dinge von A nach B bewegen?

Ja, die wird es geben. Hierin liegt nicht mal so sehr die Revolution. Entscheidender ist: Einfache Verwaltungstätigkeiten werden wegfallen. Der Logistiker, der den Lagerbestand verfolgt, beispielsweise. Der also, wenn der Lagerbestand ein gewisses Minimum erreicht hat, beim Lieferanten anruft und sagt, Herr Müller, ich bräuchte die nächste Lieferung. Den gibt es so heute schon nicht mehr. Das Lager schickt einfach automatisch eine Nachricht an den Zulieferer und sagt, ich bin beim Minimum angekommen, schick die nächste Lieferung. Weder beim Kunden noch beim Lieferanten ist da einer am Telefon. Das ist heute schon Stand der Dinge. Ich würde das als Industrie 3.8 bezeichnen. Der Schritt zu 4.0 heißt, dass das Lager eine elektronische Ausschreibung, eine E-Auction, macht. Das Lager weiß, welche Teile es braucht. Es kennt die Spezifikation aus dem digitalen Design, legt dieses Design ins Netz und sagt all seinen lizenzierten Partnern, die sich auf diesem Marktplatz eingeschrieben haben und deren Qualitätsstandard zertifiziert wurde: Von dem und dem Teil brauche ich am Freitag tausend Stück. Wer hat das beste Angebot dafür? Ohne dass Menschen dabei interagieren. Von solchen administrativen Tätigkeiten werden künftig viele ersetzt werden – dadurch, dass algorithmisch immer mächtigere Rechnersysteme miteinander kommunizieren.

Schon heute gibt es Computer, die Aufnahmetests für Hochschulen bestehen. Das Programm Watson von IBM arbeitet ja auch schon in verschiedensten Bereichen, hat in Jeopardy schon die klügsten Menschen geschlagen. Sind Sie da optimistisch, dass die Intelligenz für Menschen reserviert bleibt?

Ich würde nach wie vor den Begriff Intelligenz nur für Menschen verwenden. Am meisten Chancen hat dabei der kreative Aspekt von Intelligenz. Also wirklich Neues zu schaffen oder mit unerwarteten Situationen umgehen zu können. Wobei Letzteres Maschinen auch immer besser können. Beispielsweise die autonomen Maschinen, die man beim Spiel Jeopardy kaum mehr überraschen kann. Die können da auch mit ungewöhnlichen Sätzen irgendwie umgehen. Sie zerlegen sie und ermitteln, welche Schlüsselworte drin sind. So kommen sie letztlich zu Wahrscheinlichkeitsaussagen, was der Mensch damit gemeint haben könnte. Da ist mein Optimismus, dass dies allein den Menschen vorbehalten bleiben wird, eher gedämpft. Aber das Querdenken, etwas anderes als der Mainstream, da hoffe ich, dass dies noch lange ein Privileg des Menschen bleiben wird.

Gibt es nicht trotzdem die Gefahr, dass Unternehmer künftig nur noch die einfache Rechnung aufstellen: Sie schauen auf die Lohnkosten, gucken, was kostet mich denn ein automatisiertes System, legen beides nebeneinander, und wenn Sensoren, wenn Maschinen, wenn das alles günstiger ist, wird dann nicht ein automatisiertes System den Wettlauf gewinnen?

So einfach ist es nicht. Sie müssen schon ein bisschen weiter denken und sich etwa die Frage stellen: Wie oft wechselt auf dieser Maschine das Produkt, und welche verschiedenen Serien will ich damit herstellen? Sie müssen also abwägen, wie flexibel Ihre Automatisierung ist und wie flexibel die Menschen sind, die das machen. Klar, am Ende – ob man das mag oder nicht – drückt sich die gemeinsame Zielfunktion typischerweise in Geld aus. Allerdings muss es dabei um sogenannte Lebenszyklusbetrachtungen gehen. Dabei stellt man dann vielleicht fest, dass man in der Fabrik, auf der Anlage, nicht nur das eine Teil fertigen will, sondern gleichzeitig sieben verschiedene, und alle sechs Monate ändert sich eins von den sieben. Und jetzt rechnen wir noch mal neu, was uns denn die Automatisierung kostet. Wenn dann immer noch herauskommt, dass die Automatisierung günstiger ist, dann schauen wir noch auf Amortisationszeiten, und wenn sich das innerhalb von zwei oder drei Jahren rechnet, dann ist die Antwort gegeben.

Das könnte dann aber schon deutliche Auswirkungen auf den Arbeitsmarkt haben, bis hin zu Massenarbeitslosigkeit. Sehen Sie diese Gefahr, und wenn ja, wie kann man darauf reagieren?

Die einfache Antwort heißt Qualifizierung. Die Menschen wissen doch inzwischen, dass ein Abgehen von der Schule, ohne danach eine Ausbildung zu beginnen, keine gute Strategie ist. Das war vor 30 Jahren am Land, wo ich aufgewachsen bin, durchaus noch anders. Da gab es Schulkollegen von mir, die eine andere Option gewählt haben und einfach schneller Kohle machen wollten. Das ist heute vorbei. Ich kenne überhaupt niemanden mehr, der das für eine gute Option halten würde, und ähnlich wird es jetzt auch weitergehen. Das Umgehen mit Technologien wird eine Selbstverständlichkeit. Dabei müssen die Menschen mit all ihrem Wissen und Können immer eine Stufe über den Fähigkeiten dieser maschinisierten Welt bleiben. Das ist eine Bildungs-, Ausbildungs- und vor allem auch eine Weiterbildungsfrage. Gesellschaftlich wird es darum gehen, dass wir dies organisieren, und natürlich müssen wir es auch individuell selbst tun.

Müssen wir uns vielleicht auch überlegen, ob wir alternative Modelle entwickeln, wie man dann Profit verteilt, oder wie man andere Dinge, andere Tätigkeiten aufwertet?

Das Gute an globalen Trends ist, dass sich die Spielregeln langfristig global angleichen. In einer schönen, neuen Welt der Zukunft ist vielleicht tatsächlich Erwerbsarbeit etwas, was man nur noch 20 oder 30 Stunden in der Woche tut und nicht 35 oder 50. Aber wir dürfen dabei nicht den Wettbewerb gerade auch zwischen Wirtschaftsräumen aus dem Auge verlieren – und in dem spielen sicherlich auch Sozialstandards eine Rolle. Die einen glauben, dass sie ihre Wettbewerbsfähigkeit dadurch steigern können, dass die Menschen nicht 40, sondern 50 oder 60 Stunden im Mittel in der Woche arbeiten. Doch vielleicht sind in Zukunft ganz im Gegenteil die Volkswirtschaften mit dem besseren sozialen Zusammenhalt und den besseren Arbeitsbedingungen auch attraktiver für die besten und deshalb im globalen Wettbewerb die erfolgreicheren. Ich würde dazu keine Prognose wagen wollen.

Vielen Dank für das Gespräch.

(Das Interview führte Michael Steinbrecher. Es wurde durch die Verfasser gekürzt und redaktionell bearbeitet.)

4.9: Der Sport – Leistung zwischen Technologie und Emotion

Was hat die Datenrevolution mit Sport zu tun? Geht es zumindest im Erleben der Fans nicht eher um Emotion? Der Sport lebt von einem klaren, einfach nachvollziehbaren Regelwerk. Das bringt Menschen zusammen und macht zum Beispiel eine Sportart wie Fußball auf der Welt so populär. Fußball ist in den Augen vieler Fans und Aktiver ein »einfaches Spiel«: Wollen wir, dass Big Data auch hier Einzug erhält?

Der professionelle Sport ist für viele Menschen zu einem wichtigen Teil ihres Lebens geworden. Gehören auch Sie zu denjenigen, die mitleiden, wenn Ihr Team verliert? Und die einen guten Start in die Woche haben, wenn ihre Mannschaft am Samstag oder Sonntag gewonnen hat? Haben Daten in dieser Welt von Emotion, Tradition und Gemeinschaftserlebnis einen Platz?

Offenbar ja. Daten werden im Sport immer wichtiger. Sie ahnen es, wenn Sie unser Interview mit DFB-Scout Dr. Stephan Nopp lesen.[147] Wenn er von den zukünftigen Analysemethoden spricht, dann stellen Sie fest, dass Big Data auch in der Welt des Sports längst eine große Rolle spielt. Und das nicht nur im Fußball, sondern in fast allen Sportarten.

Trotzdem bleibt die Frage, welche Konsequenzen die fortschreitende Quantifizierung des Spiels und der Spieler hat. Werden Athleten zu gläsernen Sportlern? Erhöht sich möglicherweise die Faszination des Sports durch Big Data noch einmal, weil wir die Sportarten besser durchschauen? Und dadurch noch mehr Gesprächsstoff entsteht? Was passiert, wenn Kinder aufgrund von Big-Data-Analysen wahrscheinlich nicht die körperlichen Voraussetzungen besitzen, in einer Sportart erfolgreich zu sein?

Letztendlich läuft es auch hier wieder auf die Frage hinaus: Welchen Sport wollen wir? Welchen Sport wollen Sie?

Die Chance:
Die Faszination Sport bleibt – aber Daten machen den Unterschied!

Es ist der 13. Juli 2014 in Rio de Janeiro. Mario Götze erlebt den Moment, der ihn ein Leben lang begleiten wird. In der 113. Minute des Weltmeisterschafts-Endspiels gegen Argentinien bringt er Deutschland mit 1:0 in Führung. Es ist ein Tor, das höchsten ästhetischen Ansprüchen genügt. Sieben Minuten später ist die Mannschaft um Neuer, Lahm und Schweinsteiger Weltmeister. In Deutschland wird flächendeckend gefeiert. In Rio genießen Joachim Löw und das sogenannte »Team hinter dem Team« eher still ihren Triumph.

Sie fragen sich, was das alles mit Big Data zu tun hat? Eine Menge. Der Sport ist ein Mikrokosmos. Das macht ihn über das rein sportliche Ereignis hinaus so faszinierend. Vieles, was sich in der Gesellschaft insgesamt abspielt, können wir im Kleinen im Sport ablesen und entdecken. Aber war es nicht die spielerische Genialität des Mario Götze, die dieses Spiel entschieden hat? Ja und nein. Ja, weil die besondere Begabung von Einzelkönnern immer helfen wird, den Unterschied zu machen. Nein, weil der Triumph von Rio eine Vorgeschichte hat.

Im Juli 2004 übernimmt Jürgen Klinsmann das Amt des Bundestrainers. Selbstbewusst verkündet er, sein Ziel sei es, Weltmeister zu werden. In den nächsten zwei Jahren revolutioniert er den deutschen Fußball. Er engagiert Fitness-Coaches und Wissenschaftler aus den USA, die völlig neue Trainingsmethoden einführen. Die deutsche Öffentlichkeit protestiert und ist beleidigt. Warum hat es Deutschland als große Fußballnation nötig, sich Hilfe aus dem Ausland zu holen? Deutschlands Fußball-Traditionalisten laufen Sturm gegen eine Verwissenschaftlichung und Professionalisierung des Sports. Klinsmann setzt sich gegen Widerstände durch, verändert Strukturen. Die Scouts um den Schweizer Urs Siegenthaler bemühen sich, Daten und moderne Übertragungstechnik zur Analyse zu nutzen. Sie systematisieren die Sichtung der eigenen und gegnerischen Spieler und coachen jeden Spieler individuell.

Vorbei sind die Zeiten, in denen alle Spieler das gleiche Trainingspensum absolvieren mussten. Als es keine Transparenz über ihren sportlichen Zustand gab. Als ein gutes Training bedeutete, dass Spieler erschöpft und ausgepumpt in die Kabine torkelten. Das waren aus heutiger Sicht nichts anderes als Angriffe auf die Gesundheit der Sportler. Die personalisierten medizinischen Daten sorgen nun dafür, dass jeder Spieler weiß, welche körperlichen Defizite er mit welchem auf ihn maßgeschneiderten Programm abbauen kann. Daten haben begonnen, auch im Fußball ihren Siegeszug anzutreten.

Die großen Sportarten in den USA demonstrieren schon seit Jahrzehnten, dass große Emotionen und exzessive Datennutzung keine Gegensätze sind. In den USA gibt es eine lange Tradition, den Sport bis ins Detail auszuleuchten. Wenn Sie mit US-Amerikanern über ihr nationales Baseball-Idol Babe Ruth reden, dann werden sie Ihnen nicht nur sagen können, dass der in den 1920er- und 1930er-Jahren für die New York Yankees gespielt hat. Sie werden auch wissen, dass er mit 714 Homeruns 39 Jahre den Rekord hielt und dass er der erste Spieler war, der in einer Saison 60 Homeruns schaffte. Ein Rekord, der erst 34 Jahre später gebrochen wurde. Ähnlich detailreich diskutieren Amerikaner über die Rekorddaten von Basketball-Idol Michael Jordan oder Football-Star Joe Montana. Zur Sportberichterstattung in Print-Medien gehören seit Jahrzehnten reine Statistikseiten, voll mit Tabellen und Rekordwerten. In Deutschland war das lange unvorstellbar, aber auch das gehört der Vergangenheit an, auch wenn die Entwicklung hierzulande noch ganz am Anfang steht.

Zerstört das intensive Studium von Daten die traditionelle Fankultur? Im Gegenteil. Es ist großartig, wenn sich Fans mit ihrem Sport beschäftigen. Wenn sie so sehr in die Details eintauchen, dass sie selbst so etwas wie Experten werden. Es gibt heute nicht mehr viele Themen, die alle berühren und verbinden. Aber: Sportliche Großereignisse haben noch diese nationale, oft sogar internationale Strahlkraft. Sie besitzen eine Integrationsfunktion. Den Super Bowl oder die Fußball-Weltmeisterschaft verfolgt fast jeder. Und am nächsten Tag können alle darüber reden. Es ist das, was man wissenschaftlich »Anschlusskommunikation« nennt. Das Fernsehen hat in der Vergangenheit solche Momente geschaffen. Heute ist es immer weniger dazu in der Lage. Die Zuschauer verteilen sich auf immer mehr Sender und Sendungen. In Deutschland hat nur noch der Fußball das Potenzial, zum »Lagerfeuer der Nation« zu werden.

Aber nicht nur der Fußball profitiert von Daten und moderner Technologie. Können Sie sich eine Biathlon-Übertragung ohne den Einsatz diverser Kameras vorstellen, die Ihnen die Zwischenstände beim Schießen zeigen? Der Sport würde unmittelbar an medialer Spannung und Faszination verlieren. Sportarten wie Segeln sind durch Big Data erst für Zuschauer begreifbar geworden. Wer führt, welche Rolle spielt der Wind, welche Strategie kann jetzt zum Erfolg führen? All das war vorher für Zuschauer nicht nachvollziehbar. Segeln produzierte schöne Bilder, war sicher für die Sportler selbst immer schon faszinierend, aber die Zuschauer erlebten es aus der Distanz als eher langweilige, spannungsarme Veranstaltung. Die Übertragungen des »America's Cup« gehören mittlerweile zu den sportlichen und medialen Höhepunkten des Jahres. Big Data hat den Sport erobert. Der Siegeszug der Daten, den der Hollywoodfilm »Moneyball« anhand der Geschichte des Baseball-Teams »Oakland A's« nacherzählt, hat mittlerweile alle Sportarten erreicht.

Wenn Joachim Löw mit Journalisten Hintergrundgespräche führt, wird schnell klar, dass ohne Daten keine Analyse mehr möglich ist. Er klärt Journalisten darüber auf, dass nicht nur die Passquote entscheidend sei, also die Anzahl der Pässe, die bei eigenen Mitspielern angekommen sind. Was, wenn dieser Spieler den Ball mehrere Sekunden lang hält? Dann schade er der eigenen Mannschaft, weil er das Spiel langsam mache. Löw hat in diesem Kontext sofort den Vergleich in Sekunden pro Ballkontakt zwischen Bundesliga und englischer Premier League parat. Und was, wenn der Spieler dann noch den Ball zurück und nicht vertikal nach vorne spiele? Dann sei er nicht fähig, das Spiel von hinten heraus zu eröffnen. Es geht schon längst nicht mehr um Einzeldaten, es geht um Korrelationen, es geht um Big Data. Die Nationalmannschaft arbeitet mit dem größten deutschen Softwarehersteller zusammen, der für die WM in Brasilien gemeinsam mit den Scouts der Nationalmannschaft und dem Trainerteam Systeme erarbeitet hat, die in Echtzeit die Visualisierung von Daten ermöglichen. Aber dies ist erst der Anfang. Nationalmannschafts-Scout Stephan Nopp deutet an, welche Entwicklungsschritte als Nächstes bevorstehen:

»Das Entscheidende ist: Wie kann man die Prozesse, die Konstellation von Spielern messen? Der Computer muss trainiert werden wie ein menschliches Gehirn, damit er weiß: Diesen Prozess, den verstehe ich als Konterspiel. Ich weiß, wie die Konstellation der Spieler und die Ballgeschwindigkeit war, und kann dir sämtliche Situationen in Kontersituationen aus tausend Spielen auf Knopfdruck zeigen. Weil ich es als Computer gelernt habe, weil du mir das so gesagt hast.«[148]

Computer trainieren wie ein menschliches Gehirn? Stellen Sie sich vor, Sie hätten in der Zeit vor 2004, als Jürgen Klinsmann die Bühne betrat, solche Sätze im Fußball-Kontext gehört. Löw und das »Team hinter dem Team« haben Klinsmanns Weg fortgesetzt und waren weiter offen für Innovationen. Jetzt, da Big Data vieles möglich macht, was vorher undenkbar erschien, profitieren sie von ihrer Innovationskultur. Schon heute existieren viele Daten, aber ihre Aussagekraft wird sich noch verbessern. Daran sollten auch Journalisten und Wissenschaftler arbeiten, nicht nur Trainer.

Sie werden fragen, ob das bei den Spielern wirklich ankommt? Ob es einen echten Einfluss auf das Spiel hat? Erinnern Sie sich an das Viertelfinale der WM 2006 gegen Argentinien? Andreas Köpke steckte Jens Lehmann beim Elfmeterschießen einen Zettel zu, den Lehmann vor jedem Schuss aus dem Stutzen lupfte. Was damals analog Furore machte, ist heute selbstverständlich digitalisiert. Manuel Neuer, bis vor Kurzem noch jemand, der in Halbzeitpausen sehr fokussiert die innere Konzentration suchte, überraschte sich während der Fußball-WM selbst. Gegen Ghana wurde ein Spieler eingewechselt, den Neuer nicht kannte. In der Halbzeit studierte er mithilfe einer App alle relevanten Daten dieses Spielers, um gewappnet zu sein. Daten sind zum Teil dieses Spiels geworden.

Vielleicht denken Sie: Macht das den Sport nicht kühler? Nimmt es ihm nicht die Emotion? Geht es nur noch um Berechnung? Ist es nicht gerade das Schöne am Sport, dass er sich nicht berechnen lässt?

Die Ängste sind unbegründet. Daten sind eine Hilfe, sie schaffen Fakten, wo es früher nur Vermutungen gab. Sie helfen, die Taktik professionell vorzubereiten und selbst im Spiel noch angemessen zu reagieren. Aber es ist wichtig festzuhalten: Daten sind kein Ersatz für das Talent eines Spielers. Das sieht auch Stephan Nopp so:

»Werden wir irgendwann vorhersagen können, wie dieses Spiel ausgeht? Das werden wir natürlich nicht. Und das wird auch der

Rechner nicht können. Wir können die Wahrscheinlichkeit erhöhen, bestimmte Prozesse optimieren. Beim Gegner sehen, welche Schwächen er tatsächlich hat. Aber letztendlich haben wir es mit Menschen zu tun. Und Menschen sind von äußeren Umständen und Eindrucken nicht frei.«[149]

Nach wie vor wird es geniale Momente geben, die kein Coach planen kann. Nach wie vor wird es Außenseiter geben, die mit Teamgeist und mentaler Stärke gegen einen stärkeren Gegner gewinnen. Aber Big Data hilft ihnen, die Schwächen des starken Gegners zu erkennen. Nach wie vor muss ein Spieler in den entscheidenden Momenten die Nerven haben, den Punkt zu machen. Aber die professionelle Analyse der Daten kann genau wie ein genialer Moment eines Mario Götze bei zwei gleich starken Mannschaften den Unterschied machen. Die Datenrevolution wird den Fußball verändern. Aber sie wird ihm nicht den Reiz nehmen, sondern ihn noch facettenreicher machen.

Wer in der Welt des Sports entscheidet, stehenzubleiben und auf Daten zu verzichten, der kann auf Dauer nicht gewinnen. Auch Intuition spielt im Sport weiter eine Rolle. Aber wer sich nur auf Intuition verlässt, der gehört ins Museum.

Das Risiko:
Gläserne Sportler in einer Welt der Berechenbarkeit

Ein siebenjähriges Mädchen spielt, seitdem es denken kann, Fußball. Ihre Eltern sind ebenfalls sportbegeistert und haben die Leidenschaft der Tochter schon früh gefördert. Sie sammelt Bilder der Nationalspielerinnen und trifft sich regelmäßig mit den Jungs und Mädchen ihrer Nachbarschaft zum Fußballspielen. Und sie stellt sich dabei sehr geschickt an. Ihr Traum ist es, einmal selbst in einem Verein zu spielen. Es muss ja nicht gleich Bundesliga sein, aber wenn es klappt, umso besser.

Die Familie hat Glück. Ein großer, traditionsreicher Verein spielt nicht weit vom Heimatort. Die Eltern möchten der Tochter ihren Traum erfüllen und sie in diesem Verein anmelden. Sie erkundigen sich und erfahren, dass neue aktive Mitglieder vor der Anmeldung im Club ihre biometrischen Daten angeben müssen. Also stellen sie dem Verein die Daten zur Verfügung. Die Antwort kommt prompt: Das Mädchen erfülle nicht die für eine sportliche Karriere notwendigen körperlichen Voraussetzungen. Keine weitere Begründung. Der Algorithmus hat gesprochen.

Ist dieses Szenario so weit weg von der Wirklichkeit? Es bildet exakt das ab, was die Schattenseiten der digitalen Revolution ausmacht. Alles wird quantifiziert, alles liegt offen, und ein Algorithmus trifft Vorhersagen. Mit den Daten, die über Ihre Kinder gesammelt werden, erfolgt eine Einstufung in allen Lebensbereichen. Warum soll ein Verein über Jahre hinweg in Ihre Tochter investieren, wenn der Algorithmus vorhersagt, dass sie als Erwachsene wahrscheinlich nicht die körperlichen Voraussetzungen mitbringen wird, um als Fußballerin erfolgreich zu sein? Das einzig Unrealistische an der fiktiven Geschichte ist, dass die Familie erst so spät von der Disposition ihrer Tochter erfährt. Wahrscheinlich werden wir schon viel früher eingeteilt und auf bestimmte Lern- und Aktivitätsschienen gesetzt. Schon kurz nach der Geburt erhalten Sie dann Werbung für die Sportarten, die der körperlichen Disposition und Konstitution Ihrer Tochter entsprechen. Wundern Sie sich nicht, wenn Sie zum Kauf von Schlittschuhen motiviert werden. Wahrscheinlich entspricht die Muskulatur Ihrer Tochter exakt dem Anforderungsprofil dieser Sportart. Anmelden müssen Sie sie wahrscheinlich auch nicht mehr, das hat das System für Sie schon erledigt. Es hat auch die Anfahrt zur Eishalle organisiert und das Training mit allen anderen Aktivitäten Ihrer Tochter koordiniert. Nur auf dem Fußballplatz werden Sie sie nicht mehr sehen. Vielleicht auch nicht mehr so fröhlich. Stattdessen dreht sie im Takt der Klappschlittschuhe Runden auf der Eisbahn.

Das alles hatten wir schon einmal in ähnlicher Form. In den Kaderschmieden des ehemaligen Ostblocks wurden Mädchen und Jungen auch nach Leistungstests früh bestimmte Sportarten nahegelegt.[150] Alles war systematisch auf den Erfolg ausgerichtet. Gemessen wurde dieser an der Anzahl von Medaillen bei Olympischen Spielen. Jahrzehntelang hat der Westen dieses Auswahlsystem als Symbol der Unfreiheit kritisiert. Sind wir noch so weit davon entfernt, dieses System zu reaktivieren?

Ihre Tochter und Ihr Sohn werden nicht mehr ohne Weiteres ihre Leidenschaften leben können, wenn Big Data sich entfaltet. Misserfolg gilt im Zeitalter von Big Data als Planungsfehler. Und Planungsfehler sind nicht mehr notwendig, schließlich hätte man den Algorithmus fragen können. Die Daten der gläsernen Sportler sind einsehbar und transparent. Ist das der Sport, den Sie anstreben? Ist das die Art, wie wir Entscheidungen treffen wollen?

Ein Argument könnte noch erwähnt werden, auch wenn man im Zeitalter der Datenrevolution irgendwann, wenn sich die Logik der Quantifizierung

durchgesetzt hat, keine Argumente mehr braucht. Aber in einem Übergangs-
stadium könnte man Ihnen erklären, das System schütze Ihre Tochter vor
Misserfolg und Enttäuschungen. Warum helfen wir ihr nicht, glücklich und
erfolgreich zu sein?

Auch dies würde exakt für das stehen, was die Datenrevolution bringen
kann. Sie steuert und koordiniert unser Leben und macht es vordergründig
einfacher. Richtige Krisen, Misserfolge, Risikosituationen – alles abgeschafft. Stattdessen werden Sie wohltemperiert durch Ihr Leben navigiert.

Natürlich führen die Befürworter von Big Data ins Feld, dass Daten den
Sport längst erobert hätten und sie ihn noch spannender und transparenter
machen. Außerdem sei das Fan-Erlebnis mit Daten noch intensiver, weil man
das Spiel noch tiefer kennenlernen würde. Aber ist das Fan-Erlebnis wirklich
noch das gleiche?

Auch Sie kennen sicher folgende Situation: Man sitzt in einem Café, die
Atmosphäre ist einladend. Sie erinnert fast an das Wohnzimmer zu Hause.
Das Café ist gut besucht. Musik beschallt den Raum sehr angenehm, ohne
sich zu sehr in den Vordergrund zu spielen. Aber wenn man einmal von seinem Sessel aufschaut, sieht man zeitgleich zehn Menschen an ihren Tablets,
Smartphones und Laptops. Die Atmosphäre lädt ein, sich zu unterhalten, aber
keiner tut es. Merken wir das überhaupt noch? Schafft die Café-Atmosphäre
nur noch eine Art Illusion? Die Erinnerung daran, dass wir einmal so etwas
wie Gemeinschaft hatten?

Übertragen wir das auf das zukünftige Stadionerlebnis eines Fußball-
spiels. An jedem Sitzplatz sind bereits Tablets angebracht, die vor dem Spiel
die entsprechenden Statistiken und Vorhersagen bereithalten. Das Spiel beginnt, wir beobachten es, halten aber jederzeit Kontakt zur Datenentwick-
lung. Entspricht der Spielverlauf unseren errechneten Prognosen? Können
wir Punkte für unser Ranking im Managerspiel sammeln? Je mehr Punkte wir
bekommen, desto günstiger wird unser Eintritt. Zur Anfeuerung der eigenen
Mannschaft fehlt da natürlich die Zeit. Aber alles ist professionell organisiert. Die Beschallung funktioniert auch ohne körperliche Aktivität. Je erfolgreicher die Fans einer Mannschaft mit ihren Prognosen sind, desto lauter
sind ihre eingespielten Gesänge. Guter Effekt, gute Idee! Warum sich noch
die Stimmbänder kaputt machen?

Diese Vision wird wahrscheinlich so schnell nicht Wirklichkeit. Das liegt
aber vor allem daran, dass sich der Fußball als konservativer Sport begreift,
der sich mit Veränderungen eher schwertut. Aber beobachten Sie die Tendenzen. Zur Verfügung gestellte Tablets gibt es im US-Sport bereits auf den »bes-

seren Plätzen«. Sie sehen auch immer mehr Zuschauer, die parallel zum Spiel Informationen über ihre Smartphones beziehen. Das bringt Unternehmen enorme Vorteile, weil Sie so nicht vom Spiel absorbiert werden, sondern sich nebenher noch in Ihrer digitalen Welt befinden. Was auch bedeutet, dass Produktanbieter noch mehr Geld verdienen können, weil Sie ununterbrochen die Möglichkeit haben, zu konsumieren. Emotional ist aber die entscheidende Frage: Führt die Datenrevolution dazu, dass wir in Zukunft Gemeinschaft nur noch nebeneinander, aber nicht mehr miteinander erleben?

Der Stadionbesuch ermöglicht etwas, das es so in dieser Gesellschaft fast nicht mehr gibt. Er führt Menschen mit ganz unterschiedlichem sozialen Status zusammen. Und alle kommen in der Gewissheit, während der 90 Minuten ihre Emotionen ausleben zu können. Wo können wir noch schreien, schimpfen, singen und jubeln? Wo gibt es noch diese tief empfundene Bandbreite an Emotionen? Euphorie, Zweifel, Hoffen, Bangen, bis hin zu trauerähnlichen Zuständen nach einem unglücklichen Abstieg. Der Stadionbesuch trägt dazu bei, dass wir uns emotional befreiter erleben. Ohne all die Zwänge und restriktiven Verhaltensnormen, die das Leben sonst überall bestimmen. Das Stadion ist auch ein großes Theater. In ihm werden immer mal große Dramen aufgeführt, die uns etwas über das Leben erzählen. Es geht darum, ob wir noch Hoffnung zulassen in Momenten, in denen schon alles verloren scheint. Es geht darum, mitzufühlen, wenn einem großen Spieler der entscheidende Schuss misslingt. Das alles lässt sich nicht in Zahlen ausdrücken. Nicht in Algorithmen und Prognosen. Wollen Sie während eines Spiels wirklich Statistiken sehen, um Ihr Gefühlserleben damit zuzudecken? Um ein Spiel erklärbar zu machen, das wir gar nicht erklären wollen, weil wir an das Geheimnis glauben wollen, an den magischen Moment, den keiner vorherberechnen kann?

Wenn Daten genutzt werden, um Spieler individueller zu coachen, ist dagegen nichts einzuwenden. Wenn die Laufleistung der Spieler und die Anzahl der Torschüsse ermittelt werden und als ferne Begleitmusik das Spiel ergänzen, ist auch das OK. Aber lassen Sie sich nicht die Vorfreude auf ein Abendspiel unter Flutlicht und auf die Kommentare Ihrer Nebenleute nehmen. Mit Big Data ist es natürlich möglich, in modernen Fußballarenen das Dach so zu steuern, dass weder Sie noch die Spieler einen Regentropfen abbekommen. Aber dies hier ist ein Plädoyer für den Wolkenbruch, für Spieler, die mit verschmutzten Trikots über den Rasen schlittern, und Fans, die durchnässt, erkältet, aber glücklich nach Hause kommen, weil sie erlebt haben, dass die Welt nicht nur die wohltemperierte Mitte bietet. Und das, liebe Datenrevolution, ist wunderbar.

Interview mit Dr. Stephan Nopp

»Dieses Spiel wird nie berechenbar sein«

Dr. Stephan Nopp (geboren 1979) ist Scout der Deutschen Fußball-National-mannschaft. Seit 2010 ist er der Experte für systematische Spielanalysen im Team »hinter dem Team«. Vor seiner Zeit beim DFB war der promovierte Sportwissenschaftler unter anderem wissenschaftlicher Mitarbeiter im Bereich Scouting-Studien an der Deutschen Sporthochschule (DSHS) in Köln.

Ist der Fußball durch Daten zu entschlüsseln?

Bei der Konstellation von 22 Spielern auf dem Feld, die sekündlich ihre Position verändern, einem Ball und einem Schiedsrichter, der das Spiel maßgeblich steuert, ist das sicherlich ein Sport, der unheimlich komplex ist. Aber wir sind auf der Suche nach bestimmten Prozessen. Wir reden davon, dass viel im Fußball noch Zufall ist. Ich glaube nicht, dass das so ist, sondern dass wir die Komplexität nicht überblicken können. Die Technik kann uns da helfen.

Was fehlt noch zur Entschlüsselung des Fußballs?

Die größte Schwierigkeit ist die aktuelle Datenlage. Passerfolgsquote, Laufstrecke – das sind alles Daten, die dem Spiel nicht gerecht werden, weil sie aus dem Interaktionsprozess herausgelöst sind. Die Passerfolgsquote sagt nicht aus, in welchem Zusammenhang der Pass gespielt wurde. Das sind alles quantitative Zahlen, die wir aktuell bekommen und nutzen. Aber qualitativ sagen die uns wenig.

Können Sie das an einem Beispiel erklären?

Wenn man sich die Daten des WM-Spiels zwischen Deutschland und Brasilien anschaut – zum Beispiel Ballbesitz, Flanken, Torschüsse – und nicht weiß, um welches Spiel es sich handelt, dann möchte man meinen, dass das Spiel sehr eng war. Es sei 1:1 ausgegangen, oder Brasilien habe 2:1 gewonnen. Und wenn man dann schaut, dass Deutschland mit 7:1 gewonnen hat, dann entsprechen diese Zahlen, diese quantitativen Parameter, nicht dem Ergebnis und nicht dem Spielverlauf.

Was sind dann die nächsten Schritte, was könnten Sie in der Datenanalyse im Fußball noch verbessern?

Das Entscheidende ist: Wie kann man die Prozesse, die Konstellation von Spielern messen? Der Computer muss trainiert werden wie ein menschliches Gehirn, damit er weiß: Diesen Prozess, den verstehe ich als Konterspiel. Ich weiß, wie die Konstellation der Spieler und die Ballgeschwindigkeit waren und kann dir sämtliche Situationen in Kontersituationen aus tausend Spielen auf Knopfdruck zeigen. Weil ich es als Computer gelernt habe, weil du mir das so gesagt hast. Das ist, glaube ich, der nächste Schritt, den wir machen werden. Wir werden Konstellationen wie das Freilaufen viel besser messen können, das ein wesentlicher Punkt im Zusammenspiel ist.

Aber wollen wir den Fußball überhaupt entschlüsseln?

Werden wir irgendwann vorhersagen können, wie dieses Spiel ausgeht? Das werden wir natürlich nicht. Und das wird auch der Rechner nicht können. Wir können die Wahrscheinlichkeit erhöhen, bestimmte Prozesse optimieren. Beim Gegner sehen, welche Schwächen er tatsächlich hat. Aber letztendlich haben wir es mit Menschen zu tun. Und Menschen sind von äußeren Umständen und Eindrücken nicht frei. Es kann das Wetter sein, es kann der Biorhythmus sein, es können die Zuschauer sein, die die Leistung beeinflussen. Manchmal ist es vielleicht auch nur der nasse Rasen. Ich rutsche in der 90. Minute weg. Es war ein enges Spiel, und es steht 0:1 gegen uns. Dann war es tatsächlich der Zufall oder der äußere Umstand. Dieses Spiel wird nie berechenbar sein.

Vielen Dank für das Gespräch.

(Das Interview führte Michael Steinbrecher. Es wurde durch die Verfasser gekürzt und redaktionell bearbeitet.)

Kapitel 5
Wie wollen Sie leben und was können wir tun?

»Wenn Big Data ein Mensch wäre, dann wäre das für mich ein faszinierender Mensch. Mit all seinen Licht- und Schattenseiten. Ein Mensch, der mich fesseln würde. Faszinierend, weil ich mit ihm und durch ihn eine neue Sicht auf die Wirklichkeit bekomme. Und insofern wäre es mir wichtig, diesen Mensch zu kennen und mich mit ihm auseinanderzusetzen.«[151]

Das sagt Viktor Mayer-Schönberger im Interview mit uns. Unser Ziel mit diesem Buch war, Ihnen die Möglichkeit zu geben, Big Data besser kennenzulernen, mit allen Licht- und Schattenseiten. Denn obwohl wir alle täglich mit der Datenrevolution in Berührung kommen, kennen wir Big Data nicht gut genug. Warum ist das so?

Manche Menschen verweigern sich der digitalen Welt, wo immer sie können. Weil sie die Vorzüge der analogen Zeit genießen möchten oder weil sie sich mit digitaler Technik nicht (mehr) beschäftigen wollen. Viele andere hingegen benutzen täglich ihr Smartphone, sind auf Facebook aktiv und genießen die Vorzüge ihrer Apps. Aber dieser Lebensstil ist nicht ohne Preis zu haben, im doppelten Sinne. Selbst die Dienste, die Sie nicht zahlen müssen, bekommen etwas Werthaltiges von Ihnen, nämlich Ihre Daten. Und an denen haben große Konzerne ein elementares Interesse. Ihre Daten bilden die Grundlage neuer und zukünftiger Geschäftsmodelle. Ihr Datenprofil erlaubt es den Unternehmen, Ihnen ganz persönliche Angebote zu unterbreiten. Und je personenbezogener diese Daten sind, desto mehr werden Sie von anderen entschlüsselt. Aber welche Konsequenzen hat das für Sie? Welchen Preis zahlen Sie noch?

Dass die Werbung, die Sie im Internet angeboten bekommen, mehr Ihren Interessen entspricht als früher, ist vielen unter Ihnen sicherlich schon aufgefallen. Wenn schon Werbung, dann doch eine, mit der Sie etwas anfangen können! Doch heute kratzen wir alle nur an der Oberfläche dessen, was die neue Datenwelt leisten kann. Sie hält noch wesentlich größere Fortschritte und Erleichterungen für Sie bereit. Aber wie ist es mit den Nachteilen? Spüren Sie die? Haben Sie durch die Datenrevolution Ihren Job verloren? Fühlen Sie sich durch Big Data in irgendeiner Form diskriminiert? Nein, das ist den allermeisten bewusst noch nicht passiert. Die Datenrevolution schleicht sich eher lautlos in unser Leben. Wir nehmen Veränderungen wahr, aber da sie für uns größtenteils angenehm sind, integrieren wir sie in unseren Tagesablauf und machen uns weiter keine Gedanken darüber. Eine epochale Revolution ist im Gang und wir bekommen es noch gar nicht richtig mit. Aber die Ruhe kann sehr trügerisch sein.

Dirk Helbing hat sich als Soziologieprofessor über viele Jahre mit Veränderungsprozessen in großen Systemen beschäftigt. Auch er ist überzeugt davon, dass ein epochaler Wandel bevorsteht. Wenn er unsere aktuelle Situation beschreibt, nimmt er Bezug auf ein Gleichnis aus China. Der Kaiser ist jemandem einen Gefallen schuldig und fragt ihn, was er denn von ihm erwarte. Dieser bittet darum, ein chinesisches Schachbrett zu bekommen. Auf dem ersten Feld soll ein Reiskorn liegen, auf dem zweiten zwei Reiskörner, auf dem dritten vier Reiskörner und auf dem vierten acht Reiskörner. Die Zahl der Reiskörner soll sich einfach von Feld zu Feld verdoppeln. »Na, das wird ja wohl nicht so schwer sein«, denkt sich der Kaiser und willigt ein. Was er nicht überschaut, ist, dass dieses Vorgehen zu einer Reismenge führt, die selbst der Kaiser von China nicht mehr aufbringen kann. Für Helbing sehen wir alle derzeit nur die ersten Felder des Schachbretts und verstehen noch nicht, welche Entwicklung sich in den nächsten Jahren vollziehen wird.[152]

Erst wenn wir die Auswirkungen einer Revolution sehr deutlich persönlich spüren, nehmen wir sie wahr. Das macht es denjenigen schwer, die auf die Dimension der Veränderungen schon jetzt hinweisen wollen.

Dass Angela Merkel von der NSA über ihr Handy abgehört wurde, haben Sie zwar mitbekommen. Aber machen das andere

Geheimdienste nicht auch? Hätte der Stab der Kanzlerin nicht dafür sorgen müssen, dass sie abhörsicher kommuniziert? Außerdem: Dass man an den Daten der Kanzlerin interessiert ist, leuchtet ein. Aber wer interessiert sich für Ihre Daten?

Warum es so wichtig ist, dass Sie in das Thema einsteigen und sich eine Position bilden? Ist das nicht eher die Verantwortung der Politiker? Viktor Mayer-Schönberger, der sich seit Jahren mit Big Data beschäftigt, formuliert darauf im Interview mit uns eine klare Position:

»WIR sind für das große Ganze verantwortlich. Wenn etwas so fundamental unsere Sicht auf die Welt verändert wie Big Data, dann können wir doch nicht die Aufgabe, damit umzugehen, an den Erstbesten outsourcen. Diese Verantwortung trifft uns. Die Verantwortung, wer darüber entscheidet, wo die nächste Fußball-Weltmeisterschaft stattfindet, die können wir outsourcen. Die Verantwortung darüber, wie die nächste Generation leben wird, die tragen wir. Und deswegen erwarte ich mir eine Diskussion wie in den 80er-Jahren über den Umweltschutz.«[153]

Wenn Sie diese Argumentation teilen und Verantwortung übernehmen wollen, dann stellt sich die Frage: Was können Sie, was können wir tun? Aber auch: Was ist trotz der Verantwortung, der wir uns stellen, von Konzernen und der Politik zu erwarten, wenn sie dem Wandel wirklich gerecht werden wollen? Und nicht zuletzt: Was wird passieren, ob wir es wollen oder nicht? Welche Entwicklungen sind zwangsläufig mit der Datenrevolution verbunden?

Big Data ermöglicht Konzernen beispielsweise die Automatisierung von Arbeitsprozessen. Maschinen werden immer »intelligenter«. Aber bleiben wir zunächst bei Ihnen persönlich. Wie wird sich Ihr Verhältnis zu Maschinen oder Robotern verändern?

Die Maschine als Lebensbegleiter

Einsamkeit kann kalt und unbarmherzig sein. Sich ausgeschlossen, unverstanden oder einfach nur verlassen fühlen – solche Zustände können uns in jedem Alter treffen. Wer würde dem nicht gern entfliehen?

Die Vision, dass ein Hausroboter die Einsamkeit lindert oder gar vertreibt, wirkt noch befremdlich, ist aber nicht mehr weit hergeholt. Die Maschine könnte in Zukunft für uns aufräumen, kochen, das Haus in Ordnung halten. Die Wohnung an sich kann uns, mit den entsprechenden Sensoren ausgestattet, mit der Musik und der Unterhaltung versorgen, die wir mögen. Eine App kann uns gemeinsam mit dem Hausroboter wie ein Lebenscoach durchs Leben führen. Der maschinelle Begleiter kann uns Trost spenden, aufmuntern, nett zu uns sein. Maschinen erlangen zunehmend eine neue Form der künstlichen, kognitiven Intelligenz. Der Roboter müsste ja nicht die kantige Stahlgestalt erhalten, wie wir sie aus alten Filmen kennen. Wir können uns eine äußere Form wählen. Oder nein: Der Roboter kennt uns ja in- und auswendig. Er weiß selbst, welche Form wir mögen, und nimmt automatisch die Gestalt an, die uns gefällt. Wer glaubt, dieses Szenario sei weltfremd, muss nur nach Japan und Korea schauen. Dort werden schon heute Roboter in der Kinder- und Seniorenbetreuung erprobt und eingesetzt.

Dieses Beispiel erzählt uns vieles über die Zukunft mit Big Data. Unser Leben kann leichter und bequemer werden. Viele der als unangenehm empfundenen Begleiterscheinungen des Alltags können der Vergangenheit angehören. Im Stau stehen, lange an der Kasse warten, orientierungslos umherlaufen, Lebensmittel im Kühlschrank verderben lassen, den Motor abwürgen, von einem Regenbruch überrascht werden. Und noch relevanter: Wir müssen keine Angst vor Verkehrsunfällen mehr haben. Werden nie nach einem Sturz unbeachtet und ohne Hilfe allein gelassen. Krankheiten werden früh erkannt, geheilt oder zumindest gelindert.

Big Data breitet ein Netz aus. Es hält viel Unangenehmes von uns fern. Das funktioniert aber nur, wenn wir mit allem, was wir sind, Teil dieses Netzes werden. Die Grundfrage beim Thema Big Data lautet: Wie wollen wir, wie wollen Sie leben? Befürchten Sie manchmal, dass sich das Netz um Sie herum zuziehen könnte? Falls ja, sollten Sie sich auch fragen, ob Sie daran selbst beteiligt sind.

Wir, die Selbst-Überwacher?

Die Praktiken der NSA haben zwar gezeigt, dass selbst demokratische Staaten wie die USA mit Big Data komplexe Überwachungsstrukturen errichten und das Misstrauen gegenüber staatlicher Überwachung nach wie vor berechtigt ist. Aber es braucht keine Geheimdienste mehr, um die persönlichsten Bereiche unseres Lebens zu erforschen. Das besorgen wir selbst. Freiwillig. Soziale Netzwerke sind zur Goldmine der Geheimdienste geworden. Nicht umsonst vertritt der langjährige Bundesbeauftragte für den Datenschutz und die Informationsfreiheit Peter Schaar im Interview mit uns die Position, der Facebook-Gründer Marc Zuckerberg habe »eine Art Special Award der Geheimdienste« verdient, »auch wenn er das sicher nicht gerne hört.«[154]

Wir sollten uns fragen, wie wir mit der bereits stattfindenden Erfassung, Speicherung und Verarbeitung persönlicher Daten umgehen. Und wir müssen darüber nachdenken, welche Konsequenzen es hat, wenn aus der Korrelation persönlicher Daten Schlussfolgerungen gezogen werden. Wenn Sie Ihrem Steuerberater Ihre Einnahmen, Ausgaben, Verträge und Ihre Vermögenssituation komplett offenlegen, dann wissen Sie konkret, warum Sie dies tun. Es ist eine bewusste Entscheidung, weil Sie seine Dienstleistung in Anspruch nehmen wollen. Sie haben auch einen Überblick darüber, welche Daten er erhält. Außerdem wird er Ihnen alles, was er aus den Daten errechnet hat, seine Steuerprognosen und die daraus folgende Kommunikation mit dem Finanzamt offenlegen.

Und genau hier ist der Unterschied zu Big Data: Ihrem Steuerberater geben Sie ein begrenztes Feld bewusst preis und unterschreiben sogar eine verbriefte Vollmacht, sprich: Sie vertrauen rechtsverbindlich.

Davon sind wir in der Datenwelt derzeit weit entfernt. Aber sollte dies nicht auch dort zum Standard werden? Sollten Sie nicht darüber aufgeklärt sein, wer, was, mit welchen Ihrer Daten und zu welchem Zweck macht, beziehungsweise beabsichtigt zu tun? Diese Informationen wären die Voraussetzung für eine selbstbestimmte Entscheidung darüber, wofür Sie bereit sind, Daten preiszugeben. Oder entspricht der Terminus »preisgeben« einer Haltung, die irrtümlich davon ausgeht, dass Sie Ihre Privatsphäre schützen wollen?

Wollen Sie geführt werden?

Im Zentrum der gesellschaftlichen Diskussion über Big Data steht derzeit noch der Schutz der Privatsphäre. Dieser Ansatz greift aber zu kurz, da er von der alten Logik eines vom Staat ausspionierten Individuums ausgeht, das wir vor fremdem Zugriff schützen müssen. Das ist zwar immer noch Teil des Problems, aber die dabei vernachlässigte, viel zentralere Frage ist: Wollen wir ohne jegliche Selbstbestimmung durchs Leben geführt werden?

Der Zustand der Einsamkeit, der Ratlosigkeit, er kann mit Big Data beendet sein. Umgeben von unseren digitalen Lebenshelfern müssen wir uns dem nicht mehr aussetzen. Und wir greifen schon seit Jahren nach den »smarten« Lebenserleichterungen. Faltpläne, Verfahren im Straßenverkehr oder ohne Zeitgefühl durch den Tag schlendern – das sind für Anhänger von Smartphones immer mehr verblassende Erinnerungen. Oder auch Erfahrungen, die Sie vielleicht noch nie gemacht haben, wenn Sie ein Digital Native, ein in der digitalen Ära Aufgewachsener sind.

Big Data, konsequent weitergedacht, bedeutet: Wenn wir wollen, werden wir immer geführt. Bis in den Tod. Wir sind nie mehr ohne digitale Begleiter. Aber vielleicht trotzdem allein oder gar einsam?

Verändern sich gerade die Werte unserer Gesellschaft? Sind uns Bequemlichkeit und Sicherheit wichtiger als Freiheit und Selbstbestimmung? Was passiert mit der Psyche des Menschen, wenn wir immer weniger eigene Entscheidungen treffen müssen?

Zur klären ist außerdem, was Sie persönlich unter Freiheit verstehen. Big Data kann, muss aber nicht mit staatlich unterdrückter Freiheit einhergehen. Es geht auch nicht zwangsläufig darum, dass Ihre Meinungsfreiheit eingeschränkt wird. Was, wenn Sie sich *freiwillig* in Abhängigkeit begeben? Wenn Sie sich mehr und mehr an den Vorgaben Ihrer Apps orientieren? Wenn Sie dadurch immer seltener ausbrechen aus dem für Sie vorbereiteten Tagesablauf? Kann dieser Prozess dazu führen, dass Sie Ihre Freiheit abgeben, ohne es zu registrieren?

Positiv ist, dass genau dieses Thema mehr und mehr wahrgenommen wird. 2014 haben die Romane »Der Circle« (Dave Eggers) und »Zero« (Marc Elsberg) viele Leser nachdenklich gemacht. Aber was folgt auf die Nachdenklichkeit? Herbert Grönemeyer bezieht in seinem Song »Uniform« deutlich Position: »Wir verfetten unsere Köpfe, wir überzuckern unseren Geist, und wir zensieren unser Denken, weil der Speicher alles weiß.« Und weiter: »Verteidige Deine Grenzen, Du bist das, was keiner sieht, jeder Mensch braucht zum Überleben sein intimes Sperrgebiet.«

Grönemeyers Text ist eine Aufforderung zum Handeln: Grenzen verteidigen, ein Sperrgebiet als Überlebensstrategie. Mit dem Wunsch nach einer aktiven Auseinandersetzung mit dem Thema steht Grönemeyer nicht allein.

Was können Sie persönlich tun?

Manche, wie Soziologieprofessor Dirk Helbing, wünschen sich im Interview mit uns eine Bewegung, die Initiative ergreift und von großen Teilen der Bevölkerung mitgetragen wird. Helbing sieht eine dringende Notwendigkeit dafür, denn für ihn steht die demokratische Gesellschaft auf dem Spiel. Die Gefahr, dass sich Big Data zu einem totalitären System entwickelt, ist für Helbing mehr als bedrohliche Science-Fiction. Er glaubt zwar daran, dass sich die Datendiktatur auf Dauer nicht durchsetzen kann, aber für eine Zwischenphase könnte Big Data seiner Meinung nach ein sehr dunkles Zeitalter einläuten.[155]

Warum hat sich nicht schon längst eine Bewegung formiert? Dies hat sicher mit der schon beschriebenen Lautlosigkeit der digitalen Revolution zu tun. Aber für Thilo Weichert, den Datenschutzbeauftragten des Landes Schleswig-Holstein, gibt es noch einen anderen Grund, der die Reaktionen auf die Datenrevolution von den Bewegungen rund um den Umweltschutz unterscheidet. Ein Auszug aus unserem Interview mit ihm:

»Umweltschutz geht an unsere gesundheitlichen und Lebenssubstanzen. Datenschutz geht an unsere freiheitlichen Substanzen, und die sind disponibler als unsere Gesundheit. Insofern habe ich nicht die Hoffnung, dass sich die Datenschutzbewegung irgendwann derart ausweitet wie die Umweltbewegung.

Das heißt, wenn der Wald stirbt, bringt es mehr Leute auf die Straße, als wenn die Freiheit stirbt?

Das ist meine Wahrnehmung, ja.«[156]

Ist das so? Ist Freiheit, wie auch immer Sie die definieren, kein Wert mehr, für den man auf die Straße geht? Die Frage können Sie nur selbst beantworten. Genau wie die Frage, ab wann die Datenerfassung des Alltags zum Angriff auf die Freiheit wird.

Selbst wenn Thilo Weichert keine Perspektiven für eine Massenbewegung sieht, so sind Sie für ihn als Bürger und Konsument gefragt. Als Bürger in Ihren Wahlentscheidungen und in Ihrem politischen Agieren. Als Konsument, indem Sie versuchen, »Datenvermeidungen zu praktizieren, Produkte zu fordern, die datenschutzgerecht sind, und sich am Markt so zu verhalten, dass nicht an jeder Ecke Datenspuren entstehen, insbesondere nicht von Dritten.« Es sei wichtig, »dass man die Verantwortung nicht nur für sich selbst wahrnimmt«, sondern dass Sie gerade in sozialen Netzwerken auch Ihre »Freunde« im Auge behalten.[157]

Ein Gedanke, der in der öffentlichen Diskussion noch nicht präsent genug ist. Aber Weichert hat natürlich recht. Bedenken und respektieren wir ausreichend die Position Dritter? Öffentlich diskutiert werden Fälle von Cyber-Mobbing, aber was ist mit den alltäglichen, auf den ersten Blick vielleicht eher harmlosen Posts? Verbreiten wir ohne nachzudenken Fotos oder persönliche Details von Bekannten oder Freunden, ohne zu wissen, ob sie das tatsächlich wollen? Sollte es darüber ein allgemeines, ausgesprochenes Einverständnis geben, ist das natürlich kein Problem. Aber selbst wenn Sie ein Digital Native sind: Kann man dieses Einverständnis voraussetzen? Zum bewussten Umgang mit unseren Daten gehört auch, andere Haltungen zu tolerieren und sich nicht über die Grenzen anderer hinwegzusetzen.

Die Grenzen können aber natürlich von jeder Generation anders definiert werden. Der Manager der Deutschen Fußball-Nationalmannschaft, Oliver Bierhoff, schildert sehr plastisch die sich verändernden Wertvorstellungen. So habe er bei der Vorbereitung auf die Weltmeisterschaft in Brasilien sehr darauf geachtet, im Quartier der Nationalmannschaft die Privatsphäre der Spieler zu schützen. Bierhoff wollte unbedingt vermeiden, dass die Spieler gemeinsam mit ihren Partnerinnen von Fotografen »abgeschossen werden«: »Und dann twittern, facebooken und instagramen die Spieler mit ihren Frauen aus dem Campo Bahia, und man denkt: OK, das hätte man sich eigentlich auch sparen können. Ich glaube, dass die Spieler offener dafür werden, auch ein bisschen gläserner zu sein.«[158]

So unterschiedlich Sie, welcher Generation Sie auch immer angehören, dieses Thema sehen: Das, was alle Generationen verbinden sollte, ist die Haltung, dass man die digitale Revolution nicht ignorieren, sondern ihre Gestaltung miteinander aushandeln sollte. Mit welchem Ergebnis auch immer. Thilo Weichert formuliert im Interview mit uns eine klare Antwort auf die Frage, was er Menschen sagen würde, die bereit sind, ihre Privatsphäre für alltägliche Erleichterungen oder ein höheres Maß an Sicherheit im Straßenverkehr oder an Gesundheit zu opfern:

»Dann sage ich: Du kannst das tun. Es gehört zu deiner informationellen Selbstbestimmung, dann dein Leben dem Computer zu überlassen, wenn du zwei Voraussetzungen erfüllst. Erstens, du weißt, was da mit dir passiert und was der Computer mit dir macht, und zweitens, dass du jederzeit wieder aussteigen kannst. Deine Einwilligung widerrufen kannst. Dann habe ich überhaupt nichts dagegen.«[159]

Zu welcher Entscheidung Sie auch kommen: Entscheidend ist, dass Sie wissen, was und warum Sie es tun. Und dass wir uns als Gesellschaft klarmachen, welches Menschenbild unseren Entscheidungen zugrunde liegt. Ein »Aussteigen« wäre übrigens nur dann wirklich möglich, wenn Sie Ihre bis dahin gesammelten Daten nicht weiter verfolgen würden. Für dieses »Recht auf Vergessen« kämpfen Datenschützer. Wie wichtig wäre Ihnen die Möglichkeit, im Netz nicht mehr ohne Weiteres aufgefunden zu werden?

Und was können diejenigen tun, die mündig und selbstbestimmt mit ihren Daten umgehen wollen? Was empfehlen Datenschützer? Peter Schaar, bis 2013 Bundesbeauftragter für den Datenschutz und die Informationsfreiheit, sieht jeden Bürger in mehrfacher Hinsicht in der Verantwortung:

»Das Entscheidende ist, dass man versucht, die Entwicklung nicht einfach hinzunehmen, sondern die Möglichkeiten, die man im individuellen Handeln hat, zu nutzen, um damit noch Datensouveränität zu bewahren. Dazu gehört einmal, dass man seine Daten ordentlich sichert gegen einen Zugriff von Dritten, (…), dass man sich überlegt, wessen Dienste man tatsächlich in Anspruch nimmt, und dass man darüber nachdenkt, warum manche Dienste, ohne dass ich dafür bezahlen muss, angeboten werden und ob die wirklich kostenlos sind. Denn Kosten verursachen sie ja für die Anbieter ohnehin.«[160]

Peter Schaar zeigt Ihnen konkrete Handlungsoptionen auf. Vieles im Big-Data-Zeitalter kann noch von Ihnen geprägt werden. Aber gibt es auch Entwicklungen, die beinahe unvermeidlich sind?

Dominanz maschineller Effizienzkriterien?

Werden wir immer mehr an maschinellen Effizienzkriterien gemessen, wie Frank Schirrmacher befürchtet hat?[161] Auch hier sollten wir die Frage ausdehnen: Messen wir uns mittlerweile selbst immer mehr an Effizienzkriterien? Werden wir unseren Körper, unseren Lebensrhythmus und -stil zum Beispiel mithilfe von Smartwatches zukünftig noch stärker an Zielvorgaben ausrichten? Die Tendenz ist unverkennbar. Man mag sie kritisieren, aber sie kann auch zu einem gesünderen, bewussteren, längeren Leben führen. Was ist für Sie wichtig?

Letztendlich steckt dahinter die Frage, was uns im Leben antreibt und wonach wir streben. Die meisten sehnen sich nach einem glücklichen Leben. Aber was gehört dazu? Wie wichtig ist Erfolg? Gesundheit? Und welche Rolle spielt in diesem Kontext die Freiheit? Ist sie disponibel, wenn wir, begleitet durch unseren digitalen Komplettservice, angenehm durchs Leben gehen? Weiter beschäftigen wird uns auch die Frage, ob unser Leben in Zukunft uniformer oder individueller wird. Durch Big Data erhalten Sie maßgeschneiderte Angebote. Das Einzelstück wird zur Standardware. Aber bedeuten personalisierte, auf uns individuell zugeschnittene Angebote, dass wir zu Individualisten werden? Oder werden wir zu stromlinienförmigen, um unser Datenprofil besorgte Konformisten?

Aber was heißt in diesem Kontext genau »stromlinienförmig«? Ist es ein Wert an sich, nicht angepasst zu sein? Ist der selbst geplante, unabhängig entworfene, individuelle Lebensweg wirklich das Maß aller Dinge?

Rückkehr zur Planbarkeit?

Blicken wir einige Jahrzehnte zurück. Es ist noch gar nicht so lange her, da sah unser Gesellschaftsmodell vor, dass Söhne den Beruf des Vaters übernehmen. War der Vater Malermeister, führte der Sohn selbstverständlich den Familienbetrieb weiter. Man lebte in einem überschaubaren Wohnumfeld, in dem jeder jeden kannte. Frauen hatten nicht viel Spielraum zur Entfaltung. Sie sollten den Männern »den Rücken freihalten« und sich um Haushalt und Kinder kümmern. Dies waren in den 1950er- und 1960er-Jahren noch gängige Rollenbilder.

Das Leben war vor 50, 60 Jahren häufig noch geprägt von sozialer Kontrolle. Im Dorf wusste jeder, wer wann bei wem war. Jede Veränderung wurde sofort von vielen wachsamen Augen registriert. War dort ein Ausbrechen aus dem engen Korridor der Erwartungen möglich? Noch heute finden wir vor allem in ländlichen Regionen diese Kontrollstrukturen, die natürlich auch ihre Vorzüge haben. Die viele aber auch als eng, ja unerträglich empfinden. Spätestens seit Ende der 1960er-Jahre veränderte sich unsere Gesellschaft. Wir wurden mobil, traditionelle Strukturen lösten sich auf. Nichts war mehr selbstverständlich. Familienbetriebe wurden immer häufiger geschlossen, weil Sohn und Tochter andere Pläne hatten. Jeder wurde zum Planungsbüro des eigenen Lebenslaufs. Das schaffte Freiheiten, aber sorgte auch für Entscheidungsstress. Wenn kein Lebensweg mehr vorgezeichnet ist, dann muss ich mich Tag für Tag selbst orientieren und planen, was ich mit meinem Leben anfangen will. Kehren wir mit Big Data zurück zu alten Strukturen? Führt die neue Epoche, die alles verändert, zu einer Renaissance der planbaren Lebenswege?

Dafür spricht, dass Big Data uns helfen kann, eigene Möglichkeiten und Grenzen selbst zu erfassen. Aber voraussichtlich haben wir diese Informationen nicht exklusiv. Eine Möglichkeit oder Gefahr – je nach Sichtweise – besteht darin, dass wir früh eingestuft werden. Dies ist ein zentrales Thema dieses Buchs. Bereits als Kind werden wir wissen, ob wir auf ein langes, gesundes Leben hoffen können. Oder ob es eine Wahrscheinlichkeit gibt, früh an einer ernsthaften Krankheit zu leiden. Unsere Intelligenz, Reaktionsschnelligkeit und unsere Disziplin – alles wird erfasst und zu einem Profil zusammengestellt. Positiv formuliert könnten wir sagen: Dieses Profil und der Sie individuell analysierende Algorithmus gibt Ihnen früh Auskunft darüber, welchen Platz Sie in der Gesellschaft auf Basis Ihrer körperlichen, geistigen und sozialen Voraussetzungen einnehmen werden. Vielleicht steht durch Big Data wie vor 50, 60 Jahren mehr oder weniger fest, wie Ihre Zukunft aussieht. Wird dadurch unser Leben planbarer, ruhiger und von der Hektik ständiger Entscheidungsprozesse befreit? So kann man das durchaus interpretieren. Man könnte sogar den Schluss daraus ziehen, dass es auf eine gerechtere Gesellschaftsordnung hinausläuft. Jeder übernimmt den Platz in der Gesellschaft, der seinen individuellen Fähigkeiten entspricht. Nicht mehr Ellenbogen entscheiden, sondern das scheinbar unbestechliche Profil. Nicht mehr Familienzugehörigkeit und sozialer Status der Eltern sind für Ihre Zukunft ausschlaggebend, sondern ausschließlich Ihre Fähigkeiten.

Sind Burn-out und Überforderung die Symptome einer ausgereizten Schnelllebigkeit? Aus dieser Perspektive kann man zu dem Schluss kommen, dass Big Data ein Ausweg sein kann. Wir verzichten auf Freiheiten und Entscheidungsoptionen und erhalten dadurch wieder mehr Planbarkeit und Sicherheit im Leben. Könnten wir froh sein über diese Engführung unseres Lebens? Wir entschleunigen und entstressen eine überreizte Gesellschaft. Allerdings könnten wir einräumen: Wie wollen wir Menschen eine planbare berufliche Zukunft zuweisen, wenn es durch Big Data kaum noch Jobs gibt, die man »verteilen« kann? Und wir sollten nicht vergessen: Der Algorithmus prognostiziert Ihr Leben, Ihre Fähigkeiten, Ihre körperliche Entwicklung. Aber er kann sich auf allen Ebenen irren!

Das vorgezeichnete Leben

Was ist die dunkle Seite von mehr Planbarkeit durch Big Data? Unsere Zukunft ist nicht mehr offen. Was, wenn unser Erbgut uns prognostiziert, früh an einer schweren Krankheit zu leiden? Wird die Gesellschaft uns entsprechend von Anfang an als Problemfall einsortieren? Peter Schaar stellt im Interview mit uns ganz bewusst einen Zusammenhang zur deutschen Vergangenheit her: »Wann ist ein Leben unwert? Wenn ich eine bestimmte Behinderung oder Krebswahrscheinlichkeit habe? Dazu darf es nicht wieder kommen.«[162]

Big Data kann zu Ausgrenzung und Stigmatisierung führen. Wenn wir durch gesundheitsoptimiertes Verhalten von unserer Krankenversicherung ein günstigeres Angebot erhalten, klingt dies zunächst einmal positiv. Aber Krankenkassen sind bisher nach dem Solidarprinzip organisiert: Viele Gesunde sorgen mit ihren Beiträgen dafür, dass sich auch chronisch Kranke eine Krankenversicherung leisten können. Führt Big Data hier zu einer Entsolidarisierung der Gesellschaft?

Fest steht: Wenn wir uns die Wertungsmaßstäbe der Algorithmen zu eigen machen, könnten abweichende Lebensläufe unter Druck geraten. Es kann insgesamt ein Druck entstehen, sich Verhaltensnormen anzupassen. Vor allem könnte sich die Frage dieses Kapitels, wie Sie leben wollen, erübrigt haben. Ihr Weg ist möglicherweise vorgezeichnet und wird vom Algorithmus bestimmt. Fraglich ist auch, ob unser Leben wirklich entspannter und ruhiger wird.

Das Diktat der Schnelligkeit

Big Data bewirkt erst einmal das Gegenteil. Alles wird schneller. Die Datenrevolution beschleunigt Entscheidungen. Unternehmen, aber auch Sie als einzelne Bürger können Erfahrung und den Vorgang, den wir heute als Lernen bezeichnen, gegen Simulation und Prognose eintauschen. Das heißt, längere Entscheidungsprozesse, ein Abwägen von Alternativen und erst recht die vorherige Klärung tatsächlicher Ursachen für bestimmte Entwicklungen könnten komplett von Sofortentscheidungen auf Basis von Algorithmen abgelöst werden.

Ein Knopfdruck könnte Ihrem Arbeitgeber für die Entscheidung reichen, ob Sie Ihren Traumjob bekommen. Ein Knopfdruck könnte für Sie reichen, um zu sehen, dass ein Mensch, den Sie kennenlernen, kein potenziell geeigneter Lebenspartner wäre. Und noch einmal: Vielleicht wären Sie miteinander glücklich geworden. Wir reden über statistische Wahrscheinlichkeiten, die für den Einzelfall keine Gültigkeit haben müssen. Aber wenn Sie dem Algorithmus vertrauen, werden Sie es nicht mehr herausfinden. Sie haben sich schnell (und möglicherweise falsch) entschieden. So wie heute alte Filme für viele langatmig und gestrig wirken, so könnte das Bild eines über einem Entscheidungsprozess grübelnden Menschen bald der Vergangenheit angehören.

Dabei ist Schnelligkeit an sich ja noch kein Wert. Nur, wenn sie dazu führt, durch unmittelbare Erkenntnisse bessere Entscheidungen zu treffen, ist Schnelligkeit von unschätzbarem Wert. Aber werden wir hier noch differenzieren? Legen Sie die Entscheidungen in die Hände eines für Sie ständig auf Basis von Prognosen handelnden Algorithmus, könnte Ihr Leben bald fremdbestimmt sein. Es ist Ihr Job, das für sich abzuwägen und zu klären, was Ihnen im Leben wichtig ist. Und sollte dazu ein ausgefülltes Berufsleben gehören, kann sich durch die Datenrevolution vieles für Sie ändern. Zum Guten wie zum Schlechten.

Gefahr Massenarbeitslosigkeit

Es ist absehbar, dass die Automatisierung viele bisher von Menschen ausgeführte Tätigkeiten überflüssig machen wird. Obwohl alles darauf hinausläuft, taucht diese Perspektive in der öffentlichen Diskussion selten bis gar nicht auf. Thomas Bauernhansl, Leiter des Fraunhofer-Instituts für Produktionstechnik und Automatisierung IPA in Stuttgart, benennt im Interview mit uns klar die Konsequenzen der Automatisierung: Fernfahrer, Lokführer, alle, die einfache Arbeiten in Fabriken oder anderen Produktionsprozessen übernehmen, können in Zukunft ersetzt werden. Selbst höher qualifizierte Tätigkeiten können in Zukunft häufig von Maschinen zuverlässiger und effizienter erledigt werden.

Die Dynamik dieser Entwicklung dürfen wir, so Kritiker, nicht unterschätzen. Das wäre ein dramatischer Fehler. Dirk Helbing vertritt die These, dass in den nächsten zehn bis fünfzehn Jahren 50 Prozent der Arbeitsplätze nicht mehr gebraucht werden. Haben wir schon wahrgenommen, welche politische und soziale Sprengkraft in dieser Perspektive steckt? Selbst wenn sich Unternehmer wie Siemens-Vorstand Siegfried Russwurm im Interview mit uns optimistisch zeigen: Wenn sich die Prognosen der Experten auch nur annähernd bewahrheiten, dann muss allen klar sein, dass wir vor schweren Zeiten stehen könnten. Die Chancen durch Big Data sind groß, die Verheißungen ebenfalls, aber die Folgen für den Arbeitsmarkt können verheerend sein.

Politiker zeigen derzeit kein Interesse, dies zum Thema zu machen, obwohl es sich um eine der entscheidenden Herausforderungen der Zukunft handelt. Aber diese Negativvision kann Ängste auslösen. Scheut man deshalb dieses unpopuläre Thema? Wenn aber heute schon absehbar ist, dass zahlreiche Berufsgruppen ihre Jobs verlieren könnten, sollte man ihnen das nicht frühzeitig signalisieren? Nur so hätten sie die Möglichkeit, sich erfolgreich für eine alternative Tätigkeit zu qualifizieren.

Menschen werden in Zukunft vor allem die Arbeiten übernehmen, die Maschinen nicht übernehmen können. Wir könnten zu einer Neubewertung in der Wertschätzung für Berufe kommen. Kreativität, überraschende Ideen, querdenken – diese Eigenschaften werden möglicherweise nicht unterdrückt, sondern noch wertvoller sein als heute. Der Glaube, durch die Automatisierung und die neuen Big-Data-Perspektiven entstünden andere, neue Jobs, scheint allerdings nur begrenzt realistisch. Es ist nicht auszuschließen, dass Gesellschaften die Entwicklung auffangen und zu einer Neubewertung von Jobs und Aufgaben kommen. Oder eine angemessene und sozialverträgliche Verteilung der durch Big Data erwirtschafteten Gewinne definieren. Aber der Wandel könnte sich für viele schmerzhaft vollziehen. Es ist zu befürchten, dass die Gräben zwischen den Digital Natives und den digital Abgehängten größer werden. Landen die, die nicht mehr mithalten können, in einer digitalen Isolation? Die letzte Stufe der Entwicklung mögen Maschinen sein, die Menschen sehr effizient begleiten. Aber noch sind wir nicht so weit. Was passiert mit denen, die sich heute noch schwertun, mit dem Internet zu agieren? Was mit den heute 40-Jährigen, die sich der digitalen Welt nicht zugewandt haben, weil sie ihr analoges Leben viel angenehmer fanden? Wie sollen sie den nächsten 30, 40 Jahren gewachsen sein? Die Liste möglicher Verlierer ist lang. Wer könnten die Gewinner sein?

Zukunft der Querdenker

Welche Fähigkeiten können Maschinen nicht ohne Weiteres nachahmen und erlernen? Das kreative Querdenken? Haben Menschen mit großen kreativen Fähigkeiten im Big-Data-Zeitalter die Möglichkeit, ihr Potenzial auszuschöpfen? Oder werden sie »auf Linie gebracht« und zu angepassten Mitläufern erzogen? Hier könnten beide Wege möglich sein. In einer Gesellschaft, die ein Ausbrechen, ein Gegen-den-Strich-Laufen bekämpft, könnten Fantasie und ein Hang zum Ausbrechen aus festen Strukturen als Gefahr gewertet und entsprechend systematisch bekämpft werden. Aber muss es so weit kommen?

Eine Gegenthese: In Zukunft könnten die Eigenschaften aufgewertet werden, die von Maschinen nicht übernommen werden können. Soziale Kompetenz, zumindest solange Roboter keine ernsthafte Konkurrenz darstellen. Aber vor allem auch das Querdenken und die Kreativität. Wenn es gelingt, kreative Menschen schnell zu identifizieren, könnte man es ihnen ersparen, sie in den gleichen Strukturen aufwachsen zu lassen wie alle anderen. Im Big-Data-Zeitalter könnte man sie von Kindheit an mit individuell auf sie zugeschnittenen Kreativreizen fördern und ein Ambiente kreieren, in dem sie ihre Stärken weiterentwickeln und ungezügelt ausleben können. Würde Ihnen das gefallen? Oder schaffen wir damit wieder eine Art »Lern-Ghetto«?

Und noch einmal: Was, wenn Sie sich für kreativ halten und ein individuelles Leben führen wollen, aber die Tests kommen zu einem anderen Ergebnis? Erhalten Sie in einer Gesellschaft, die den Daten weitgehend vertraut, dann noch eine Chance? Wird nicht jeder Arbeitgeber in Ihr Profil schauen und sich auf das Urteil des Algorithmus beziehen? Die große Gefahr besteht darin, dass der Gesellschaft die vom Algorithmus errechneten Wahrscheinlichkeiten ausreichen, um Sie entsprechend einzusortieren. Wenn Sie trotz erhöhter Krebswahrscheinlichkeit 95 Jahre alt werden und niemals erkrankt sind, so haben Sie wahrscheinlich trotzdem von Anfang an Beschränkungen und Zurückweisungen erlebt, die Ihr ganzes Leben geprägt haben. Wenn Sie ein sehr kreativer Mensch sind und der Algorithmus dies nicht entdeckt hat, werden Sie wahrscheinlich keine Chance bekommen, diese Kreativität zu entfalten.

Wenn Sie heute den Traum haben, als rechter Verteidiger einer Fußballmannschaft Karriere zu machen, so können Sie trotz fehlenden Talents durch unbändigen Ehrgeiz und Leidenschaft vieles wettmachen und Ihrem Traum nachjagen. Viele haben so große Karrieren hingelegt. Im Big-Data-Zeitalter könnten Sie von Fußballclubs schlicht abgewiesen werden, weil ein scheinbar talentloser Sportler keine Chance mehr bekommt. Das Selbstbild wird durch ein scheinbar objektiviertes Fremdbild überlagert. Noch einmal: Die Frage, wie SIE leben wollen, stellt sich dann nicht mehr. Wen könnte man verantwortlich machen für eine solche Entwicklung? Die Antwort fällt auf den ersten Blick nicht schwer.

Die großen Datensammler

Sind die großen Konzerne wie Google, Facebook und Amazon die neuen Gegner? Zumindest werden Sie in unseren Interviews von Datenschützern, Politikern und Journalisten deutlich kritisiert. Google investiert heute in »Smart Home« (Kapitel 4.3), in die Autos der Zukunft (Kapitel 4.2) und versucht, auch in allen anderen Lebensbereichen unser erster Ansprechpartner und Begleiter zu sein. Allein über ihr Kerngeschäft, die Suchmaschine, erstellt Google schon sehr detaillierte Profile von uns. Die Frage ist erlaubt: Was weiß Google nicht über uns? Die Macht und der Einfluss, den Google durch diesen Daten- und damit Wissensvorsprung erlangt, ist nicht hoch genug einzuschätzen.

Andererseits wird nach wie vor niemand gezwungen, die Google-Suchmaschine zu nutzen. Unsere Daten verleihen Google Macht und Einfluss. Außerdem sei erwähnt, dass sich die Geschäftspraktiken und –ziele anderer US-Großkonzerne nicht wesentlich von denen Googles unterscheiden. Offensichtlich agiert Google nur kreativer und konsequenter als andere.

Aber es gibt auch andere Stimmen. Lutz Eckstein, Leiter des Instituts für Kraftfahrzeuge an der RWTH Aachen, sieht Google eher als Herausforderung denn als Gegner: »(…) [I]ch hatte mich in meiner Vergangenheit bei einem meiner Chefs beschwert, warum ein anderer in einem Themenfeld aktiv ist, das ich gerne selbst machen würde. Und da hat er zu mir gesagt, nicht beschweren, schneller laufen. Ich glaube, wir sollten aufhören, uns über Google zu beschweren, wir sollten uns anschauen, was machen die gut, und sollten selbst schneller laufen. Und dann eine Alternative zu Google aufbauen, die so attraktiv sein muss für jeden Einzelnen, dass er nicht mehr durchgängig zum Google-Produkt greift, sondern dass er sagt, na ja, hier nehme ich ein anderes Produkt, weil es einfach attraktiver ist.«[163]

Was erwarten wir von Konzernen?

Aus der Perspektive der Wirtschaft wird davor gewarnt, große Konzerne in ihren Aktivitäten zu sehr zu beschränken. Politikerinnen wie Sabine Leutheusser-Schnarrenberger sehen das anders:

»Konzerne müssen sich in meinen Augen viel stärker der Datenzurückhaltung unterwerfen, was natürlich zum Teil gegen ihre einzelnen eigenen Geschäftsinteressen geht. Sie müssen sich bewusst machen, dass nicht alles, was man vielleicht an Informationen hat, auch berechtigt zu einer immensen Verarbeitung.«[164]

Warum sollten Konzerne sich einer Zurückhaltung unterwerfen? Viktor Mayer-Schönberger, der Big Data vor allem als große Chance wahrnimmt, widerspricht Sabine Leutheusser-Schnarrenberger im Interview mit uns in einem wichtigen Detail. Auch er sieht die Konzerne in der Pflicht, aber aus eigenem Interesse:

»Manche Konzerne, nicht zuletzt auch in Europa, glauben, über die Vorteile von Big Data das Datenschutzrecht aushebeln zu können. Die Tatsache ist aber, dass Big Data nur dann von den großen Konzernen genutzt werden kann, wenn die Menschen bereit sind, die Daten zur Verfügung zu stellen. Und das erfordert Vertrauen. Und in dem Maße, in dem große Konzerne alles tun, das Vertrauen zu unterminieren, indem ständig Kreditkarteninformationen verloren gehen, ständig aufgedeckt wird, dass Datenschutzbestimmungen nicht eingehalten werden, in dem Maße geht das Vertrauen der Menschen in den verantwortlichen Umgang mit personenbezogenen Daten verloren. Und dann verlieren nicht nur die Menschen, dann verliert nicht nur die Gesellschaft, dann verlieren vor allem die Konzerne. Das heißt, es ist im ureigensten Interesse der Konzerne, verantwortungsvoll mit den Daten umzugehen und gesellschaftliche Rahmenbedingungen zu schaffen, die eine Pflicht im verantwortungsbewussten Umgang mit Daten vorsehen. Damit die Menschen Vertrauen schöpfen in Big Data und in die Verwendung der Daten, denn sonst ist Big Data tot.«[165]

Genau in diesem verantwortungsvollen Umgang mit Daten sehen viele unserer Interviewpartner eine Chance für die europäische Wirtschaft. Dirk Helbing kann nicht nachvollziehen, warum es nicht schon längst eine Art »Greenpeace« für Daten gibt, das Maßstäbe für den Umgang mit Daten entwickelt und entsprechende Noten verteilt.[166] Eine seriös erarbeitete Zertifizierung könnte eine Chance sein, die für viele US-Amerikaner irritierenden Diskussionen in Deutschland über Datensicherheit in etwas Positives umzusetzen. Statt Datenschutzdiskussionen aus dem Weg zu gehen und sie als Bedrohung zu begreifen, könnten sich europäische Unternehmen an die Spitze der Bewegung setzen und sich ein Alleinstellungsmerkmal erarbeiten. Allerdings werden sich Konzerne kaum nachhaltig berufen fühlen, in einen verantwortungsbewussten Umgang mit Daten zu investieren, solange selbst kritisch eingestellte Nutzer weiter wie selbstverständlich die Dienste der Konzerne in Anspruch nehmen, die keinerlei Skrupel in der Speicherung und Weitergabe der Daten zeigen.

Gesellschaftliche Umbrüche bedeuten immer einschneidende Veränderungen in der Art, wie wir leben, denken, arbeiten und miteinander umgehen. Experten glauben, dass sich dieser einschneidende Wandel in den nächsten zehn bis fünfzehn Jahren vollzogen haben wird. Wer kann und sollte diesen Wandel politisch gestalten?

Was erwarten wir von der Politik?

Deutsche Politiker kamen in der Diskussion über die Datenrevolution lange nicht gut weg. Jahrelang wurden ihnen Inkompetenz und Ignoranz des Themas vorgeworfen. Mittlerweile wird auch in Fachkreisen registriert, dass die Politik das Thema mehr und mehr erkennt. Allerdings trauen ihnen viele unserer Interviewpartner nach wie vor nicht zu, die Datenrevolution kompetent zu begleiten. Elmar Theveßen glaubt, der große Vorteil der Konzerne sei, »dass sie wissen, was sie tun, und Politiker wissen nicht, was diese großen Konzerne tun. Weil es komplex ist. Es gibt nur wenige Politiker mit dem technischen Sachverstand, um zu durchblicken, was da geschieht.«[167]

Datenschützer Thilo Weichert kritisiert zudem, dass Politiker eher eine Nähe zu »Sicherheitsexperten und zur wirtschaftlichen Lobby« suchen[168], statt primär Daten- und Verbraucherschützern zu vertrauen. Doch bei aller Kritik an der nationalen Politik muss der aktuelle Zeitenwechsel politisch gestaltet werden. Die Datenrevolution ist eine globale Entwicklung. Auf sie kann man deswegen nur unzureichend mit regionalen oder nationalen politischen Maßnahmen reagieren.

Wäre eine neue »Charta der digitalen Menschenrechte«, verabschiedet von den Vereinten Nationen, die Ideallösung? Für Peter Schaar wäre genau das zeitgemäß, aber aktuell nicht realistisch: »Angesichts wichtiger internationaler Spieler, neben den USA sind das eben auch Russland, China, Iran und so weiter, bestehen für ein solch umfassendes System wenig Durchsetzungsmöglichkeiten. Deshalb fürchte ich, wir werden uns erst einmal auf Europa konzentrieren müssen, um hier ein robustes und funktionierendes System hinzubekommen. Immerhin ist Europa ein riesiger Markt für alle, auch für amerikanische, indische und chinesische Unternehmen, und deshalb kommt es darauf an, dass wir da vorangehen und uns nicht herunterhandeln lassen, was die Standards anbelangt.«[169]

Die Europäische Union scheint also gefragt. An Ideen mangelt es nicht; Ansatzpunkte gibt es genug. Sabine Leutheusser-Schnarrenberger will einen »technischen Datenschutz«. Dies bedeute, »dass es technische Voreinstellungen geben muss, bindend für große Konzerne mit ihren riesigen Datenverarbeitungsmöglichkeiten, die berücksichtigen müssen, dass bestimmte personenbezogene Daten nicht verwandt werden dürfen.«[170] Elmar Theveßen sieht die Notwendigkeit für »eine neue globale Sicherheitsverfassung.« Es gebe, so Theveßen, »zu wenige, die sich Gedanken darüber machen«. Es sei »in einem Zeitalter von Netzwerken abstrus, die Grundverfassung weiterhin auf der Zusammenarbeit einzelner Staaten zu basieren.«[171]

Schon aus den Aussagen unserer Interviewpartner wird deutlich, dass die bisherigen politischen Instrumente nicht tauglich sind, um auf die Dynamik der Datenrevolution angemessen zu reagieren. Die globalen Machtstrukturen verändern sich im Zuge der Neuerungen durch Big Data. Noch ist nicht ausgemacht, welche Machtkonzentration große Konzerne, deren Kapital auf der Sammlung personenbezogener Daten beruht, in Zukunft erreichen. Die Erwartungen an die Politik sind höchst unterschiedlich. Datenschützer fordern, dass Konzerne in ihrer freien Entfaltung deutlich eingeschränkt werden. Unternehmer wie Siemens-Vorstandsmitglied Siegfried Russwurm sehen in der Regulierung von Unternehmen auch eine Gefahr für deren Wettbewerbsfähigkeit. Komplett gegensätzlich argumentiert Viktor Mayer-Schönberger, der »gewisse Datenverwendungen entweder generell verbieten oder nur unter ganz bestimmten engen Bedingungen zulassen« will.[172]

Wie soll, wie wird es weitergehen? Welchen zentralen Herausforderungen der Datenrevolution werden wir uns kurz-, mittel- und langfristig stellen müssen? Markus Beckedahl wünscht sich »mündige Verbraucher, die Entscheidungen treffen«.[173] Dirk Helbing sieht uns vor der Alternative »digitale Aufklärung oder selbst verschuldete Unmündigkeit«.[174] Thilo Weichert plädiert für eine allgemeine Menschenrechtserklärung für digitale Freiheiten.[175] Ein Soziologe, ein Datenschützer und ein Netzaktivist blicken auf die Herausforderungen durch die Datenrevolution und auf die Welt von morgen.

Interview mit Dr. Thilo Weichert

»Es sollte eine allgemeine Menschenrechtserklärung für digitale Freiheiten geben«

Dr. Thilo Weichert (geboren 1955) ist seit 2004 Landesbeauftragter für den Datenschutz in Schleswig-Holstein. Der Jurist und Grünen-Politiker setzt sich konsequent für einen besseren Datenschutz im Internet ein.

Herr Weichert, sollten wir beginnen, eine Welt ohne Privatsphäre konstruktiv zu durchdenken?

Die wird es nie geben. Der Mensch wird immer ein Bedürfnis nach Privatsphäre haben und wird sich das irgendwann erkämpfen. Wir erleben Staaten ohne Privatsphäre in Nordkorea, in vielen Diktaturen. Das ist aber nicht unbedingt die Utopie, der wir zustreben müssen.

Was, wenn der Mensch für ein höheres Maß an Sicherheit im Straßenverkehr oder auch für ein höheres Maß an Gesundheit durch digitale Patientenakten bereit ist, seine Privatsphäre zu opfern?

Dann bin ich mit diesen Menschen und sage, du kannst das tun. Es gehört zu deiner informationellen Selbstbestimmung, dein Leben dem Computer zu überlassen, wenn du zwei Voraussetzungen erfüllst: erstens, dass du weißt, was da mit dir passiert und was der Computer mit dir macht. Und zweitens, dass du jederzeit wieder aussteigen kannst. Sozusagen deine Einwilligung widerrufen kannst. Dann habe ich überhaupt nichts dagegen.

»Technik ist kein Selbstzweck, sie soll dem Menschen dienen.« Das ist ein Satz, den Sie schon oft ausgesprochen haben. Macht genau dieses »dem Menschen dienen« die Produkte und Dienstleistungen von Apple, Facebook, Amazon und anderen so attraktiv?

Ja natürlich. Die Funktionalität der von Ihnen genannten Firmen ist grandios. Und ich erlebe das selbst, dass Leute, die vernünftig sind, die auch ihre Datenprofile nicht erstellt haben wollen, dann trotzdem sagen: »Ich nutze Kindle. Weil es einfach so fantastisch in der Anwendung ist.« Obwohl sie sich dessen bewusst sind, dass Amazon diese Daten auswertet und speichert. Aber das geschieht in einem einigermaßen überschaubaren Rahmen. In dem Augenblick, wo diese Daten aber bei der NSA landen – das wissen wir seit Edward Snowden – ändert sich auf einmal das Bewusstsein, das Verhalten und auch die Anforderung an solche Produkte. Man kann die ganzen Funktionalitäten von den IT-Anbietern grundsätzlich auch datenschutzkonform realisieren. Das muss man aus meiner Überzeugung auch. Und das hat zur Folge, dass sowohl meine Privatsphäre als auch der gesellschaftliche und individuelle Nutzen der Informationstechnik geschützt werden müssen.

Haben Sie den Eindruck, dass es eine Werteverschiebung von Freiheit, Selbstbestimmung und Privatheit hin zu Komfort und Sicherheit gegeben hat?

Es gibt immer Auf und Abs, was die Werte in der Gesellschaft angeht. Nach den terroristischen Anschlägen am 11. September war natürlich Sicherheit ganz stark im Fokus. Da konnten die Grünen selbst gegen einen Innenminister Schily nichts ausrichten, als er seine Überwachungsgesetze haben wollte. Jetzt haben wir einen Push in Richtung Komfortgesellschaft. Das ist absolut richtig. Aber ich würde unterstellen, dass das nicht die gesamte Gesellschaft erfasst, sondern nur Teile. Einen globalen oder zumindest nationalen Wertewandel hin in die Richtung, dass man auf Privatsphäre verzichten würde, habe ich noch nirgends feststellen können. In der Zwischenzeit ist Datenschutz ja sogar definitiv ein Thema, das alle Kontinente, alle Sprachen und alle Nationen erfasst.

In Fachkreisen oder auch bei den Einzelnen?

Auch in der Bevölkerung.

Was können und sollten Einzelne tun, um den Entwicklungen der Zeit gerecht zu werden?

Der Einzelne ist als Konsument und als Bürger gefragt. Als Bürger in seinen Wahlentscheidungen, in seinem politischen Agieren und

Ähnlichem. Als Konsument, indem er Produkte fordert, die datenschutzgerecht sind, und sich im Markt so verhält, dass nicht an jeder Ecke Datenspuren entstehen. Insbesondere nicht von Dritten. Es ist wichtig, dass man die Verantwortung nicht nur für sich selbst wahrnimmt – im Internet ist das ja gerade bei sozialen Netzwerken ganz wichtig, dass man auch seine »Freunde« mit im Auge hat, weil deren Daten mit kopiert werden.

Was erwarten Sie von Konzernen und der Politik?

Die Hersteller sind aufgefordert, datenschutzkonforme, freundliche Produkte anzubieten. Das ließe sich über Zertifizierung dann transparent machen. Die Lösungen dafür liegen im Prinzip auf der Hand – für die Zertifizierung, für Auditierung, für die Verleihung von Gütesiegeln für datenschutzfreundliche Technologien, Anwendungen, Dienstleistung, Produkte. Die Politiker sind diejenigen, die mich am meisten enttäuscht haben. Es ist grauenhaft, welches Bewusstsein bezüglich dieser digitalen Risiken in der Vergangenheit vorhanden war. Auch die technische Kompetenz in der Politik ist noch sehr, sehr wenig entwickelt. Das ist vielleicht ein Generationenproblem.

Brauchen wir eine international gültige Verfassung für digitale Themen?

Das ist ein schönes Thema. Eine digitale Verfassung, digitale Grundrechte, digitale Menschenrechte, damit bin ich seit zehn Jahren unterwegs und propagiere das am laufenden Band. Das Problem, das wir in Deutschland und transatlantisch mit den USA haben, das haben wir im viel stärkeren Maße mit solchen Staaten wie Indien, Russland oder China. Und so, wie wir 1949 eine Menschenrechtscharta, eine allgemeine Menschenrechtserklärung, durch die UNO bekommen haben, sollte es heute eine allgemeine Menschenrechtserklärung für digitale Freiheiten geben.

Das ist alles im Konjunktiv formuliert. Gibt es ein »Aber«? Warum passiert das nicht?

Es gibt kein Aber. Wir sind da ganz am Anfang. Aber da muss man jetzt ausnahmsweise die deutsche Regierung loben. Gemeinsam mit Brasilien haben sie in der UNO eine Entschließung eingebracht, die ganz allgemein die NSA- und GCHQ-Aktivitäten, also Bespitzelungsaktivitäten durch die Geheimdienste von Großbritannien und den USA kritisieren und auch signalisieren, dass das ein grundrechterelevantes Thema ist. Der UNO-Menschenrechtsausschuss hat dazu erste Berichte abgeliefert. Vielleicht ist dieses winzige kleine Pflänzchen irgendwann mal dazu angetan, eine große Pflanze zu werden.

Vielen Dank für das Gespräch.

(Das Interview führte Michael Steinbrecher. Es wurde durch die Verfasser gekürzt und redaktionell bearbeitet.)

Interview mit Prof. Dr. Dr. Dirk Helbing

»Digitale Aufklärung oder selbst verschuldete Unmündigkeit – das sind unsere Alternativen«

Prof. Dr. Dr. Dirk Helbing (geboren 1965) ist Professor für Soziologie an der ETH Zürich und spezialisiert auf Modellierung und Simulation. In zahlreichen Publikationen und Vorträgen beschäftigt er sich mit den Folgen der digitalen Revolution für unsere Gesellschaft.

Herr Helbing, wie wird denn in Zukunft das Verhältnis von Mensch und Maschine aussehen? Wird es Liebesbeziehungen geben? Freundschaften?

Ob das Roboter sein werden oder Algorithmen – ich glaube schon, dass sich manche in sie verlieben werden. Diese Algorithmen werden sich viel besser einfühlen können in unsere Bedürfnisse. Big Data erforscht quasi die entlegensten Winkel unserer Seele; und insofern kann man mit diesen Daten wissen, was wir wollen, wovon wir träumen...

Könnten Maschinen so die Einsamkeit von allein lebenden Menschen lindern, indem sie zu einfühlenden und gleichzeitig den Haushalt führenden Partnern werden?

Ich denke, bevor man ganz alleine ist, ist es vielleicht etwas, das manchen Leuten tatsächlich die Einsamkeit lindern wird. Früher hat man sich einen Hund gekauft, und in Zukunft kauft man sich vielleicht einen Roboter. Das ist natürlich spekulativ, und manche Menschen werden damit nie zurechtkommen. Aber andere Menschen werden das vielleicht wunderbar finden.

Wie bewerten Sie insgesamt die Entwicklung von Robotern und die Automatisierung in unserer Gesellschaft?

Es gibt Leute, die sagen, Artificial intelligence wird die letzte Erfindung der Menschen sein, und Elon Musk von Tesla Motors meint, dass sie vielleicht gefährlicher sei als Nuklearwaffen. Wir müssen uns im Klaren sein, dass wir innerhalb von 10 bis 15 Jahren Computer haben werden, die menschlicher Intelligenz nahekommen, und innerhalb von einem Jahr so viele Daten produzieren wie in der gesamten Menschheitsgeschichte zusammen. Das wird fundamentale Transformationen der Wirtschaft und der Gesellschaft verursachen.

Und es ist auch klar, dass alle prozeduralen Tätigkeiten letzten Endes nach und nach von Computeralgorithmen, von Computern, von Robotern übernommen werden können. Nicht nur die Jobs von wenig ausgebildeten Menschen, sondern zunehmend auch höher qualifizierte Jobs, wie in der Verwaltung, in der Juristerei, bis hin zu den Universitäten werden betroffen sein. Und das wird eine ziemliche Dynamik entwickeln. Innerhalb von 10, 15, 20 Jahren werden wir etwa 50 Prozent der Jobs im Industriesektor und auch im Servicesektor verlieren –

Können Sie die Zahl noch mal wiederholen?

Fünfzig. 50 Prozent etwa. Das variiert ein bisschen von einem europäischen Land zum nächsten. Es gibt dazu mehrere Studien aus Großbritannien und den USA. Letzten Endes müssen wir für 50 Prozent der Leute neue Jobs schaffen. In dem neuen vierten Sektor, der jetzt nach dem Agrarsektor, dem Industriesektor und dem Dienstleistungssektor aufkommt – das ist der Sektor der Informations- und Wissensproduktion – besteht leider das Problem, dass er mit sehr wenig Personal auskommt.

Das bedeutet, wir müssten die Arbeitswelt komplett umstrukturieren. Sind wir darauf vorbereitet?

Klare Antwort: Nein. Darauf sind wir nicht vorbereitet.

Wenn Sie das so beschreiben, müsste es doch im ureigenen Interesse jedes Staates sein, eine Diskussion voranzutreiben, wie man auf diese umwälzenden Veränderungen reagieren kann. Warum passiert das nicht?

Lange Zeit befand sich Europa im Dornröschenschlaf. Die Frage ist natürlich, wo unsere Regierungen hin möchten und wo wir als Bevölkerung hin möchten? Es ist vielleicht auch ein bisschen Vogel-

Strauß-Politik mit dabei. Keiner will so richtig wahrhaben, dass wir vielleicht tatsächlich in 10 bis 20 Jahren Maschinen haben werden, die intelligenter sind als wir, dass wir uns also quasi selber vom Sockel als Krone der Schöpfung stoßen. Keine schöne Vorstellung. Viele Leute klammern sich an den Glauben, dass dies schon nicht passieren wird – bis es dann so weit ist.

Viktor Mayer-Schönberger bezeichnet das Ganze, was jetzt passiert – Big Data – als ein Ereignis, als eine Epoche, die man in Jahrhunderten misst. Ist das auch Ihre Dimension? Glauben Sie, dass das, was jetzt passiert, eine neue Entwicklungsstufe darstellt?

Big Data hat viele großartige Potenziale, ist aber auch höchst gefährlich für unsere Gesellschaft. Es könnte leicht einen Super-GAU auf dem Weg ins digitale Zeitalter geben, falls wir nicht schnellstens lernen, mit diesem Zauberstab umzugehen. Verstehen Sie mich nicht falsch: Ohne Frage sind Informationstechnologien der Schlüssel zur Zukunft. In Amerika hat man das schon lange erkannt. Aber man legt immer noch das Denken des 20. Jahrhunderts an. Man muss sich jedoch klarmachen: Information ist eine völlig andere Ressource, und die funktioniert nach völlig anderen Gesetzen als unsere materielle Welt. Materielle Güter sind von vornherein immer knapp. Es gibt gewissermaßen automatisch Streit darum. Das muss bei Informationen nicht der Fall sein. Wenn man will, kann jeder eine Kopie davon haben. Unsere Wirtschaft sollte so funktionieren, dass sie gesellschaftliche Probleme löst sowie Dienste und Güter effizient bereitstellt, auch sinnvolle und erfüllende Tätigkeiten für uns Menschen. Die Frage ist, wie gut sie das heute leistet. Es gibt immer mehr Leute, die sehen, dass es derzeit in vielerlei Hinsicht Defizite gibt. Langfristig werden meiner Einschätzung nach ein kreatives, partizipatives Informationszeitalter kommen und ein Fortschritt in unserer kulturellen Entwicklung stattfinden – charakterisiert durch mehr Personalisierung, mehr Differenzierung, mehr Diversität, mehr Komplexität. Aber es macht mir Sorgen, was kurzfristig passieren wird. Werden wir mit Big Data vielleicht erst in ein totalitäres Zeitalter abrutschen? Leute, die jetzt an den Hebeln der Macht sitzen und globale Unternehmen führen, könnten sich durchsetzen und denken: Mit Big-Data-Algorithmen haben wir jetzt die Gelegenheit, die Gesellschaft nach unserem Gusto zu formen. Das halte ich für ein gefährliches, totalitäres Szenario, das am Ende zwar scheitern wird. Aber es könnte zunächst einmal für einige Jahrzehnte ein Albtraum für Hunderte von Millionen Menschen werden. Diese Gefahr ist nicht gebannt.

Sie arbeiten an einem anderen, positiven Entwurf. Wie sieht die Vision aus, die Sie dagegensetzen?

Es geht darum, wie man die neuen Möglichkeiten des Informationszeitalters so nutzen kann, dass sie eine demokratische, pluralistische, freie Welt unterstützen, in der die Menschen viele kreative und partizipative Möglichkeiten sowie wirtschaftliches Entfaltungspotenzial haben. Der Ansatz, den wir derzeit verfolgen, ist sehr stark auf lokale Interaktionen und Selbstorganisation gestützt, denn unsere Gesellschaft beruht weitgehend auf diesen Prinzipien; ein Großteil unserer sozialen Ordnung, Kooperation und sozialen Normen basiert darauf. Diesen Ideenstrang, der demokratisch-freiheitlichen Grundordnungen und freien Märkten zugrunde liegt, entwickeln wir konsequent weiter. Mit dem Internet der Dinge wird man die Selbstorganisationsfähigkeit unserer Wirtschaft und Gesellschaft weiter unterstützen können, ganz im Sinne des Subsidiaritätsprinzips (demzufolge man auf höheren hierarchischen Ebenen nur das entscheiden soll, was auf unteren Ebenen nicht effizient bewerkstelligt werden kann). Das Konzept, das ich entwickle, beruht daher stärker auf Dezentralität als auf zentralen Datenbanken und Steuerungsansätzen. Meiner Beurteilung nach ist das der weit überlegene Ansatz. Dezentralität bedeutet auch, dass sich der Bürger besser einbringen kann in die Gestaltung der Nachbarschaft, in der er lebt, und in das Unternehmen, in dem er arbeitet. Neue Informationstechnologien erlauben es, lokales Wissen besser zu nutzen und soziale sowie wirtschaftliche Prozesse erfolgreicher selbst zu organisieren.

Was kann der Einzelne tun, um mit der Datenrevolution zurechtzukommen?

Ich denke, die Bürger müssen ihr eigenes Schicksal selber mit in die Hand nehmen. Wir stehen wieder am gleichen Punkt wie damals vor der Aufklärung, als wir uns in einer selbst verschuldeten Unmündigkeit befanden. Jetzt muss es eine digitale Aufklärung geben, damit wir die Informationssysteme kreieren, die wir haben wollen und die unsere Rechte respektieren, insbesondere das der informationellen Selbstbestimmung. Diese Informationssysteme müssen sich um uns drehen, nicht wir um die Informationssysteme.

Vielen Dank für das Gespräch.

(Das Interview führte Michael Steinbrecher. Es wurde durch die Verfasser gekürzt und redaktionell bearbeitet.)

Interview mit Markus Beckedahl

»Wir brauchen mündige Verbraucher, die Entscheidungen treffen«

 **Markus Beckedahl** (geboren 1976) kämpft als Netzaktivist und Journalist für Bürgerrechte in der digitalen Welt. Er bloggt seit mehr als zehn Jahren auf netzpolitik.org über Politik in der digitalen Gesellschaft und ist Mitgründer der re:publica-Konferenz.

Wozu, Herr Beckedahl, brauchen Sie Privatsphäre?

Ich brauche Privatsphäre, weil es ein Grundrecht ist. Einfach dazu, um unbeobachtet von staatlichen Organen oder von privaten Institutionen zu sein, wenn ich es möchte.

Stellen wir uns mal vor, wir schaffen eine transparente Gesellschaft und schaffen die Privatsphäre ab. Jeder wüsste alles über den anderen. Es gäbe keine Geheimnisse mehr. Was würden wir dann gewinnen, was verlieren?

Ich habe mal eine Zeit lang gewisse Sympathien dafür gehabt, weil ich gedacht hatte, dass wir kaum noch eine Chance hätten, Datenschutz im digitalen Zeitalter zu sichern. Jetzt bin ich aber überhaupt nicht mehr von dem Gedanken einer komplett transparenten Gesellschaft überzeugt. Ist es so erstrebenswert, wenn alle alles von einem wissen? Es gibt genug Dinge, bei denen ich einfach nicht möchte, dass sie die andere Menschen wissen; auch deswegen, weil ich nicht von anderen Menschen manipuliert werden möchte. Ich habe zudem das Gefühl, dass wir in einer Gesellschaft ohne Privatsphäre viel weniger gesellschaftlichen Fortschritt erleben würden, da wir uns alle anpassen und aufpassen würden, nicht anzuecken. Gesellschaftlicher Fortschritt ist vor allen Dingen durch Nonkonformismus und Nichtanpassung passiert.

Ist ein handhabbarer Datenschutz für jedermann realistisch, oder bleibt das nur Utopie?

Meiner Meinung nach ist es realistisch, wenn wir gute Regeln machen, die nicht nur auf einer kleinen Insel gelten, sondern europaweit. Wenn die EU es schafft, gute progressive Regeln vorzulegen, dann müssen sich Google, Amazon, Facebook & Co. zweimal überlegen, ob sie zwei verschiedene Versionen machen – eine für die EU, eine für den Rest der Welt – oder ob sie sich global an unsere Regeln anpassen. Und dann haben wir eine ganz andere Situation. Das versuchen die natürlich auf Teufel komm raus mit massivstem Lobbying zu verhindern. Aber das könnte der *Game Changer* sein.

Sie haben vor einiger Zeit mal gesagt, wenn Politiker vom Internet sprechen, dann haben sie oft selbst Angst. Tragen Sie mittlerweile die Hoffnung in sich, dass sich das ändert und dass wir zu einer internationalen Regelung kommen?

Unser derzeitiges Datenschutzrecht basiert auf europäischen Regeln von 1995. Da hat sich schon einiges verändert. Das heißt, 20 Jahre später sollte man das Ganze mal updaten. Gleichzeitig sind die Politiker technisch ein klein wenig kompetenter geworden, weil sie selbst Betroffene geworden sind. Selbst Wolfgang Schäuble hat sein iPad, damit er in Sitzungen Sudoku spielen kann. Natürlich geht man ganz anders an das Thema heran, wenn man selbst mit dem Smartphone herumläuft, Dokumente darauf gesendet bekommt und auf News-Seiten surfen kann.

Was können und sollten die Einzelnen machen, um dem Thema Big Data gerecht zu werden?

Einzelne sollten sich vielleicht ein bisschen mehr damit beschäftigen, was da passiert. Wir brauchen mündige Verbraucher, die Entscheidungen treffen. Im Moment haben wir nur Verbraucher, die Entscheidungen treffen, die sie nicht verstehen. Insofern haben wir eine gewisse Form von Selbstverantwortung. Aber der Staat und die Unternehmen sind mitverantwortlich dafür, dass wir mehr mündige Verbraucher bekommen, die bessere Entscheidungen treffen.

Was können wir denn konkret von Konzernen erwarten?

Von Konzernen können wir erwarten, dass transparent gemacht wird, welche Daten sie speichern und welche Daten sie von uns erheben. Es ist zum Beispiel ein Witz, dass wir ein Recht haben, von Unternehmen zu verlangen, dass über uns erhobene Daten gelöscht werden können, aber wir nicht wissen, wer welche Daten hat. So können wir auch von diesem Recht gar nicht Gebrauch machen. Man könnte beispielsweise Unternehmen verpflichten, uns einmal im Jahr mitzuteilen, welche Daten gespeichert wurden. Da wehren die Unternehmen sich natürlich mit Händen und Füßen gegen. Wenn wir nur dadurch unser Datenschutzauskunftsrecht verwirklichen könnten, dann kann man auch gerne diese Regeln definieren.

Ist die Frage, was die Unternehmen mit unseren Daten machen, nicht die noch wichtigere? Ist es wahrscheinlich, dass wir diese Algorithmen irgendwann einmal transparent von den Konzernen vermittelt bekommen?

Die Tatsache, dass es gesellschaftlich sehr relevant geworden ist, wie in Unternehmen Entscheidungen getroffen werden, die unsere Gesellschaft steuern können, spricht dafür, dass Unternehmen verpflichtet werden sollten, Algorithmen offenzulegen. Gegner sagen jedoch – auch zu Recht –, dass man damit Geschäftsgeheimnisse radikal verletzen würde und es den Unternehmen nicht mehr möglich wäre, das weiterzuentwickeln. Die Alternative zu dieser Idee wäre, dass offene Projekte, die von Anfang an auf Transparenz, Offenheit und Hinterfragbarkeit ausgelegt sind, durch öffentliche Investitionen der EU gefördert werden: eine Suchmaschine oder ein soziales Netzwerk auf Basis von Open-Source-Mechanismen, zu denen wir als Alternative hingehen könnten.

Eine andere Variante ist, staatliche oder private Institutionen zu schaffen, die eine Wächterrolle übernehmen. Man könnte beispielsweise Datenschutzbehörden mit den notwendigen Ressourcen ausstatten, damit diese sich davon überzeugen können, dass bei dem Facebook-Algorithmus alles in Ordnung ist. Ich finde es sehr relevant, dass wir diese Fragen in den nächsten Jahren gesellschaftlich diskutieren, weil wir uns komplett abhängig von diesen Algorithmen machen. Diese Algorithmen werden vielleicht irgendwann mal Auswirkungen auf unsere Demokratie haben.

Von wem müsste die Initiative ausgehen? Von der Bundesrepublik, der EU oder den Vereinten Nationen?

Also ich denke sehr europäisch. Was die Bundesregierung macht, ist zu Zeiten der Europäischen Union relativ irrelevant. Wir können hier kaum noch etwas selbst entscheiden. Das heißt, wir müssten nach Brüssel und Straßburg gehen und dort die Entscheidungen für diesen 500 Millionen Bürger großen Binnenmarkt treffen, der auch gleichzeitig die größte Demokratie in der Welt ist. Das bedeutet, wenn wir hier Regeln schaffen, dann gelten die weltweit.

Es gibt Grundpessimisten, die glauben, Programmierer und Wirtschaftskonzerne werden immer Möglichkeiten finden, Gesetze zu umgehen. Ist das für Sie nachvollziehbar oder destruktiv?

Mit derselben Argumentation könnte man auch sagen: »Wir vergessen jetzt diese ganze Umweltgesetzgebung, denn die machen sowieso, was sie wollen.« Insofern ist mir das zu pessimistisch.

Vielen Dank für das Gespräch.

(Das Interview wurde durch die Verfasser gekürzt und redaktionell bearbeitet.)

Kapitel 6
Ein kurzer Blick nach vorn

Die Datenrevolution ist unvermeidbar. Sie löst gleichermaßen Euphorie und Hoffnungen wie Kritik und Ängste aus. Es werden weiter Daten gesammelt und analysiert werden. Aber zahlreiche Fragen sind noch ungeklärt. Erschreckend ungeklärt. Über alle Lebensbereiche hinweg stellt sich die Frage: Wo stehen Sie? Welche Zukunft wollen Sie? Und: Was können Sie tun?

Zu allererst können Sie helfen, eine große Debatte zum Thema anzustoßen, indem Sie mit anderen über die Datenrevolution sprechen. Wollen Sie eine Smartwatch tragen oder nicht? Wollen Sie Ihr Erbgut entschlüsseln lassen oder nicht? Finden Sie das fahrerlose Auto gut oder nicht? Glauben Sie daran, dass Big Data Ihnen mehr Sicherheit bringt, oder nicht? Möchten Sie eine Wohnung, die Ihnen alles abnimmt, oder nicht? Aus diesem Buch ergeben sich zahlreiche Fragen, über die es sich zu diskutieren lohnt.

Über alle Fragen und Themenkomplexe hinweg gibt es jedoch Argumentationslinien von Befürwortern und Gegnern der Datenrevolution. Sortieren wir noch einmal ohne Vollständigkeitsanspruch die Positionen.

Die Chancen der Datenrevolution

Für Big Data spricht nach Meinung der Befürworter die Hoffnung auf einen unternehmerischen und wissenschaftlichen Erkenntnisfortschritt durch die neuen Möglichkeiten der Datenrevolution. Ressourcen können perfekt eingesetzt und die Umwelt geschont werden. Sie können Ihr Leben sehr effektiv planen, was zu erheblichen Erleichterungen im Tagesablauf führen wird. Dadurch, dass Sie nicht mehr Auto fahren und viele andere Tätigkeiten von Maschinen übernommen werden, gewinnen Sie Zeit, die Sie nutzen können. Sie werden mehr über sich wissen, weil Sie mehr Daten über Ihr privates und berufliches Leben besitzen, die Sie zu einem gesünderen, aktiveren Leben führen können. Außerdem müssen Sie sich nicht mehr durch Werbung quälen, die Sie gar nicht interessiert. Sie werden stattdessen passgenau das angeboten bekommen, das Sie sich gewünscht haben. Vielleicht ist es auch schon da, bevor Sie bewusst wahrgenommen haben, dass Sie es haben möchten. Und irgendwann werden Sie sich gar nicht mehr für eine Getränkemarke bewusst entscheiden müssen, um sie anschließend zu bestellen. Das System weiß, was Sie mögen, und erledigt das alles selbst. Individualisierung schafft personalisierte Wunscherfüllung. Big Data schafft Planbarkeit und sorgt dafür, dass Sie länger leben. Und Big Data sorgt für mehr Sicherheit durch Datentransparenz und effektive Verbrechensbekämpfung.

Die Risiken der Datenrevolution

Die Hauptargumente der Kritiker: Freiheit und Selbstbestimmung werden eingetauscht gegen ein Leben, das komplett überwacht und fremdgesteuert ist. Ein Lebensgefühl, das ungeplante Ereignisse, Risikosituationen und Phasen der Planlosigkeit zu schätzen weiß, weicht einem vorstrukturierten, exakt geplanten und vorgegebenen Lebensrhythmus. Die Kritiker der Datenrevolution befürchten den Verlust der Privat-, ja wahrscheinlich sogar der Intimsphäre. Das Leben wird in weiten Bereichen früh vorhersagbar sein, denn die Einstufung durch Big Data sorgt dafür, dass Ihnen die Zukunft nicht mehr offensteht. Immer werden Ihnen Ihre eigenen Daten Grenzen setzen. Dabei ist der Grund für Zurückweisung und Beschränkung oft gar nicht mehr nachvollziehbar, weil der Algorithmus, der Ihr Leben bestimmt, nicht offenliegt. Außerdem unterwerfen wir uns den Prognosen der Algorithmen, obwohl sie nur auf Wahrscheinlichkeiten beruhen, in jedem Einzelfall also falsch sein können. Der Mensch wird nur noch nach Effizienzkriterien bewertet. Entsprechend könnte es wieder wie in der dunkelsten Vergangenheit zu einer Unterscheidung zwischen wertem und unwertem Leben kommen. Die neue Ära könnte totalitäre Strukturen fördern. Big Data kann aber unabhängig von der Staatsform zu einem Überwachungs- und Kontrollsystem führen, das es so noch nie gegeben hat. Zu befürchten ist nach Meinung der Kritiker durch die von Big Data angeschobenen Entwicklungen außerdem eine Massenarbeitslosigkeit mit dramatischen Ausmaßen, die wiederum zu erheblichen sozialen und politischen Spannungen führen kann. Auch die Hoffnungen auf positive Effekte für die Umwelt teilen Kritiker der Datenrevolution nicht. Durch die Individualisierung des Handels entstehe ein gigantischer logistischer Aufwand, der alle Umweltversprechungen ad absurdum führe.

Wenn wir diese Argumente in der Zusammenfassung reflektieren, bleibt folgende Fragestellung: Welches werden in Zukunft die gesellschaftlichen Grundwerte sein, auf die wir uns verständigen?

Die Würde des Menschen soll auch im Zeitalter von Big Data unantastbar sein. Wo beginnen wir, sie anzutasten? Die Privatsphäre ist ein Menschenrecht. Aber welchen Stellenwert wird dieses Recht in Zukunft haben? Und wie definieren wir in Zukunft die Privatsphäre? Die globalen Machtstrukturen sind in Bewegung. Noch kann niemand vorhersagen, welche Machtfülle große Konzerne wie Google, Apple, Amazon, Samsung oder Facebook in Zukunft erlangen und wofür sie diese Macht einsetzen. Wie positioniert sich die EU? Wie weit können und sollen die politischen Institutionen den Datenfluss regulieren? Welche Chancen von Big Data sollten wir im Interesse der Menschheit nutzen, aber welche dunklen Seiten müssen wir bekämpfen? Denken wir nur an die von Kritikern befürchtete Massenarbeitslosigkeit und die Gefahr totalitärer Strukturen. Und wie beantworten wir im Kontext von Big Data die ethischen Fragestellungen, die wir in Kapitel 4 diskutiert haben?

Dies sind Fragen, mit denen wir uns bereits heute beschäftigen müssen, wenn wir nicht, wie von Soziologieprofessor Dirk Helbing beschrieben, »weiter mit überhöhter Geschwindigkeit in den Nebel der Informationsgesellschaft«[176] fahren wollen. Die Folgen wären vermeidbare Unfälle mit Langzeitwirkung. Es kann durch die gesellschaftliche und politische Ignoranz dem Thema gegenüber ein gesellschaftlicher Schaden entstehen, unter dem viele Menschen in unserer Gesellschaft viele Jahre zu leiden hätten.

Ideologiefreie Informationen über die Veränderungen durch Big Data können eine Grundlage für selbstbestimmte Entscheidungen sein. Und genau das ist unsere Vorstellung: Sie sollten selbstbestimmt entscheiden, wo die Reise hingeht, und nicht fremdbestimmt vor vollendete Tatsachen gestellt werden. Sie sollten bewusst festlegen können, was mit Ihren Daten passiert und wer daraus weitere Schlussfolgerungen ziehen darf.

Die Datenrevolution ist nicht gut oder schlecht. Sie kann beides sein. Sie ist das, was wir aus ihr machen.

Anmerkungen

1 Interview mit Viktor Mayer-Schönberger: »Wenn Big Data ein Mensch wäre, dann wäre das für mich ein faszinierender Mensch. Mit all seinen Licht- und Schattenseiten«. Im Gespräch mit Michael Steinbrecher, 2014.

2 Ebenda.

3 Buck, Christian: »Bis 2020 gibt es 50 Milliarden vernetzte Geräte«. In: Technology Review. Das Magazin für Innovation, http://www.heise.de/tr/artikel/Bis-2020-gibt-es-50-Milliarden-vernetzte-Geraete-2041999.html, 11.11.2013. Abgerufen am 03.12.2014.

4 Interview mit Thomas Bauernhansl: »Die Digitalisierung wird zu einer grundlegenden Veränderung von Geschäftsmodellen führen«. Im Gespräch mit Michael Steinbrecher, 2014 (in der abgedruckten, gekürzten Version nicht enthalten).

5 Poitras, Laura / Greenwald, Glenn: NSA whistleblower Edward Snowden: »I don't want to live in a society that does these sort of things« – Video. In: The Guardian, http://www.theguardian.com/world/video/2013/jun/09/nsa-whistleblower-edward-snowden-interview-video, 09.06.2013. Abgerufen am 03.12.2014.

6 Interview mit Dirk Helbing: »Digitale Aufklärung oder selbst verschuldete Unmündigkeit – das sind unsere Alternativen«. Im Gespräch mit Michael Steinbrecher, 2014.

7 Löffelholz, Julia: Googeln für den Regenwald statt für Google. In. »Süddeutsche Zeitung« online, 05.09.2014. http://www.sueddeutsche.de/digital/alternative-suchmaschinen-googeln-fuer-den-regenwald-statt-fuer-google-1.2116129, 05.09.2014 Abgerufen am 08.12.2014.

8 Vgl. die Angaben von Twitter: https://about.twitter.com/company. Abgerufen am 08.12.2014.

9 Vgl. die Angaben von YouTube: https://www.youtube.com/yt/press/statistics.html. Abgerufen am 08.12.2014.

10 Computerwoche online: Was ist Big Data? http://www.computerwoche.de/g/was-ist-big-data,104097. Abgerufen am 08.12.2014.

11 Das Werk wurde für den deutschen Leser neu herausgegeben: Jeremy Ben-

tham: das Panoptikum. Aus dem Englischen und mit einem Essay von Andreas L. Hofbauer, herausgegeben und mit einem Nachwort von Christian Welzbacher. Matthes & Seitz, Berlin 2014.

12 Klausnitzer, Rudi: Das Ende des Zufalls. Wie Big Data uns und unser Leben vorhersagbar macht. Ecowin, Salzburg 2013, S. 9.

13 wikipedia.org: Prozessor. http://de.wikipedia.org/wiki/Prozessor. Abgerufen am 08.12.2014.

14 Varian, Hal/Lyman, Peter: How much information? Berkley 2003. http://www2.sims.berkeley.edu/research/projects/how-much-info-2003/exec sum.htm. Abgerufen am 08.12.2014.

15 Structurae – Internationale Datenbank für Bauwerke und Bauingenieure: Chrylser Building. http://structurae.de/bauwerke/chrysler-building. Abgerufen am 08.12.2014.

16 Die Statistiken: http://de.statista.com/statistik/daten/studie/256337/umfrage/prognose-zum-weltweiten-absatz-von-tablets-pcs-und-smart phones/. Abgerufen am 09.12.2014.

17 Dapp, Thomas Frank / Heine, Veronika: Big Data. Die ungezähmte Macht. Deutsche Bank AG, Frankfurt 2014. http://www.dbresearch.de/PROD/DBR_INTERNET_DE-PROD/PROD0000000000328652.PDF, 04.03.2014. Abgerufen am 09.12.2014.

18 Davenport, Thomas H.: Big data at work: dispelling the myths, uncovering the opportunities. Harvard Business Review Press,Boston, Massachusetts 2014, S. 7.

19 Anderson, Chris: The End of Theory: The Data Deluge Makes the Scientific Method Obsolete (16.07), 2008. Online verfügbar unter http://archive.wired.com/science/discoveries/magazine/16-07/pb_theory. Abgerufen am 08.08.2014.

20 Eric Schmidt im Interview mit James Bennet (The Atlantic) beim Second Annual Washington Ideas Forum« am 1. Oktober 2010. http://www.the atlantic.com/technology/archive/2010/10/googles-ceo-the-laws-are-writ ten-by-lobbyists/63908. Abgerufen am 08. 12. 2014.

21 Mayer-Schönberger, Viktor/Cukier, Kenneth: Big Data – Die Revolution, die unser Leben verändern wird. Übersetzt von Dagmar Mallett. München 2008.

22 Ausspruch Helmut Schmidt zugeschrieben. Vgl. http://www.wissen.de/helmut-schmidt-kontinuitaet-und-konzentration. Abgerufen am 08.12.02014.

23 Wolf, Gary: What is the Quantified Self? http://quantifiedself.com/2011/03/what-is-the-quantified-self/ 03.03.2011. Abgerufen am 03.12.2014.

24 nrwision: Bettgeschichten – zu Gast: Florian Schumacher (Selftracking). Talkformat mit Journalistikstudenten der Technischen Universität Dortmund, http://www.nrwision.de/programm/sendungen/ansehen/bett geschichten-zu-gast-florian-schumacher-selftracking.html. Abgerufen am 03.12.2014.

25 Manjoo, Farhad: Larry Page on Google's Many Arms. In: The New York Times http://www.nytimes.com/2014/06/26/technology/personaltech/

a-reach-too-far-by-google.html?referrer=&_r=2, 25.06.2014. Abgerufen am 03.12.2014.

26 Sommerfeldt, Nando/Zschäpitz, Holger: Der Mann, der den Krebs mit viel Geld besiegen will, In: Die Welt, http://www.welt.de/wirtschaft/article 127241953/Der-Mann-der-den-Krebs-mit-viel-Geld-besiegen-will.html, 24.04.2014. Abgerufen am 03.12.2014.

27 Hesse, Christian: Der Arzt kann einpacken. In: »Süddeutsche Zeitung«, 21.05.2014.

28 Lossau, Norbert: Der Patient muss anonym bleiben. In: »Die Welt«, http://www.welt.de/gesundheit/article126916698/Der-Patient-muss-anonym-bleiben.html, 14.04.2014. Abgerufen am 03.12.2014.

29 Müller-Jung, Joachim: Es geht um die Neuvermessung der Gesundheit, In: »Frankfurter Allgemeine Zeitung«, 18.06.2014.

30 Sommerfeldt, Nando/Zschäpitz, Holger: Der Mann, der den Krebs mit viel Geld besiegen will, In: Die Welt, http://www.welt.de/wirtschaft/article 127241953/Der-Mann-der-den-Krebs-mit-viel-Geld-besiegen-will.html, 24.04.2014. Abgerufen am 03.12.2014.

31 Lossau, Norbert: Der Patient muss anonym bleiben. In: »Die Welt«, http://www.welt.de/gesundheit/article126916698/Der-Patient-muss-anonym-bleiben.html, 14.04.2014. Abgerufen am 03.12.2014.

32 Leserbrief vom 02.06.2014 zu: Hesse, Christian: Der Arzt kann einpacken. In: »Süddeutsche Zeitung«, 21.05.2014.

33 Snyder, Michael et al.: Personal Omics Profiling Reveals Dynamic Molecular and Medical Phonotypes. In: Cell, http://www.cell.com/abstract/ S0092-8674%2812%2900166-3, 16.03.2012. Abgerufen am 03.12.2014.

34 Maier, Jutta: Arbeitgeber lieben die Gesundheits-App. In: »Berliner Zeitung«, http://www.berliner-zeitung.de/digital/us-trend-arbeitgeber-lie-ben-die-gesundheits-app,10808718,27622336.html, 26.06.2014. Abgerufen am 03.12.2014.

35 Iseli, Marc: Apple Watch einträglicher als Schweizer Uhren, In: »Handels-zeitung«. http://www.handelszeitung.ch/unternehmen/apple-watch-ein traeglicher-als-schweizer-uhren-680511, 13.10.2014. Abgerufen am 03.12.2014.

36 Postman, Neil: Wir amüsieren uns zu Tode. Urteilsbildung im Zeitalter der Unterhaltungsindustrie, New York 1985.

37 Elsberg, Marc: ZERO. Sie wissen, was du tust, Blanvalet, München 2014.

38 Mühl, Melanie: Die Vermessung des Körpers. Sensible Gesundheitsdaten, In: »Frankfurter Allgemeine Zeitung« online. http://www.faz.net/aktuell /feuilleton/debatten/die-digital-debatte/sensible-gesundheitsdaten-die-vermessung-des-koerpers-13047158.html, 17.07.2014. Abgerufen am 03.12.2014.

39 Roland Berger Strategy Consultants: Shared Mobility, How new businesses are rewriting the rules of the private transportation game, München 16.07.2014, S. 10. http://www.rolandberger.de/media/pdf/Roland_ Berger_TAB_Shared_Mobility_20140716.pdf. Abgerufen am 03.12.2014.

40 Sicherheitsgurt: Die Furcht vor der Fessel. In: Der Spiegel 50/1975, http://

www.spiegel.de/spiegel/print/d-41389557.html, 08.12.1975. Abgerufen
am 03.12.2014.

41 Ebenda.

42 Air Force Space Command: GPS Fully Operational Statement of 1995,
http://www.navcen.uscg.gov/?pageName=global, 17.07.1995. Abgerufen
am 03.12.2014.

43 Ruhkamp, Christoph / Finsterbusch, Stephan: Big Data auf der Autobahn.
In:»Frankfurter Allgemeine Zeitung«, 31.03.2014, S. 20.

44 Statistisches Bundesamt: Polizeilich erfasste Unfälle, Wiesbaden 2014,
https://www.destatis.de/DE/ZahlenFakten/Wirtschaftsbereiche/Trans
portVerkehr/Verkehrsunfaelle/Tabellen_/Strassenverkehrsunfaelle.html
#Fussnote2a. Abgerufen am 03.12.2014.

45 European Commission – Directorate General for Mobility and Transport,
EU road fatalities, 2014, http://ec.europa.eu/transport/road_safety/pdf/
observatory/trends_figures.pdf. Abgerufen am 03.12.2014.

46 Statistisches Bundesamt: Verkehr auf einen Blick, Wiesbaden 2013, S. 38,
https://www.destatis.de/DE/Publikationen/Thematisch/TransportVerkehr
/Querschnitt/BroschuereVerkehrBlick0080006139004.pdf?__blob=publi
cationFile. Abgerufen am 03.12.2014.

47 Interview mit Lutz Eckstein:»Für mich steht das Automobil nach wie vor
für Freiheit«. Im Gespräch mit Michael Steinbrecher, 2014.

48 Becker, Joachim: Verfolgt vom voll vernetzten Schatten. In:»Süddeutsche
Zeitung«, 21.06.2014, S. 12.

49 Ebenda.

50 J.D. Power and Associates: U.S. Automotive Emerging Technologies Study,
Westlake Village: 01.05.2014, S. 1. http://www.jdpower.com/sites/default
/files/2014057_US%20_Auto_ET.pdf. Abgerufen am 03.12.2014.

51 Interview mit Lutz Eckstein:»Für mich steht das Automobil nach wie vor
für Freiheit«. Im Gespräch mit Michael Steinbrecher, 2014 (in der abgedruckten, gekürzten Version nicht enthalten).

52 Hamburg Port Authority: Hamburger Hafen – Digitales Tor zur Welt,
Hamburg 2014, http://www.hamburg-port-authority.de/de/presse/bro
schueren-und-publikationen/Documents/140401_HPA_Broschuere_spl_
web.pdf. Abgerufen am 03.12.2014.

53 Januar 1940 in einer Werbebroschüre von »Fro-Joy«-Ice Cream.

54 Maak, Niklas: Angriff aufs Auto. Der gläserne Fahrer. In:»Frankfurter Allgemeine Zeitung«, http://www.faz.net/aktuell/feuilleton/der-glaeserne-
fahrer-angriff-aufs-auto-12779186.html, 01.02.2014. Abgerufen am 03.12.2014.

55 Verfolgt vom voll vernetzten Schatten. Interview mit Johann Jungwirth. In:
»Süddeutsche Zeitung« 21.06.2014.

56 Ruhkamp, Christoph:»Big Data« baut bald Fahrzeuge. Vernetzte Autos. In:
»Frankfurter Allgemeine Zeitung«, http://www.faz.net/aktuell/tech
nik-motor/iaa/vernetzte-autos-big-data-baut-bald-fahrzeuge-12564945.
html, 10.09.2013. Abgerufen am 03.12.2014.

57 Dunker, Robert/Fuest, Benedict: Rollende Smartphones. In: »Welt am Sonntag«, http://www.welt.de/print/wams/wirtschaft/article119804186/Rollende-Smartphones.html, 08.09.13. Abgerufen am 03.12.2014.

58 Öffentlicher Verkehr. In: »Welt am Sonntag«, http://www.welt.de/print/wams/motor/article128594482/Oeffentlicher-Verkehr.html, 01.06.2014. Abgerufen am 03.12.2014.

59 Schneider, Mark Christian: Die Politik hilft uns nicht. Detroit Motor Show. Interview mit Continental-Chef Elmar Degenhart. In: »Handelsblatt«, 13.01.2014.

60 Harder, Sören: Hacker-Angriff aufs Auto: Bremsversagen via Bluetooth. In: Spiegel-Online, http://www.spiegel.de/auto/aktuell/hacker-koennen-autos-ueber-funkverbindungen-aus-der-ferne-angreifen-a-985464.html, 11.08.2014. Abgerufen am 03.12.2014.

61 Maak, Niklas: Angriff aufs Auto. Der gläserne Fahrer. In: »Frankfurter Allgemeine Zeitung«, http://www.faz.net/aktuell/feuilleton/der-glaeserne-fahrer-angriff-aufs-auto-12779186.html, 01.02.2014. Abgerufen am 03.12.2014.

62 Wiedemann, Carolin: Wo der Kühlschrank mit der Heizung spricht, Smart Home. In: »Frankfurter Allgemeine Zeitung«, http://www.faz.net/aktuell/feuilleton/smart-home-wo-der-kuehlschrank-mit-der-heizung-spricht-13126403.html, 30.08.2014. Abgerufen am 04.12.2014.

63 Rösener, Werner: Bauern im Mittelalter, C.H. Beck, München 1991 (1985), S. 192.

64 Morozov, Evgeny: Wir brauchen intelligente Dörfer, Zukunftsmodell »intelligente Stadt«. In: »Frankfurter Allgemeine Zeitung«, http://www.faz.net/aktuell/feuilleton/silicon-demokratie/evgeny-morozov-wir-brauchen-intelligente-doerfer-13030870.html, 07.07.2014. Abgerufen am 04.12.2014.

65 Läsker, Kristina: Die Hansestadt, die alles weiß. Vernetztes Hamburg. In: »Süddeutsche Zeitung«. http://www.sueddeutsche.de/digital/vernetztes-hamburg-die-hansestadt-die-alles-weiss-1.1961465, 14.05.2014. Abgerufen am 04.12.2014.

66 Moorstedt, Michael: Schlauer Wohnen. In: »Focus«, Heft 36, 1.9.2014, S. 90.

67 Läsker, Kristina: Die Hansestadt, die alles weiß. Vernetztes Hamburg. In: »Süddeutsche Zeitung«. http://www.sueddeutsche.de/digital/vernetztes-hamburg-die-hansestadt-die-alles-weiss-1.1961465, 14.05.2014. Abgerufen am 04.12.2014.

68 Sky News 12.04.2012. http://news.sky.com/story/9660/smart-floor-could-detect-falls-and-intruders. Abgerufen am 08.12.2014.

69 Bosker, Bianca: iPod ›Godfather‹ Tony Fadell unveils his New Project: Nest, The iPhone of Thermostats. In: »Huffington Post«, http://www.huffingtonpost.com/2011/10/24/ipod-godfather-tony-fadell-thermostat_n_1029033.html, 25.10.2011. Abgerufen am 04.12.2014.

70 Lashinsky, Adam: Is Tony Fadell the next Steve Jobs or… the next Larry Page? In: »Fortune«, http://fortune.com/2014/06/12/tony-fadell-nest/, 12.06.2014. Abgerufen am 04.12.2014.

71 Ebenda.

72 Wiedemann, Carolin: Wo der Kühlschrank mit der Heizung spricht, Smart Home. In: »Frankfurter Allgemeine Zeitung«, http://www.faz.net/aktu ell/feuilleton/smart-home-wo-der-kuehlschrank-mit-der-heizung-spricht -13126403.html, 30.08.2014. Abgerufen am 04.12.2014.

73 Bundesministerium für Wirtschaft und Energie, Bundesministerium des Innern & Bundesministerium für Verkehr und digitale Infrastruktur: Digitale Agenda 2014-2017, Berlin 2014, S. 14. http://www.bmwi.de/BMWi/ Redaktion/PDF/Publikationen/digitale-agenda-2014-2017,property=pdf, bereich=bmwi2012,sprache=de,rwb=true.pdf. Abgerufen am 04.12.2014.

74 Diese Technik wird bereits entwickelt: Spiegel Online 05.11.2001. http:// www.spiegel.de/wissenschaft/mensch/schritterkennung-uebeltaeter-verraten-sich-durch-ihren-gang-a-166107.html#. Abgerufen am 08.12.2014.

75 Rose, Kevin: Foundation 36 // Tony Fadell. https://www.youtube.com/ watch?v=IYj5X_dE2U8, 16.01.2014. Abgerufen am 04.12.2014.

76 Hill, Kashmir, When ›Smart Homes‹ Get Hacked: I Haunted A Complete Stranger's House Via The Internet. In: Forbes. http://www.forbes.com/ sites/kashmirhill/2013/07/26/smart-homes-hack/, 26.07.2013. Abgerufen am 04.12.2014.

77 Interview mit Elmar Theveßen: »Marionetten an Strippen«. Im Gespräch mit Michael Steinbrecher, 2014.

78 Kulke, Ulli: Die Stadt denkt mit. In: »Die Welt«, 06.09.2014, S. 4.

79 Das Projekt: http://www.hudsonyardsnewyork.com. Abgerufen am 08.12.2014.

80 Maak, Niklas: Das Haus, das weiß, was du wollen wirst, Smartes Wohnen in New York. In: »Frankfurter Allgemeine Zeitung«, http://www.faz.net/ aktuell/feuilleton/smartes-wohnen-in-new-york-das-haus-das-weiss-was-du-wollen-wirst-12849548.html, 16.03.2014. Abgerufen am 04.12.2014.

81 Brendel, Jens-Christoph: Starkes Wachstum der Cloud-Umsätze bei SAP. In: »Linux Magazin«, http://www.linux-magazin.de/NEWS/Starkes-Wachstum-der-Cloud-Umsaetze-bei-SAP 21.10.2014. Abgerufen am 04.12.2014.

82 Dapp, Thomas Frank / Heine, Veronika: Big Data. Die ungezähmte Macht, S. 15. In: »Deutsche Bank Research«. http://www.dbresearch.de/PROD/ DBR_INTERNET_DE-PROD/PROD0000000000328652.PDF 04.03.2014. Abgerufen am 04.12.2014.

83 Schirrmacher, Frank: Payback. Warum wir im Informationszeitalter gezwungen sind zu tun, was wir nicht tun wollen, und wie wir die Kontrolle über unser Denken zurückgewinnen. 2. Auflage, Karl Blessing, München 2011.

84 Rövekamp, Marie: Warum Anprobieren besser ist als Onlineshopping. Umweltbelastung durch Zalando und Co. In: »Der Tagesspiegel« http://www. tagesspiegel.de/wirtschaft/umweltbelastung-durch-zalando-und-co-wa-rum-anprobieren-besser-ist-als-onlineshopping/9486812.html 15.02.2014. Abgerufen am 04.12.2014.

85 Ebenda.

86 Schirrmacher, Frank: Payback. Warum wir im Informationszeitalter gezwungen sind zu tun, was wir nicht tun wollen, und wie wir die Kontrolle über unser Denken zurückgewinnen. 2. Auflage, Karl Blessing, München 2011.

87 Pleger, Wolfgang H.: Sokrates. Der Beginn des philosophischen Dialogs, Rowohlt, Reinbek 1998, S. 57.

88 Klausnitzer, Rudi: Das Ende des Zufalls. Wie Big Data uns und unser Leben vorhersagbar macht. Ecowin, Salzburg 2013, S. 9.

89 Comenius, Johann Amos: Orbis sensualium pictus, Hoc est: Omnium fundamentalium in mondo rerum, & in vita actionum, Pictura & Nomenclatura, Noribergæ 1698, S. 198. http://digi.ub.uni-heidelberg.de/diglit/comenius1698/0200?sid=1a547cc397912868ceaa5926fcc4ed68. Abgerufen am 03.12.2014.

90 Mayer-Schönberger, Viktor / Cukier, Kenneth: Lernen mit Big Data. Die Zukunft der Bildung, München 2014.

91 Interview mit Viktor Mayer-Schönberger: »Wenn Big Data ein Mensch wäre, dann wäre das für mich ein faszinierender Mensch. Mit all seinen Licht- und Schattenseiten«. Im Gespräch mit Michael Steinbrecher, 2014 (in der abgedruckten, gekürzten Version nicht enthalten).

92 Ebenda.

93 Mayer-Schönberger, Viktor / Cukier, Kenneth: Lernen mit Big Data. Die Zukunft der Bildung, München 2014, S. 17.

94 Interview mit Viktor Mayer-Schönberger: »Wenn Big Data ein Mensch wäre, dann wäre das für mich ein faszinierender Mensch. Mit all seinen Licht- und Schattenseiten«. Im Gespräch mit Michael Steinbrecher, 2014.

95 Grannemann, Kathrin: Sind die Niederlande auf dem Weg zum Überwachungsstaat? Elektronische Fahrkarten. In: »Wirtschaftswoche«, http://www.wiwo.de/technologie/digitale-welt/elektronische-fahrkarten-sind-die-niederlande-auf-dem-weg-zum-ueberwachungsstaat/10328700.html, 13.08.2014. Abgerufen am 03.12.2014.

96 Interview mit Viktor Mayer-Schönberger: »Wenn Big Data ein Mensch wäre, dann wäre das für mich ein faszinierender Mensch. Mit all seinen Licht- und Schattenseiten«. Im Gespräch mit Michael Steinbrecher, 2014.

97 Ebenda.

98 Leinemann, Jürgen: Was für ein trostloses Leben. In: »Der Spiegel« 48/1978, S. 68–84, http://magazin.spiegel.de/EpubDelivery/spiegel/pdf/40605859. Abgerufen am 03.12.2014.

99 Harms, Wolfgang: Der Terroristenjäger. Horst Herold. In: Stern Online, http://www.stern.de/politik/geschichte/horst-herold-der-terroristenjaeger-514509.html 17. 10. 2003. Abgerufen am 03.12.2014; Baumgärtel, Tilman: Kommissar Computer. Rasterfahnder Horst Herold, In: Zeit Online, http://www.zeit.de/digital/datenschutz/2013-10/horst-herold-bka-rasterfahndung/komplettansicht 21. 10. 2013. Abgerufen am 03.12.2014.

100 Interview mit Thilo Weichert: »Es sollte eine allgemeine Menschenrechtserklärung für digitale Freiheiten geben«. Im Gespräch mit Michael Steinbrecher, 2014 (in der abgedruckten, gekürzten Version nicht enthalten).

101 Ebenda.

102 Kilc, Meredith: Predictive policing technology lowers crime rates in US cities. In: Aljazeera America, http://america.aljazeera.com/watch/shows/techknow/blog/2013/9/15/predictive-policingtechnologylowerscrimera tesinuscities.html o. J. Abgerufen am 03.12.2014.

103 Ministerium für Inneres und Kommunales des Landes Nordrhein-Westfalen: NRW-Polizei sorgt für Sicherheit beim Fußball – Innenminister Ralf Jäger: Wir wollen den Kräfteeinsatz optimieren – Pilotprojekt startet für vier Spieltage, In: Ministerium für Inneres und Kommunales des Landes Nordrhein-Westfalen.   http://www.mik.nrw.de/presse-mediathek/aktu elle-meldungen/aktuelles-im-detail/news/nrw-polizei-sorgt-fuer-sicher heit-beim-fussball-innenminister-ralf-jaeger-wir-wollen-den-kraefte.html 04.08.2014. Abgerufen am 03.12.2014.

104 Bundesverband Informationswirtschaft, Telekommunikation und neue Medien e.V.: 38 Prozent der Internetnutzer Opfer von Cybercrime, In: Bundesverband Informationswirtschaft, Telekommunikation und neue Medien e.V.   http://www.bitkom-research.de/epages/63742557.sf/de_DE/? ObjectPath=/Shops/63742557/Categories/Presse/Pressearchiv_2014/38_ Prozent_der_Internetnutzer_Opfer_von_Cybercrime 06.05.2014. Abgerufen am 03.12.2014.

105 Bundeskriminalamt: Bundeslagebild Cybercrime 2013. www.bka.de/DE/ Publikationen/JahresberichteUndLagebilder/Cybercrime/cybercrime__ node.html?__nnn=true 2013. Abgerufen am 03.12.2014.

106 El-Bira, Janis: Minority Report, In: Movie Maze. http://www.moviemaze. de/filme/400/minority-report.html o. J. Abgerufen am 03.12.2014.

107 Gorner, Jeremy: Chicago police use ›heat list‹ as strategy to prevent violence. In: Chicago Tribune. http://articles.chicagotribune.com/2013-08-21/news/ct-met-heat-list-20130821_1_chicago-police-commander-an drew-papachristos-heat-list 21.08.2013. Abgerufen am 03.12.2014.

108 Levine, Robert: Das Recht auf Vergessen. Privatsphäre. In: Zeit Online http://www.zeit.de/2013/41/privatsphaere-internet-datenschutz/kom plettansicht 10.10. 2013. Abgerufen am 03.12.2014.

109 Interview mit Elmar Theveßen: »Marionetten an Strippen«. Im Gespräch mit Michael Steinbrecher, 2014.

110 Diaz, Jesus: How Large Is a Petabyte? In: gizmodo.com. http://gizmodo. com/5309889/how-large-is-a-petabyte 07.08.2009. Abgerufen am 04.12.2014. MacAskill, Ewen/ Borger, Julian/ Hopkins, Nick/ Davies, Nick/ Ball, James: How does GCHQ's internet surveillance work? Learn more about the system for collecting content and metadata, and what GCHQ can do with it. In: »The Guardian«, 21.06.2013, http://www.theguardian.com/ uk/2013/jun/21/how-does-gchq-internet-surveillance-work. Abgerufen

am 13.01.2015. Zum Predictive Policing in Deutschland: Beuth, Patrick: Das BKA will in die Zukunft sehen. In: ZEIT online, http://www.zeit.de/digital/datenschutz/2014-03/bka-data-mining-predictive-policing. Abgerufen am 13.01.2015.

111 Interview mit Markus Beckedahl:»Wir brauchen mündige Verbraucher, die Entscheidungen treffen«. Im Gespräch mit Michael Steinbrecher, 2014. Mayer-Schönberger, Viktor/Cukier, Kenneth: Big Data – Wie uns die eigenen Daten verdächtig machen. In:»Wirtschaftswoche« online, http://www.wiwo.de/technologie/digitale-welt/big-data-wie-uns-die-eigenen-daten-verdaechtig-machen-seite-all/8884968-all.html. Abgerufen am 13.01.2015.

112 Interview mit Elmar Theveßen:»Marionetten an Strippen«. Im Gespräch mit Michael Steinbrecher, 2014.

113 Jiménez, Camilo: Unsichtbare Angriffe mit realen Folgen. Kriegsführung im Cyberspace, In:»Süddeutsche Zeitung« Online. http://www.sueddeutsche.de/digital/kriegsfuehrung-im-cyberspace-unsichtbare-angriffe-mit-realen-folgen-1.1003586 23. 09. 2010. Abgerufen am 03.12.2014.

114 Interview mit Elmar Theveßen:»Marionetten an Strippen«. Im Gespräch mit Michael Steinbrecher, 2014.

115 Bidder, Benjamin: Der Mann, der den dritten Weltkrieg verhinderte. Vergessener Held. In: Spiegel Online. http://www.spiegel.de/einestages/vergessener-held-a-948852.html 21.04.2010. Abgerufen am 03.12.2014.

116 Ebenda.

117 Lobo, Sascha: Daten, die das Leben kosten. Ökonomie der Überwachung. In:»Frankfurter Allgemeine Zeitung« Online. http://www.faz.net/aktuell/feuilleton/debatten/die-digital-debatte/politik-in-der-digitalen-welt/sascha-lobo-digitale-daten-gefaehrden-leben-und-freiheit-12874992.html 01.04.2014. Abgerufen am 03.12.2014.

118 Kurz, Constanze / Rieger, Frank: Arbeitsfrei. Eine Entdeckungsreise zu den Maschinen, die uns ersetzen, Riemann, München 2013.

119 Dr. Benjamin Franklin's nachgelassene Schriften und Correspondenz, nebst seinem Leben. Band 3. Franklin's Leben ersten Theil enthaltend. Weimar 1818, S. 442.

120 Silver, Nate: Die Berechnung der Zukunft. Warum die meisten Prognosen falsch sind und manche trotzdem zutreffen, Heyne. München 2013.

121 Graff, Bernd: Wahlen nach Zahlen. In:»Süddeutsche Zeitung«, S. V3/21, 8.10.2013.

122 Vgl. fivethirtyeight.com. Abgerufen am 08.12.2014.

123 Der Blog: www.guardian.co.uk/data. Abgerufen am 08.12.2014.

124 Rogers, Simon: How to crowdsource MPs' expenses. Help take part in our unique data-collection exercise. http://www.theguardian.com/news/datablog/2009/jun/18/mps-expenses-houseofcommons, 18.06.2009. Abgerufen am 4.12.2014.

125 Bradshaw, Paul/Rohumaa, Liisa: The online journalism handbook. Skills to survive and thrive in the digital age, Longman, Harlow 2011.

126 Schulz, Stefan: Wir wissen, wen du wählen wirst. Wie Big Data das Wahlgeheimnis aushebelt. »Frankfurter Allgemeine Zeitung« Online. http://www.faz.net/aktuell/feuilleton/wie-big-data-das-wahlgeheimnis-aushebelt-wir-wissen-wen-du-waehlen-wirst-12553613.html, 31.08.2013. Abgerufen am 4.12.2014.

127 Hofstetter, Yvonne: Sie wissen alles. Wie intelligente Maschinen in unser Leben eindringen und warum wir für unsere Freiheit kämpfen müssen, C. Bertelsmann, München 2014.

128 Ebenda S. 10.

129 Elsberg, Marc: Zero, Blanvalet, München 2014.

130 Maitra, Julian: Die Roboterjournalisten sind schon unter uns »Die Welt« Online. http://www.welt.de/wirtschaft/article128017233/Die-Roboter journalisten-sind-schon-unter-uns.html, 15.05.2014. Abgerufen am 4.12.2014.

131 Hofstetter, Yvonne: Sie wissen alles. Wie intelligente Maschinen in unser Leben eindringen und warum wir für unsere Freiheit kämpfen müssen, C. Bertelsmann, München 2014, S. 12.

132 McChesney, Robert W./ Pickard, Victor: Will the last Reporter please turn out the lights. The Collapse of Journalism and What Can Be Done To Fix It, The New Press, New York 2011.

133 Michael Kleinemeier im Gespräch mit Michael Steinbrecher am 05.12.2014.

134 Ebenda.

135 Debus, Lutz: Ich musste Kino erst lernen. Adolf Winkelmann über seinen Weg als Filmemacher und Turmbeleuchter – Über Tage 10/12, In: Trailer. http://www.trailer-ruhr.de/ich-musste-kino-erst-lernen 28.09.2012. Abgerufen am 27.11.2014.

136 Kurz, Constanze / Rieger, Frank: Arbeitsfrei. Eine Entdeckungsreise zu den Maschinen, die uns ersetzen, Riemann, München 2013.

137 Ebenda, S. 84.

138 Intuitive Surgical, Chirurgie ermöglicht durch da Vinci®, http://www.da vincisurgery.com/de/da-vinci-chirurgie/ 2013. Abgerufen am 04.12.2014.

139 Kurz, Constanze / Rieger, Frank: Arbeitsfrei. Eine Entdeckungsreise zu den Maschinen, die uns ersetzen, Riemann, München 2013, S. 186.

140 Ebenda S. 242.

141 Markoff, John: Armies of Expensive Lawyers, Replaced by Cheaper Software. Smarter Than You Think, In: »The New York Times« Online. http://www.nytimes.com/2011/03/05/science/05legal.html?_r=1& 04.03.2011. Abgerufen am 04.12.2014.

142 Frey, Carl Benedikt / Osborne, Michael A.: The Future Of Employment: How Susceptible Are Jobs To Computerisation? http://www.futuretech.ox.ac.uk/sites/futuretech.ox.ac.uk/files/The_Future_of_Employment_OMS_Working_Paper_1.pdf 17.09.2013. Abgerufen am 04.12.2014.

143 Mayer, Florian: McDonald's führt Wartenummern ein. Neues Bestellsystem. http://www.express.de/panorama/neues-bestellsystem-mcdonalds-fuehrt-wartenummern-ein,2192,23856182.html 30.07.2013. Abgerufen am 04.12.2014.

144 Interview mit Dirk Helbing: »Digitale Aufklärung oder selbst verschuldete Unmündigkeit – das sind unsere Alternativen«. Im Gespräch mit Michael Steinbrecher, 2014.

145 Kurz, Constanze / Rieger, Frank: Arbeitsfrei. Eine Entdeckungsreise zu den Maschinen, die uns ersetzen, Riemann, München 2013

146 Interview mit Dirk Helbing: »Digitale Aufklärung oder selbst verschuldete Unmündigkeit – das sind unsere Alternativen.«. Im Gespräch mit Michael Steinbrecher, 2014 (in der abgedruckten, gekürzten Version nicht enthalten).

147 Interview mit Stephan Nopp: »Dieses Spiel wird nie berechenbar sein«. Im Gespräch mit Michael Steinbrecher, 2014.

148 Ebenda.

149 Ebenda.

150 Bei uns ist immer Olympia, Der Sport der DDR vor den Sommerspielen in München. In: »Der Spiegel« 34/1972. http://www.spiegel.de/spiegel/print/d-42854248.html, 14.08.1972. Abgerufen am 04.12.2014.

151 Interview mit Viktor Mayer-Schönberger: »Wenn Big Data ein Mensch wäre, dann wäre das für mich ein faszinierender Mensch. Mit all seinen Licht- und Schattenseiten«. Im Gespräch mit Michael Steinbrecher, 2014.

152 Vgl. Interview mit Dirk Helbing: »Digitale Aufklärung oder selbst verschuldete Unmündigkeit – das sind unsere Alternativen«. Im Gespräch mit Michael Steinbrecher, 2014.

153 Interview mit Viktor Mayer-Schönberger: »Wenn Big Data ein Mensch wäre, dann wäre das für mich ein faszinierender Mensch. Mit all seinen Licht- und Schattenseiten«. Im Gespräch mit Michael Steinbrecher, 2014.

154 Interview mit Peter Schaar: »Technik darf keine unabhängige Variable sein«. Im Gespräch mit Michael Steinbrecher, 2014.

155 Interview mit Dirk Helbing: »Digitale Aufklärung oder selbst verschuldete Unmündigkeit – das sind unsere Alternativen«. Im Gespräch mit Michael Steinbrecher, 2014.

156 Interview mit Thilo Weichert: »Es sollte eine allgemeine Menschenrechtserklärung für digitale Freiheiten geben«. Im Gespräch mit Michael Steinbrecher, 2014.

157 Ebenda.

158 Interview mit Oliver Bierhoff. Das Gespräch führte Michael Steinbrecher.

159 Interview mit Thilo Weichert: »Es sollte eine allgemeine Menschenrechtserklärung für digitale Freiheiten geben«. Im Gespräch mit Michael Steinbrecher, 2014.

160 Interview mit Peter Schaar: »Technik darf keine unabhängige Variable sein«. Im Gespräch mit Michael Steinbrecher, 2014 (in der abgedruckten, gekürzten Version nicht enthalten).

161 Schirrmacher, Frank: Payback. Warum wir im Informationszeitalter gezwungen sind zu tun, was wir nicht tun wollen, und wie wir die Kontrolle über unser Denken zurückgewinnen. 2. Auflage, Karl Blessing, München 2011.

162 Interview mit Peter Schaar: »Technik darf keine unabhängige Variable sein«. Im Gespräch mit Michael Steinbrecher, 2014.

163 Interview mit Lutz Eckstein: »Für mich steht das Automobil nach wie vor für Freiheit«. Im Gespräch mit Michael Steinbrecher, 2014 (in der abgedruckten, gekürzten Version nicht enthalten).

164 Interview mit Sabine Leutheusser-Schnarrenberger: »Ja, Sie haben ganz viel zu verbergen«. Im Gespräch mit Michael Steinbrecher, 2014.

165 Interview mit Viktor Mayer-Schönberger: »Wenn Big Data ein Mensch wäre, dann wäre das für mich ein faszinierender Mensch. Mit all seinen Licht- und Schattenseiten«. Im Gespräch mit Michael Steinbrecher, 2014 (in der abgedruckten, gekürzten Version nicht enthalten).

166 Interview mit Dirk Helbing: »Digitale Aufklärung oder selbst verschuldete Unmündigkeit – das sind unsere Alternativen«. Im Gespräch mit Michael Steinbrecher, 2014.

167 Interview mit Elmar Theveßen: »Marionetten an Strippen«. Im Gespräch mit Michael Steinbrecher, 2014.

168 Interview mit Thilo Weichert: »Es sollte eine allgemeine Menschenrechtserklärung für digitale Freiheiten geben«. Im Gespräch mit Michael Steinbrecher, 2014.

169 Interview mit Peter Schaar: »Technik darf keine unabhängige Variable sein«. Im Gespräch mit Michael Steinbrecher, 2014 (in der abgedruckten, gekürzten Version nicht enthalten).

170 Interview mit Sabine Leutheusser-Schnarrenberger: »Ja, Sie haben ganz viel zu verbergen«. Im Gespräch mit Michael Steinbrecher, 2014.

171 Interview mit Elmar Theveßen: »Marionetten an Strippen«. Im Gespräch mit Michael Steinbrecher, 2014 (in der abgedruckten, gekürzten Version nicht enthalten).

172 Interview mit Viktor Mayer-Schönberger: »Wenn Big Data ein Mensch wäre, dann wäre das für mich ein faszinierender Mensch. Mit all seinen Licht- und Schattenseiten«. Im Gespräch mit Michael Steinbrecher, 2014.

173 Interview mit Markus Beckedahl: »Wir brauchen mündige Verbraucher, die Entscheidungen treffen«. Im Gespräch mit Michael Steinbrecher, 2014.

174 Interview mit Dirk Helbing: »Digitale Aufklärung oder selbst verschuldete Unmündigkeit – das sind unsere Alternativen«. Im Gespräch mit Michael Steinbrecher, 2014.

175 Interview mit Thilo Weichert: »Es sollte eine allgemeine Menschenrechtserklärung für digitale Freiheiten geben«. Im Gespräch mit Michael Steinbrecher 2014.

176 Interview mit Dirk Helbing: »Digitale Aufklärung oder selbstverschuldete Unmündigkeit – das sind unsere Alternativen«. Im Gespräch mit Michael Steinbrecher, 2014 (in der abgedruckten, gekürzten Version nicht enthalten).